全国教育科学“十一五”规划教育部重点课题
“新课程改革中转变学生学习方式的研究”课题（DHA090190）研究成果

浙江省教育科学“十一五”规划重点课题
“中小学生语文课程学习指导研究”课题（SB5）研究成果

国家社会科学基金（教育学）项目
“新课程改革背景下的写作教学模式研究”（BAA110009）研究成果

21世纪语文课程学习指导丛书

丛书主编：王光龙

XIEZUO XUEXILUN

# 写作学习论

彭小明　林陈微　著

语文出版社
·北京·

**图书在版编目（CIP）数据**

写作学习论 / 彭小明，林陈微著. — 北京 ：语文出版社，2012
（21世纪语文课程学习指导丛书 / 王光龙主编）
ISBN 978-7-80241-470-9

Ⅰ. ①写… Ⅱ. ①彭… ②林… Ⅲ. ①写作学 Ⅳ. ①H05

中国版本图书馆CIP数据核字（2012）第102603号

**责任编辑** 黄富雄
**封面设计** 刘姗姗
**出　　版** 语文出版社
**地　　址** 北京市东城区朝阳门内南小街51号　100010
**电子信箱** ywcbsywp@163. com
**排　　版** 语文出版社照排室
**印刷装订** 河北新华第一印刷有限责任公司
**发　　行** 语文出版社　新华书店经销
**规　　格** 787mm×1092mm
**开　　本** 1/16
**印　　张** 16. 25
**字　　数** 282千字
**版　　次** 2013年2月第1版
**印　　次** 2013年2月第1次印刷
**印　　数** 1－4,000
**定　　价** 32. 00元
本书如有质量问题请与本社发行部联系 ☎：010－65251033

# “21 世纪语文课程学习指导丛书” 序

本世纪初，我国启动了新一轮的基础教育课程改革。这次基础教育课程改革是在世界各国加速教育改革的大背景下展开的。随着知识经济社会的到来，世界各国都把发展教育和培养新型人才作为推动经济和社会发展的重要支撑点。课程改革是教育改革的重要内容和载体，课程改革集中体现国家的教育理念和教育目标。当前各国基础课程改革的一个核心目标，就是大力培养受教育者的主体意识，关注学生的学习兴趣，尊重学生的自主选择，积极推进学生自主活动，为学生的终身学习和勇于创新奠定基础。

我国新一轮的基础教育课程改革，体现了当今世界教育的先进理念，确定了符合我国基础教育实际的课程改革目标。教育部制定的《基础教育课程改革纲要(试行)》中指出，要“改变课程过于注重知识传授的影响，强调形成积极主动的学习态度，使获得基础知识和基本技能的过程成为学会学习和形成正确价值观的过程”，要“改变课程实施过于强调接受学习、死记硬背、机械训练的现状，倡导学生主动参与、乐于探究、勤于动手，培养学生搜集和处理信息的能力、获取新知识的能力、分析和解决问题的能力以及交流与合作的能力”。培养学生的实践能力、探究能力和合作能力，使学生主动学习和学会学习，是这次课程改革的主要目标之一。

语文课程设置的目的在于全面培养和提高学生的语文素养。语文素养是学生学好其他课程的基础，也是学生全面发展和终身发展的基础。语文课程学习是母语学习。母语学习，不仅要使学生学会正确理解和运用祖国的语言文字，熟练掌握听说读写技能，具有适应实际需要的语文能力，而且要让学生认识中华民族文化的丰厚博大，吸收中华民族的文化智慧，认同中华民族的文化价值，成为热爱祖国和热爱中华民族的人，进而成为尊重多样文化和吸取人类优秀文化的人。语文课程的多重功能和奠基作用，决定了它在基础教育阶段的重要地位。

语文课程改革以来，人们的语文课程理念逐步得到更新，关注和研究学生的语文课程学习成为新的聚焦点。站在语文课程改革第一线的中小学语文教师，正在努力探索语文课程学习指导的方式和方法。但由于各种条件的局限，不少语文教师缺乏全面系统的语文课程学习理论基础，对学生语文课程学习的指导往往事倍功半，收效不大。这已经成为当前继续推进语文课程改革的一个瓶颈难题。正是在这样的背景下，杭州师范大学学习科学研究所王光龙教授带领他的学术团队开展了浙江省教育科学“十一五”规划重点课题“中小学生语文课程学习指导”的研究，并在课题研究成果的基础上，由他策划和主编了这套“21世纪语文课程学习指导丛书”。

与已经出版的语文学习研究类书籍相比，我以为这套丛书在整体开发设计和分册内容呈现上，具有以下四个方面的特点：

**一、探索构建了语文课程学习指导理论体系的基本框架**

中华民族的语文学习史几乎与中华民族的发展史同样悠久。在数千年的封建社会里，语文学习没有学科和课程的概念。语文学科和语文课程是近代教育发展的产物。从1904年清政府“癸卯学制”颁布，语文学科独立设科算起，我国语文课程的设置也有100多年了。由于学习科学与教育科学发展的不同步，对语文学习理论的研究明显落后于对语文教学理论的研究。就语文课程来说，人们往往习惯于从课程、教材、教学和教师角度进行研究，而从学生学习角度进行研究并形成系统理论成果的不多。跨入新世纪之后，我国启动了新一轮基础教育课程改革，这为语文课程学习理论的全面、系统研究提供了历史契机。语文课程学习问题的系统理论研究，既是一个新的研究领域，也是一项系统工程，需要从构建基本理论体系框架着眼，合理规划专题，进行全面、系统而深入的研究。

按照系统论的观点，语文课程学习理论体系也是一个大系统。这套“21世纪语文课程学习指导丛书”，将语文课程学习指导理论系统划分为若干个子系统，一个子系统为一个研究专题，一个专题的研究成果分编为一个独立分册。本丛书包括《语文课程学习论》《识字写字学习论》《阅读学习论》《文学作品学习论》《阅读方法指导论》《写作学习论》《写作方法指导论》《口语交际学习论》《语文综合性学习论》《语文学习心理论》《语文学习指导论》《语文学习评价论》等十多个分册。这些系列研究成果，既包括了语文课程学习内容的基本理论，也包括了语文课程学习指导的基本理论。依据这一开放的理论体系，除上述研究专题外，语文学习的方式、模式、方法、习惯、素质、管理等，也都有专题研究的价值。本丛书设计比较合理，体系比较科学，内容比较全面，初步构建了我国当代语文课程学习理论体系的基本框架。它的问世，对探索和构建我国当代语文课程学习理论体系具有现实意义。

**二、展示了当代语文学习研究的新成果**

两千多年前，我国就有研究学习和教学的典籍——《礼记·学记》问世。“以学为本，因学论教”，“学先于教，教辅以学”，是我国古代重要的“学本论”思想。但以人类学习现象及其规律为研究对象并具有现代学科意义的学习科学，直到20世纪80年代中期才在我国诞生。学习科学的诞生和发展，为语文学习研究提供了深厚的科学理论基础，有力地推动了我国当代语文学习理论的发展。据不完全统计，近20年来，国内出版的语文学习理论著作就有十多部，呈现出我国当代语文学习理论研究的繁荣局面。

这套“21世纪语文课程学习指导丛书”，吸收、借鉴和运用当代语文学习理论研究的最新成果，对语文课程学习的各个方面进行了深入的研究。例如《识字写字学习论》分册，既继承了我国古代识字写字学习的优良传统和成熟经验，又吸收了当代识字写字学习理论研究的最新成果，对识字写字学习的地位、价值和特点、历史发展、目标和内容、理念和原则、过程和方式方法、心理调控、指导和评价等，进行了全方位的系统研究。这是目前识字写字研究领域一本比较全面、系统的理论著作。它对于继承和发展我国的识字写字学习理论具有重要意义，对于指导中小学生的识字写字学习具有较高的实践价值。

本丛书的作者大都来自高等师范院校，具有教授、副教授职称，半数以上担任硕士研究生导师。他们同为全国语文学习科学专业委员会的会员，在语文学习研究领域都有独到的学术建树和理论成果，有的已经出版了多部理论著作。由这批高校教师组成的研究团队，具有扎实的理论基础和较强的科研能力，对语文学习理论研究的前沿信息和最新成果，能够及时把握、吸收和消化，并合理运用到本课题的专题研究中。因而，本丛书在一定程度上集中展示了当代语文学习研究的新成果。

### 三、为语文教师的专业发展提供了研修教材

语文课程是母语教育课程，语文教师的专业发展对于提高我国母语教育的质量具有十分重要的作用。在推行语文课程改革中，语文教师的专业发展，一方面需要依托各级教育行政部门组织的教师培训活动，从整体上推进语文教师的专业发展。另一方面，语文教师需要有计划地学习研读语文课程改革的理论著作，拓宽专业理论基础，吸收最新研究成果。这套“21世纪语文课程学习指导丛书”是以语文教师为主要对象而编写的系列理论著作，因而作为语文教师专业研修的教材是比较适宜的。

首先，这套丛书力图在落实语文课程目标中为语文教师的专业发展提供丰富的学习内容。例如，《义务教育语文课程标准（2011年版）》课程目标的第3条目标是“培育热爱祖国语言文字的情感，增强学习语文的自信心，养成良好的语文学习习惯，初步掌握学习语文的基本方法”。《普通高中语文课程标准（实验）》在“积累·整合”目标中规定：“了解学习方法的多样性，掌握学习语文的基本方法，能根据需要，采用适当的方法解决阅读、交流中的问题。”两个课标对掌握和运用基本的语文学习方法提出了具体要求。本丛书的《阅读方法指导论》对朗读、默读、精读、略读、速读等五种基本阅读学习方法，《写作方法指导论》对命题作文、模仿作文、话题作文、条件作文和自由作文等基本作文学习方法，从理论认识到实践操作作了具体论述。语文教师系统学习这两本书，对于如何落实“掌握学习方法”这个课程目标，提高对语文学习方法的理性认识和指导能力，促进自己的专业发展，具有切实的指导价值。

其次，这套丛书力图从语文课程理论与实践的结合上为语文教师的专业发展提供新的研究成果。例如，《普通高中语文课程标准（实验）》在课程目标中要求，“学习鉴赏中外文学作品，具有积极的鉴赏态度，注重审美体验，陶冶性情，涵养心灵。能感受形象，品味语言，领悟作品的丰富内涵，体会其艺术表现力，有自己的情感体验和思考。努力探索作品中蕴涵的民族心理和时代精神，了解人类丰富的社会生活和情感世界”。目前高中语文教科书中60%以上的课文为文学作品。如何落实课程目标的规定要求，指导学生学好文学作品，是语文教师需要从理论到实践解决的重要问题。作为专题研究成果之一的《文学作品学习论》分册，对文学作品学习的基本认识、历史发展、理论基础、基本内容、心理机制、学习方法、分类学习、课外学习和学习评价等问题，作了全面、系统的论述。学习研读这本

著作，能够使语文教师既获得文学作品学习的理论知识，又获得指导文学作品学习的基本方法，在理论指导实践和实践发展理论中推动自己的专业发展。

**四、为语文课程学习的指导提供了系列用书**

本丛书是一套以语文课程学习与指导为指归的理论丛书，突出学习指导是它的本质特点和基本要求。中小学生是语文课程学习的主体，但中小学生的语文课程学习离不开语文教师的指导。一个研究内容范围较大的课题，凡语文课程学习的主要内容和学生学习语文课程的基本问题，都作为独立的研究专题进行研究，并将研究成果编成系列理论著作，从而为语文教师的语文课程学习指导提供了特定的系列指导用书。例如作为专题研究成果之一的《语文学习指导论》分册，吸收了近年来语文课程学习指导的相关研究成果，对语文课程学习指导的意义、内容和门径，语文课程学习目标、过程、规律的指导，识字写字学习、阅读学习、写作学习、口语交际学习、综合性学习的指导等问题，都设立专章予以论述。在论述中，既有系统的理论探讨，又有具体的操作指导；既有历史经验的解说，又有现实方法的描述。语文教师学习研读这本著作，掌握它的理论要点和实践要领，就可能对学生的语文课程学习进行科学有效的指导。

对学生的课程学习进行科学有效的指导，是教师的基本职责，也是衡量教师教学素质的重要指标之一。这套丛书对于帮助语文教师系统掌握语文课程学习指导的基本理论，灵活掌握语文课程学习指导的有效方法，成为语文课程学习指导实践的行家里手，成为受学生欢迎的语文教师，具有实际价值和意义。

目前，我国新一轮的基础教育课程改革正在逐步推向深入，课程改革成功的关键是实施课程的广大教师。更新教师的课程理念，培养教师的教学素质，加快教师的专业发展，成为摆在我们面前的重要课题。这套语文课程学习理论丛书从指导学生的语文课程学习入手，为语文课程的研究、开发和实施开辟了一条新路。我愿意向广大语文教师和语文教育工作者推荐这套新丛书，希望它能够成为大家喜欢阅读和感到有用的案头必备书。

是为序。

田慧生

2010年仲夏于中央教育科学研究所

（作者为中央教育科学研究所副所长、研究员、博士生导师，全国教育科学规划教育理论学科组成员，北京大学、西南大学兼职教授。）

# “21 世纪语文课程学习指导丛书” 前言

学习，作为人类联系客观世界和主观世界的重要活动，从孔子“学而时习之，不亦说乎”那个时代起，就成为人们研究的一个母题。但由于学科分化过程中的诸多原因，一直以来学习只是作为心理学、教育学领域研究的一个方面，没能形成一个独立的学科。20 世纪中期，国际社会提出了“教会学习”“学会学习”的口号，联合国教科文组织（UNESCO）《学会生存：教育世界的今天和明天》《教育：财富蕴藏其中》等报告又提出了“终身学习”“学会学习”“学习化社会”等理念，学习得到前所未有的重视，对学习问题的研究也日渐增多。随着知识经济时代、信息化社会的到来，人们开始从不同的学科视角对人的学习进行深入研究。20 世纪 80 年代，随着我国人才学的创立和发展，人在成才过程中的学习问题成为人们研究的热点。一批有识之士把“学习”从其他学科中独立出来，进行全方位、系统、综合的研究，并在构建学科理论体系上做出了切实的努力，学习作为一门新兴的独立学科——学习科学，终于在中国大地上应运而生了。它的诞生，为语文学习问题研究提供了强大的理论支持，也为广大教师的语文学习指导提供了丰厚的实践指南。

对于语文学习问题的研究，自 1904 年语文独立设科以来间有专论发表，如天民的《自习主义读法预习法》（1917）、杨贤江的《初中学生学习国文的旨趣》（1923）、萧楚女的《中学国文修学指导》（1923）、陈东原的《国文学习法》（1923）、陶行知的《读书与用书》（1934）、叶苍岑的《对中学新生谈国文学习》（1942）、叶圣陶的《略谈学习国文》（1942）、叶圣陶的《中学国文学习法》（1948）、宋云彬的《语文学习三阶段》（1950）、周祖谟的《怎样自学语文》

（1954）、冰心的《漫谈语文的教与学》（1959）、叶圣陶的《认真学习语文》（1962）、张志公的《从儿童学字的角度看书写工具》（1962）、苏步青的《略谈学好语文》（1979）、魏书生的《培养学生的自学能力》（1981）、张隆华和周庆元的《阅读是学习之母——阅读心理测试小结》（1981）、顾黄初的《“多读多写”辨析》（1982）、韩雪屏的《有效地进行精读训练》（1986）、陈日亮的《得法养习历练通文》（1996）、许建中的《语文学习基本规律探讨》（2002）、王光龙的《语文学习方法的理论探讨》（2003）、朱绍禹的《以问题为纽带的阅读学习新理念》（2004）、王光龙的《语文学习素质及其培养》（2005）、曾祥芹的《阅读的主体间对话和陌生感体验》（2006）、王光龙的《语文学习方式的选择和运用》（2008）等。这些专论虽然是对语文学习具体问题的零散的研究，但反映了人们长期以来对语文学习问题的持续关注，展示了对语文学习问题研究的思想认识成果。

新时期以来，对语文学习问题的研究更加深入，出版了10多部语文学习研究论著，如曾祥芹和韩雪屏的《阅读学原理》（1989）、佟士凡的《语文学习论》（1993）、王光龙的《语文学习方法学》（1993）、董国华的《初中语文学习方法指导》（1995）、林化君、陈黎明和张幼冬的《追问与发现——语文学习心理论》（1998）、曾祥芹的《阅读学新论》（1998）、毓明笠的《中学语文学习心理与学习方法研究》（1999）、王光龙的《语文学习方法的理论与实践》（2002）、王光龙的《语文学习概论》（2003）、许建中等的《语文高效学习艺术》（2005）、陈玉秋的《中学生作文学习与人的发展》（2005）、乔桂英的《阅读学习方法指导学》（2007）等。这批论著的内容涉及语文的阅读学习、作文学习、学习方法、学习艺术、学习心理、学习素质等方面，使我国语文学习研究的内容得到进一步深化和拓展。这一时期，在部分高校教材如《语文学科教育学》《语文教学论》《语文课程与教学论》的内容框架中，语文学习也列为独立的一章了。而将一般的语文学习研究与当前的语文课程学习研究联系起来，从语文课程学习指导角度来研究中小学生的语文学习问题，则是21世纪基础教育语文课程改革中提出的新课题。

21世纪之初在全国范围推行的基础教育语文课程改革，为语文学习研究提供了新的契机和动力。新的课程标准突出了学生的学习主体地位。如《义务教育语文课程标准（2011年版）》在课程理念中指出：“学生是学习的主体。语文课程必须根据学生身心发展和语文学习的特点，爱护儿童的好奇心、求知欲，鼓励自主阅读、自由表达，充分激发他们的问题意识和进取精神，关注个体差异和不同的学习需求，积极倡导自主、合作、探究的学习方式。教学内容的确定，教学方法的选择，评价方式的设计，都应有助于这种学习方式的形成。”在教学建议中指出：“学生是语文学习的主人，教师是学习活动的组织者和引导者。语文教学应在师生平等对话的过程中进行。语文教学应激发学生的学习兴趣，注重培养学生自主学习的意识和习惯，引导学生掌握语文学习的方法，为学生创设有利于自主、合作、探究学习的环境。应尊重学生的个体差异，鼓励学生选择适合自己的学习方式。”

新的课程标准对学生的语文学习提出了明确具体的学习目标。如《义务教育语文课程标准（2011 年版）》在课程目标中指出：“培育热爱祖国语言文字的情感，增强学习语文的自信心，养成良好的语文学习习惯，初步掌握学习语文的基本方法。”“能主动进行探究性学习，激发想象力和创造潜能，在实践中学习和运用语文。”《普通高中语文课程标准（实验）》在课程目标“积累·整合”中规定：“能围绕所选择的目标加强语文积累，在积累的过程中，注重梳理。根据自己的特点，扬长补短，逐步形成富有个性的语文学习方式。了解学习方法的多样性，掌握学习语文的基本方法，能根据需要，采用适当的方法解决阅读、交流中的问题。通过对语文知识、能力、学习方法和情感、态度、价值观等方面要素的融汇整合，切实提高语文素养。”

如何落实语文课程的理念和目标，承担和加强对中小学生语文课程学习的指导，是广大语文教师教学实践中面临的新问题，也是语文教育理论工作者需要研究的新课题。依据语文课程改革的需要，全面开展语文课程学习指导的研究，是新世纪基础教育课程改革赋予我们的重要历史责任。

依据系统论的原理，语文课程学习指导的内容也是一个大系统。这个大系统应该由两个子系统构成，一个是语文课程学习内容系统，一个是语文学习心理行为系统。语文课程学习内容系统包括：一、义务教育阶段语文课程学习内容：识字写字、阅读、写作、口语交际、综合性学习；二、普通高中阶段语文课程学习内容：1. 必修课程内容：阅读与鉴赏、表达交流；2. 选修课程内容：诗歌与散文、小说与戏剧、新闻与传记、语言文字应用、文化论著选读。语文学习心理、行为内容系统，包括语文学习心理、语文学习方法、语文学习习惯、语文学习方式、语文学习模式、语文学习管理、语文学习素质等。语文课程指导内容系统图示如下：

- 语文课程学习指导系统
  - 语文课程学习内容
    - 义务教育语文课程学习内容
      - 识字与写字
      - 阅读
      - 写作
      - 口语交际
      - 综合性学习
    - 普通高中语文课程学习内容
      - 必修
        - 阅读与鉴赏
        - 表达与交流
      - 选修
        - 诗歌与散文
        - 小说与戏剧
        - 新闻与传记
        - 语言文字应用
        - 文化论著选读
  - 语文学习心理行为
    - 语文学习心理
    - 语文学习方法
    - 语文学习习惯
    - 语文学习方式
    - 语文学习模式
    - 语文学习管理
    - 语文学习素质

全面开展对语文课程学习指导的研究，不仅要清楚指导的内容结构系统，而且要综合和融汇指导的内容，从有利于学生学习和教师指导出发设计出一个指导的框架体系。综合和融汇的主要对象是语文课程学习内容这一子系统。义务教育阶段和高中阶段的语文课程学习内容，虽然有其分明的阶段性和不同的学习目标，但高中语文课程学习的内容是在义务教育阶段基础上的延伸、拓展和深入，呈螺旋上升、综合发展形态。如，高中阶段必修课程内容的“阅读与鉴赏”能力的培养、“表达与交流”能力的培养，都是在义务教育阶段听说读写基本能力基础上向更高层次的发展性培养。高中选修课程内容的“诗歌与散文”“小说与戏剧”“新闻与传记”“语言文字应用”“文化论著选读”等五个系列，也都是在义务教育阶段的阅读、理解、审美、探究和语言运用等能力基础上分文体、分专题的综合语文能力的提高性培养。因而，两个阶段课程学习内容的指导，有必要融汇、综合于一体，以义务教育阶段的语文课程学习内容为框架，延伸到高中阶段的语文课程学习内容。至于语文学习心理和行为指导的内容，我们看到，两个阶段的指导内容呈纵向推进、全面发展形态。虽然义务教育阶段和高中阶段学生的心理行为存在年龄上的差别，但高中生的语文学习心理和行为是在义务教育阶段基础上的进一步发展，表现在学习心理上是由义务教育阶段的他觉、接受、自觉到高中阶段的更为自觉、成熟和稳定，表现在学习行为上则是由义务教育阶段的练习、熟习和习惯到高中阶段的更为自主、有效和灵活。

依据上述对语文课程学习指导内容系统的认识，我们将语文课程学习指导的内容设计为识字写字学习指导、阅读学习指导、文学作品学习指导、写作学习指导、口语交际学习指导、综合性学习指导、语文学习评价指导等若干个模块。将语文学习心理行为指导内容设计为语文学习心理指导、语文学习方法指导、语文学习习惯指导、语文学习方式指导、语文学习模式指导、语文学习管理指导和语文学习素质培养等若干个模块。两个系列的每个模块都可以成为一个独立专题进行研究。每个模块依据需要还可以分为更小层级的模块。如语文学习方法模块，就可以分为识字写字学习方法、阅读学习方法、写作学习方法、口语交际学习方法四个更小的模块，进行更为具体的研究。

从培养学生学会学习和终身学习的角度看，语文学习心理行为系统内容的指导则更为重要。按照心理学对知识的一般分类，学科知识内容属于陈述性知识。陈述性知识也叫描述性知识或记忆性知识，它主要用来回答事物是什么、为什么或怎么样的问题，具有静态的性质。学习心理行为内容则属于程序性知识。程序性知识也叫操作性知识或步骤性知识，其实质是一套对外办事的操作步骤和过程，也包括对内调控的策略知识，主要用来解决做什么和怎样做的问题，具有动态的性质。对于语文学科来讲，陈述性知识的学习指导是基础的、必要的。掌握语文学科基础的陈述性知识，有助于全面提高人的语文素养与文化修养。通过陈述性知识的学习能将部分知识转化为语文心智技能，形成适应工作和生活需要的语言理解与表达能力。而语文学习心理和行为，则是在学习语文学科的陈述性知识的过程中，掌握语文学习方法，养成语文学习习惯，形成有个性的语文学习方式，养成语文学习的基本能力，从而具备现代社会公民的基本学习素质，成为学习化社会中学会学习的人。这理应成为语文课程学习指导的首要目标。这一认识符合教育部《基础教育课程改革纲要（试行)》中规定的课程改革的第一条具体目标：“改变课程过于注重知识传授的倾向，强调形成积极主动的学习态度，使获得基础知识与基本技能的过程同时成为学会学习和形成正确价值观的过程。”

全套丛书分为十多个分册，虽然每个分册都列为一个独立专题进行研究，但课题组对每个专题的研究和分册的撰写，都在以下四个方面提出了共同的要求，做出了切实的努力：

**一、全面落实语文课程的理念和目标**

今天的语文课程学习是在21世纪之初启动的我国第八次基础教育课程改革背景下的语文课程学习，《义务教育语文课程标准（2011年版）》和《普通高中语文课程标准（实验）》两个文件是学生语文课程学习和教师指导语文课程学习的基本纲领和具体标准。全面落实语文课程的理念和目标是本丛书编写的基本任务和理想追求。语文课程的理念和目标是语文新课程学习指导的指针和内容。在每一专题的研究和分册内容的编写中，都安排独立的章节阐述“学习理念”和“学习目标”。例如在《识字写字学习论》《阅读学习论》《写作学习论》《口语交际学习论》等分册中都有两个章节分别论述“学习的理念”和“学习的目标”等内容。通过对学习理念、学习目标的专门论述，通过在各章节中渗透学习理念和学习目标，保障语文课程理念和目标的具体落实。对于读者来说，这不仅可以加深对课程理念、目标的理解，提高自己对课程理念和课程目标的认识，而且还可以从实践操作层面落实课程理念和目标。

**二、追求专题理论的系统性和先进性**

语文课程学习指导每个专题的研究都努力追求建构一个独立的理论系统。理论的系统性体现在每个分册的章节排列顺序及其内在联系上。在每个理论系统中，既有我国古代传统学习理论的深厚基础，又有现代先进学习理论的借鉴运用。如《文学作品学习论》分册的理论体系由十一章构成：文学作品学习概述、中学文学作品学习的变革与发展、文学作品学习的理论基础、文学作品学习的基本内容、文学作品学习的心理机制（上、下）、文学作品学习方法（上、下）、不同体裁文学作品学习、文学作品学习评价、文学作品的课外学习。这样一个理论体系，虽然还不能说已经十分全面和完善，但它毕竟创建了一个比较合理的理论系统，为后人的继续研究提供了初步理论框架和基本内容设置，给读者提供了一门系统的理论知识和一片开放的理论视野。各专题理论的先进性体现在综合运用当代课程论、教学论、学习论、心理学、语言学、文学等学科新的研究成果，形成专题的理论系统。各专题理论的系统性和先进性使它能够在语文课程改革的实践中有效指导中小学生的语文课程学习。

**三、注重学习指导的实用性和操作性**

语文课程是一门实践性很强的课程，语文学习是一种语言心智技能学习，因此，语文课程学习指导追求理论的实用性和实践的操作性。本丛书虽然各册论述的内容不同，但在阐述其专题学习理论时，都十分重视理论的实用性和指导的操作性。如《阅读方法指导论》分册，先设第一、二、三章对阅读学习方法的地位、内容、目标和历史发展等进行全面论述；中间在第四章“朗读的方法”、第五章“默读的方法”、第六章“精读的方法”、第七章“略读的方法”、第八章“速读的方法”里都设指导与运用一节，专门论述阅读方法的实践指导和操作运用问题；第九章“阅读学习方法的指导”，对阅读学习方法指导的意义、原则、模式和方法做了系统论述；最后第十章论述“阅读学习方法的检测和评价”。这样一个内容框架安排，充分体现了阅读学习方法指导理论的实用性和实践指导的可操作性。语文教师能够从中既获得系统的学习指导理论，又可以掌握阅读学习方法指导的具体操作要领，从而提高阅读学习方法指导的科学性和有效性。

**四、提供语文教师专业培训的实用教材**

教育部《关于大力加强中小学教师培训工作的意见》中明确指出：“教育大计，教师为本。有好的教师，才有好的教育。教师培训是加强教师队伍建设的重要环节，是推进素质教育，促进教育公平，提高教育质量的重要保证。”加强语文教师培训，也是深入推进当前语文课程改革的重要举措和保障。教师培训的模式、方式虽然多种多样，但都需要设计合理和方便使用的培训教材。本丛书以两个语文课程标准为依据，以新的语文课程理念为指导，着眼于学生学会学习和教师有效学习指导，分专题对语文课程学习内容及其指导进行了全面的论述，使语文课程学习理论与学习指导得到有机结合，努力满足中小学教师对语文课程学习指导实践的需要，成为语文教师专业培训的实用教材。同时，本丛书还可以作为语文教师在职专业进修的自修教材。

经过编委会同仁数年的艰苦创作，丛书即将出版。站在学生学习的立场，从指导学生的课程学习着眼，编写一套语文课程学习指导丛书，的确是一种前人没有过的创举。在丛书出版之际，我要真诚感谢编委会全体同仁的工作和友情。为了推动新一轮的语文课程改革，为了促进中小学生的语文课程学习，为了创建我国的语文学习科学大厦，大家认真写作，锲而不舍，相互勉励，友好合作，以共同事业为纽带结成了一个有实力、讲智慧、重情义的学术团队。靠着这样一支学术团队，完成了这套三百万字的中型学术丛书！

丛书学术顾问朱绍禹先生生前十分关心和支持本丛书的编写工作。他曾多次解答作者的咨询，并对几位作者的部分书稿亲笔批示修改意见。那时朱先生因腰部受损已经不能长时间伏案工作了，有时他就垫块软垫跪伏在地板上写批阅意见。当我知道这一情况后，心底十分感动以至震撼！每当丛书编写和出版遇到困难时，脑际就会浮现出朱先生跪伏写批语的情景，这激励我决心克服一切困难完成丛书的编写工作，以告慰朱先生的在天之灵。丛书学术顾问陶本一先生在住院期间仍询问丛书的进展情况，他的关心和激励是我坚持奋进的莫大动力。对两位先生的关心、指导和鼓励，我们表示深深的谢意！

中央教育科学研究所副所长田慧生教授在百忙中为丛书赐序，对丛书编写的现实意义做了充分肯定，对丛书的内容特点做了高度概括，对丛书的使用价值做了积极评价。杭州师范大学前校长、浙江省重点学科“课程与教学论”负责人林正范教授和人文学院的领导对丛书的编写一直给予关心和支持。语文出版社王旭明社长对丛书选题给予了肯定，对出版给予了支持；各位责任编辑先生为丛书出版付出了辛劳。在此一并表示我们由衷的谢意！

王光龙

2011 年立冬时节于杭州三塘

# 目　　录

# 引　言

写作是人类运用语言文字服务于生活、工作和学习的主要手段，也是人类的精神文化创造行为。随着人类进入21世纪，信息社会渐渐来临，人类也逐渐进入“写作时代”。

韦斯特说：“写作包围着你。”我们这个社会已离不开写作，写作已成为我们的一种生活方式。因此，写作学习也自然被提高到语文学习甚至教育教学的突出地位。研究写作学习为的就是让我们更好地掌握这一工具，让我们的学生更好地学会写作。

## 一、写作学习研究的意义

“能读会写”是人类最基本的文化素质，现代社会更是这样。正如奈斯比特指出的：“在这个文字密集的社会里，我们比以前更需要具备基本的读写技能。”在当前这个社会中，我们的生活、工作和学习都需要写作，都依赖写作。当我们在互联网上用键盘无拘无束地交流情感、思想和信息时，我们真正体会到了“写作”带来的方便与快乐。

帮助人们学习写作意义重大。

### （一）丰富写作学习理论

理论是实践的眼睛。写作学习理论主要是通过对前人写作实践的研究和总结而生成的。写作学习的研究就是为了丰富写作学习理论并指导写作实践。

写作理论博大精深。写作本质论、写作状态论、写作行为论、写作教学论，“论论”有道；写作哲学、写作美学、写作修辞学、写作动力学、写作文化学、写作思维学，“学学”有理；写作要素观、写作过程观、写作能力观、写作实践观，“观观”有法。我们只有不断地研究写作主体、写作客体、写作载体和写作受体，不断地总结写作经验、写作技巧、写作方法和写作模式，不断地概括写作理念、写作思想、写作原则和写作规律，才能丰富写作学习理论，发展前途广阔的“写作学”。

（二）指导写作学习实践

众所周知，研究写作学习理论，其真正目的是指导写作实践。“理念是行动的先导”，没有先进的写作学习理论指导，我们的写作学习就要走许许多多的弯路，写作教学也将“事倍功半”。

如果我们的写作学习能遵循厚积薄发律、有感而发律、人文一体律、循序渐进律、从仿到创律、先放后收律、虚实并举律、勤写多改律等，我们的写作素养就会逐渐提升。

如果我们的写作学习能遵循主体性原则、实践性原则、个性化原则、动力性原则、应用性原则等，我们的写作水平就会大大提高。

如果我们的写作学习能重视观察、阅读、审题、立意、蓄材、构思、表达、修改等，我们的写作技艺就会不断提高。

不断地研究写作学习，才能不断地丰富写作理论；不断丰富的写作理论，又不断地指导我们的写作实践。写作实践因此有理可据、有法可循、有艺可学，我们的写作水平才会不断地提高。

## 二、写作学习研究的内容

著名的罗马俱乐部学者提出了一句影响世界的口号：“不学习就灭亡。”学习是人类发展的重要途径，通过学习，人类不断进步，社会不断发展，生活不断改善。人类学习的方法、策略不可数计，但怎样的学习才最有效？美国学者认为是“写作”。于是在20世纪80年代他们提出了“学习——通过写作”的口号，由此美国的“写作学”得到了空前的发展。由于“写作学”的研究不断深入，美国中小学的写作教学水平迅速提高，这为美国的教育教学水平乃至美国公民素质的提高作出了重大的贡献。

因此，对写作学习研究必须加以重视。

（一）研究作品，以借鉴写作技巧

写作的最终结果是作品——文章。研究文章，可以借鉴人类写作的经验、写作的技法和写作的艺术。

从古至今，从中到外，从《尚书》《诗经》到唐诗、宋词、元曲，再到“古典四大名著”，从古代希腊罗马神话到莎士比亚，到海明威、卡夫卡，人类不知创作了多少脍炙人口的篇章。有的作品气势宏伟，一泻千里，有的作品精雕细刻，细腻奇巧；有的朴实无华，有的华丽无比；有的以情动人，有的以理服人……所有这些经典作品都是我们学习、研究的对象。我们通过研究作者创作的构思与布局、定体与变式、选技与用艺、遣词与造句，总结、概括、归纳写作技艺，以指导学生写作。

正如唐弢先生所说：“我们需要向古典作家学习，研究他们怎样描写自己的时代，反映自己熟悉的生活，通过这些，摸清写作技巧与客观生活之间的关系，慢慢地掌握规律，懂得怎样来描写我们自己的时代，反映我们自己所熟悉的生活。”①

（二）研究写作过程，以学习写作模式

有学者把研究作品的写作学称为“静态写作学”，把研究写作过程的写作学称为“动态写作学”，这是有道理的。静态写作学注重写作结果分析，推测作者写作的过程或技法，是平面的，静止的；动态写作学重视写作过程的研究，分析文章产生的全过程，立体、动态地展示写作行为，是对“静态写作学”的一种补充、超越，有很重要的意义。

在“写作过程论”中影响最大的要数刘锡庆的“双重转化”论和朱伯石的“三级飞跃”论。刘锡庆认为，写作首先是现实生活、客观事物向认识主体即作者头脑的转化，形成观念、情感，然后是作者观念、情感向文字表述的转化，即“物——意——文”的过程。朱伯石在此基础上形成了“感知飞跃”“内蕴飞跃”“外化飞跃”的“三级飞跃”理论。

此后各种写作过程、写作模式层出不穷，如物——感——思——文，物——感——意——蕴——文，意思组合——语言组合，观察——思考——表达，说话——写话——习作（片段练习）——作文，模仿——创作，等等。这些写作过程的揭示，为我们写作学习与教学提供了可操作的模式，为提高写作学习的效率作出了不可磨灭的贡献。

（三）研究作者，以探求写作素养

影响写作的因素很多，如生活因素、知识因素、思想因素、思维因素、语言

① 唐弢：《创作漫谈》，第112页，作家出版社，1962年版。

因素、技能因素、文体因素、速度因素、情意因素等，这些因素归根结底是作者整体素养的反映。也就是说，写作学习并非只学习语言的表达，要写好文章必须提高作者的整体素养。

作者是写作实践的主体，在整个写作活动中，作者始终居于主导位置，起着重要的作用。作者的素质、修养和能力，直接或间接影响、制约着他的写作活动，决定他所写文章的质量。

研究作者，就是为了探索写作主体要具备怎样的素养才能写出好的作品，从而指导学习者从根本上解决写作的问题。

纵观古今中外写作现象，分析作品产生过程，研究作者写作实践，我们不难发现作者的生理素质、心理素质（气质、性格、兴趣、个性等）、思想素养（政治信仰、道德观念和思想品质等）、语言素养（书面表达能力）等与写作有直接的联系。因此要学好写作，就要提高自己的整体素质。

研究作者，当然还要研究控制作者的宏观文化。因为写作主体怎样解决“怎么写为好”问题，取决于特定时代、特定社会关于文章、写作的文化规范（文章图式、审美取向等）。这就是写作理论上的“写作文化论”。

写作文化理论研究的深入，带来了写作哲学的研究、写作比较学的研究。所有这些对写作学习都起到直接或间接的作用。

（四）研究写作理论，以概括写作规律

我国不但是个文章大国，也是一个研究文章写作的大国。写作理论不但散见于先秦诸子及唐宋散文家的文章和书简之中，更有像陆机的《文赋》、刘勰的《文心雕龙》、陈骙的《文则》、李涂的《文章精义》、刘大櫆的《论文偶记》、刘熙载的《艺概》等文论专著。研究写作学习，就要研究古今中外的写作理论、文学理论，以求概括出行之有效的写作规律，用以指导学生的写作活动。

## 三、写作学习研究的方法

前文第一点，写作学习研究的意义，是解决“为什么要研究”；第二点，写作学习研究的内容，是解决“研究什么”。第三点，写作学习研究的方法，将解决“如何研究”这个问题。

写作学习研究的方法很多，这里主要介绍行动研究法、经验总结法、案例研究法、文献研究法和比较研究法。

（一）行动研究法

行动研究法是一种“非正规研究”，相对于严格、规范的调查、实验、文献、比较研究，它更“草根”，更接近我们的中小学教师。因此，从20世纪80年代开始，特别是从21世纪“新课改”开始，该法大行其道，呈流行趋势。

所谓“行动研究”是指研究者基于解决实际问题的需要，经过调查、认真思考，将问题发展成为研究课题，进而进行有系统的研究，以求解决实际问题的一种方法。这种研究最大的特点就是把“行动”与“研究”紧密联系在一起，解决学校、班级或教育方案实际提出的即时问题，旨在立竿见影地应用，而不考虑发展理论或广泛地概括。

写作学习的“行动研究”即指学生在写作学习中或教师在写作教学中自己发现写作问题、分析写作问题、解决写作问题的一种研究方法。这种方法有广泛的应用价值，学生或教师可以在不断的“行动”（实践与研究）中完善自己的写作学习方法或教学模式。

（二）经验总结法

教师的教研往往是从总结经验开始的。

经验来自于实践。教师的作文教学、学生的写作学习是一座丰富的宝藏，有待于我们去挖掘和开采。

语文教师反思自己的作文教学或他人的作文教学活动，学生反思自己的写作学习过程或他人的写作实践，从中获得一些成功的做法、体会、认识或教训，并进一步上升到一定的写作学习理论高度，使之成为条理化的理论性总结，这便是写作学习的“经验总结法”。

写作学习“经验总结法”有利于发展自我的写作能力，有利于借鉴他人的写作经验，有利于充实写作学习理论，更有利于指导和推动写作的学习。

（三）案例研究法

案例研究是利用“案例”（典型的事例、个案、事件或故事）作“事实”进行研究，从中分析出“事理”的研究方法。案例研究最大的特点是“摆事实，讲道理”。

案例研究不同于“叙事研究”。叙事研究是让故事本身来讲道理，“理”寓于“事”中。案例研究不同于“行动研究”。行动研究是“行动者用行动研究如何行动”或“行动者自己研究自己的行动”。案例研究也不同于“经验总结”。经验总结是归纳自己或他人的做法。

写作学习的“案例研究”就是运用写作学习的“个案”（典型作者或写作现象）为依据，分析概括写作学习的本质、规律的研究方法。它是一种由现象到本质、由个别到一般、由事件到事理的逻辑思维过程和研究方法。这种研究方法的最大价值在于有利于揭示写作学习本质，概括写作学习规律，发展写作学习理论。

（四）文献研究法

学习或研究活动往往是从文献查阅开始的。但“文献查阅”并非“文献研究”。所谓“文献研究”是指“把文献当作一种事实来研究”，其最大特点就是通过对文献的搜集、整理、分析来研究文献记录的内容或记录本身。文献研究最大的意义在于用文献来指导解决现实问题。

文献研究法一般可分为三种类型。一是统计文献分析法，即运用二手统计结果（如人口普查、统计年鉴以及政府部门或研究部门的调查资料）来进行下一步的分析。二是内容分析法，即将历史文献中的语言信息转化为用数据表示的资料并对此进行定量分析。三是历史比较分析法，即对不同历史阶段的各种现象的异同点进行比较和分析，从而解释历史现象的动因和社会发展规律。

写作学习的“文献研究”是一种利用文献资料来研究写作学习的研究方法。但它不仅仅是“文献查阅”，更是一种“把文献当作一种事实来研究”的方法。它通过对已存在的写作文献资料的深入研究，寻找事实，描述、分析和解释写作的过程，同时还可以阐述当前的写作活动，概括写作学习的规律性。

（五）比较研究法

“比较”是指根据一定的标准，把有某些联系的事实放在一起进行考察，寻找其异同，以把握研究对象特有本质。

“比较研究法”就是确定对象间异同的一种逻辑思维方法和具体研究方法。比较研究可分为求同求异比较、定性定量比较、纵向横向比较和综合专题比较等方法。比较研究法在教育研究中被广泛使用。

所谓写作学习的“比较研究”是指利用写作文献资料、写作实践活动、写作学习个案等进行对比分析，或求其同，或辨其异，以把握写作学习特有本质的一种研究方法。这种方法最大的价值是可以为写作学习提供不同的模式和相同的规律。

# 第一章　写作的本质与写作学习的意义

人同其他动物的本质区别之一，在于人的活动是“有意识”的。黑格尔认为正是由于人的意识作用，使得人的创造活动及其成果中明显地表现出一种“观念性的统一”，它“出现在各成员里，作为它们的支柱和内在的灵魂”。[①] 也就是说，只有当我们认识并把握了这种对人的活动具有支配和统摄作用的意识因素时，我们对自身的创造活动的认识和把握才真正是本质性的，我们也才会因此而拥有一种俯瞰全局的超越气度和统摄整体的建构能力。[②]

写作是人的一种精神文化创造活动。尽管写作历史源远流长，写作现象丰富多彩，但其中无不显示着“作为内在的同一和普遍性而转化为存在”[③] 的人的写作意识。它是所有写作活动的“支柱和内在灵魂”。学习写作，首先要对融合于人类源远流长的写作历史和丰富多彩的写作现象之中的、使人的写作活动得以进行并取得成果的所有那些有关活动的本质、价值和规律有清楚的认识，换言之，就是要认识写作是什么、人们为什么要写作、学习写作有哪些重要意义等最基本的问题。只有认识和把握了写作意识，我们才能从根本上和整体上认识和把握写作活动本身。

① [德] 黑格尔著，朱光潜译：《美学》第一卷，第 166—167 页，商务印书馆，1982 年版。
② 参见张杰《大学写作概论》，第 3 页，武汉大学出版社，1997 年版。
③ [德] 黑格尔著，朱光潜译：《美学》第一卷，第 166—167 页，商务印书馆，1982 年版。

## 第一节　写作的本质

### 一、关于“写作” 的语义辨析

什么是写作？这是一个看似简单其实不容易回答的问题。在日常使用中，“写作”一词兼有名词和动词双重身份，能指多种意思。如“他在学写作”，这里的“写作”可以指“写文章”，也可以指“写作学”；“下一节是写作”，这里的“写作”指的是写作课；“他是搞写作的”，这里的“写作”可能指的是文学创作。

从汉字数千年积淀的含义中可知，“写”在古代有“ xiě ”与“ xiè ”两种读法；本义为“移置、宣泄、解、脱”，读作“xiè”。《礼记》上说：“物之溉者不写，其余皆写。”《注》曰：“写者，传己器中乃食之。”《诗·邶风·泉水》唱道：“驾言出游，以写我忧。”《笺》曰：“以写我忧，舒其情意，无留恨也。”即表露心意，发泄忧闷，抒发胸怀，以求信息的传达或情感的宣泄和解脱。后衍生出“用笔作字”，读作“xiě”，这虽与从本义中引申出的“抒发”“倾吐”等义有直接联系，但在实际运用中，大多表示抄录、誊写、描摹、模拟之意，即用笔书写、记写和描画。如《韩非子·十过》说：“子为我听而写之。”其中的“写”，是记写的意思，《文心雕龙》中“写气图貌，既随物以宛转”中的“写”则是用笔描摹的意思。作为写作的“写”，就包含这两种读法的基本意。“作”则有“为、撰述、制造、创作、劳动”之义。如《诗·小雅》云：“作此好歌。”其中的“作”，即用心创造的意思。《尚书》中“作新大邑于东国洛”的“作”是人工建造的意思。《孙子兵法·势备》中“黄帝作剑，以阵象之”的“作”是制造的意思。“日出而作，日入而息”中的“作”是劳作的意思。写作中的“作”，因为以语言文字为媒介，所以有了“撰述”“创制”的含义。“写”“作”二字合起来之后形成的“写作”，指的就是用笔将客观事物在人的思想意识领域形成的意象、感受等记写、描摹出来，把用心创作的东西记写下来。用今天的话说，就是“写文章”。

因此，我们可以这样解释：“写”是倾吐，是记录；“作”是创作。“写”就是把思想、感情、思考、事件记录在纸上（对于今天的我们来说，也可以是敲在电脑上)，“作”就是“制作”，使这种记录有恰当的体裁、形式、文采。“写”是求真，“作”是在真的基础上求美，使所写的东西具有感染力、说服力。①

## 二、关于“写作”概念的理解

“写作”是一个现代汉语词汇。在古代，“写作”这一概念常用“修辞”“造论”“著说”“属文”“作文”“为文”“缀文”等词来指称。在很长时间里，“写作”活动被视为天才的创造，其过程是秘密难解、不可推测的，就像陆机所说：“应感之会，通塞之纪，来不可遏，去不可止。藏若景（影）灭，行犹响起。”其中神秘的窍门，无法准确地传授，只能靠逐渐领悟。②

目前学界对“写作”概念基本意蕴的看法也存在不同理解。

首先，是对“写作”的外延存在着不同的认识。

对于写作最狭义的理解就是写文章。《现代汉语词典》“写作”条解释道：“写文章（有时专指文学创作）。”③ 文章是指人类一切用书面语言表达信息、有一定外在性的篇章结构规定和相当内容长度的书面语言制成品，包括语言艺术性的文学创作成品和实用信息交际性的创作成品。

事实上，写作与文章并不是必然的因果对应关系。有时，为了生活交际的需要，写作的结果可能并不生成篇章，只是生成一些文字或词汇的语言结构、句子，如对人或物的命名、标语、口号、对联、题词等，我们习惯上并不把这些称作文章，因此，有人认为，写作包括一切对书面语言符号的制作。

就对书面语言符号的制作而言，除了上述的文章写作与命名、标语口号、题词等之外，翻译和编辑活动也是与文字打交道，也是在制作生产文字产品，因此，有人将之也归入写作范畴，或称之为“亚写作”。④

还有人认为，写作不仅包括以书面语言文字为载体的文章写作，而且包括口头言说，尤其是按照写作的规律进行讲说的口语交际行为，如演讲、古人所谓的“出口成章”的言说行为等。这些行为虽然不是运用文字进行的，但实际是一种口头的写作行为，因此，写作可分为书面写作和口头写作两大类。

---

① 参见马正平《高等写作学引论》，第58—59页，中国人民大学出版社，2002年版。
② 同上，第59页。
③ 中国社会科学院语言研究所词典编辑室：《现代汉语词典》，第1508页，商务印书馆，2005年版。
④ 参见马正平《高等写作学引论》，第53页，中国人民大学出版社，2002年版。

从写作活动本质出发，有人对于写作作了更为广义的理解。他们认为，写作活动本质上是一种精神生产行为，是最典型的知识、信息的生产，是精神的生产。其他的艺术创作 ，如音乐创作、美术创作、电影创作等，也是人类的精神生产行为、实践行为，也生产出精神性的作品。而且当代写作学研究表明，歌曲写作、电影创作等和文章写作一样，都遵循着大体相同的写作思维、艺术思维、形象思维原理。因此广义的写作还包含了艺术创作。

其次，是对“写作”内涵的不同理解。

在有关写作的辞典与写作学的著作中，我们可以看到各种不同解说：

——写作，“俗称写文章。它是人类运用语言文字、符号进行记录、交流、传播信息的语言活动。”①

——写作，是一种行为过程。也就是说，它是一种借助于书面语言（文字）完成观念、情感传送的复杂精神产品——文章——的制作过程。②

——所谓写作，就是人们运用语言符号制作文章的一种精神劳动。③

——写作是“人类用书面语言反映客观事物、再现社会生活的一种行为过程、实践活动和技巧技能”。④

——写作是一种创造性精神活动，是“一种用符号传达有创造意义的制作行为”。⑤

——写作是运用语言文字表达思想感情的一种创造性的脑力劳动。它是作者的智能、知识、意志以及思想等多种素质、条件的综合体现。⑥

——写作是通过创造性思维活动，运用语言文字符号，以篇章的形式来表达对世界某种认识的过程。⑦

——“写作，是写作者为实现写作功能而运用思维操作技术和书面语言符号，对表达内容进行语境化展开的修辞性精神创造行为。”“是人类运用书面语言

① 庄涛：《写作大词典》，第38页，汉语大词典出版社，1992年版。

② 刘锡庆：《高等教育自学考试汉语言文学专业用书 · 写作》，第4—5页，高等教育出版社，1988年版。

③ 朱伯石：《现代写作学》，第9页，人民日报出版社，1986年版。

④ 林文勉等：《基础写作辞典》，第1页，湖北辞书出版社，1989年版。

⑤ 林可夫：《高等师范写作教程》，第4页，福建教育出版社，1991年版。

⑥ 王光祖、杨萌浒：《写作》，第1页，华东师范大学出版社，1999年版。

⑦ 陈功伟：《最新公文写作模式大全》，第1页，广东旅游出版社 ，2003年版。

文字创生生命生存自由秩序的建筑的行为、活动。”①

还有将多种界定合在一起进行说明的。如《现代汉语写作辞典》就这样解释：

> 写作，简言之，即指写文章，搞创作，或文章之制作。它是人类用书面语言反映客观事物、再现社会生活的一种行为过程、实践活动和技能技巧。写作是一种行为过程。它是一种借助书面语言完成观念、感情传递的复杂精神产品的制作过程。写作又是一种能力体现。它是一种熟练运用文字，准确、严谨地表述思维成果、构制“辞采篇章”的技能和技巧。写作还是一种工具和手段。它是一种社会成员间交流思想、传播经验、认识并改造世界及人类自身的重要工具。写作作为一种实践活动，其目的是进行精神生产，包括从客观事物、社会生活到制作成文章、作品的全部过程；在此过程中，人的大脑始终以客观事物、社会生活为加工制作的对象，通过一系列的思维活动，经由积累、选择材料，提炼主题，布局谋篇，语言表达，起草修改等各个阶段，制作成文章。②

此外，从文学写作起源的角度进行探究，还有人提出了写作是一种游戏的游戏说、写作是一种模仿的模仿说、写作是一种劳动的商品说、写作是一种情感宣泄的宣泄说、写作是一种魔法的宗教移情说、写作是一种审美创造的唯美说、写作是一种生命力外放的生命说、写作是一种难解之谜的心灵表现说、写作是一种审美的话语系统的蕴藉说……③

或许，这些说法都没有错误，都是从某一侧面对写作这一人类特有的社会实践活动进行了自我满足的界定。在此，我们无意对各种界说加以分析评论或对写作的概念进行所谓的科学界定，我们只是想从写作学习的角度对写作的内涵和外延作一些说明，以期使学习者对于学习的对象和内容有一个比较明确的认识。

（一）写作是一种言说行为，是写作主体借助书写工具、运用书面语言进行表达的技能操作行为

写作是语言交际行为的一种。与口头交际不同，写作文章离不开文字（即书

---

① 马正平：《高等写作学引论》，第65—67页，中国人民大学出版社，2002年版。

② 陶然：《现代汉语写作辞典》，第1页，中国国际广播出版社，1995年版。

③ 参见童庆炳《文学理论导引》，第393—396页，高等教育出版社，1988年版。

面语言，也包括符号）这一媒介。尽管口头交际过程和写作过程中的语言与思维整合的特征是相似的，二者也能产生相互影响的作用，但它们毕竟分别属于不同的语言表达范畴，就像演讲与演讲稿、访谈与访谈录、答辩与答辩词等，从其内在的思维运作机制到外显的操作技能等多方面还是有区别的。写作是产生认识之后将这个认识写给别人看，要靠书面语言这个媒介来组织和表达我们的思想、感情、信息，描写外在的世界，要用书面语言来行文措辞，并对行文措辞进行修饰限制以增强表现力从而征服读者，实现写作的功能。从文字学角度看，“积字成句”，“积句成章”，“积章成篇”，写作最终是靠“书写”来完成赋形的，书面语言是写作的成形与外显。写作是主动表意的书写，其表现形式是进行文字符号的排列、组合与操作，或用笔记写，或用电脑等其他工具制作，以创造出成品来。因此从形式上看写作是人们运用语言文字记写思维成果的一种技能操作行为，这种技能操作行为的表层是表现技巧、表现方法的运用，操作的深层是各种智力因素的运用。在写作中，如果不能运用一整套思维操作的技术进行各种各样的分析、综合、展开，如果语言缺乏修辞性——语言没有语感、美感，缺乏具体性、确切性、鲜明性、生动性、强化性、得体性、节奏性、韵律性等，就难以把文章写好。从这个角度来说，写作学习主要是学习行文措辞。①

（二）写作是一种精神性的创造行为②

写作是运用语言文字进行精神生产的创造性劳动。从认知角度看，写作是作者运用存于大脑的资料，借助书面语言这一媒介，以应付眼前的写作任务的过程。写作是一种包含多种变量的复杂活动。从采集材料到运思加工、创作表达，直至修改定稿全过程，都是写作主体的智能、知识、意志以及思想感情等多种因素的综合体现，充满了认识性、思维性。写作活动作为一项反映生活的心智劳作过程，它首先是精神性的，创造性的。它的成果，无论实用文章还是文学作品，都是一种精神产品。这种精神产品，既是指文章内容所包含的人文价值或科学成果，也包括文章言语形式的创造。在这个过程中写作主体的主观能动作用和主体的创造精神决定着写作活动的成败与优劣。因此，写作学习涉及创造的过程、方法、原则、规律，创造的心理品质、知识结构、观念准备、思维特点、创造机制等内容。

---

① 参见马正平《高等写作学引论》，第284—311页，中国人民大学出版社，2002年版。

② 同上，第65页。

（三）写作是人类的一种特殊社会实践活动，是一种“文化行为”

从社会学角度看，“写作行为”是人特有的一种行为，写作者都希望、期盼通过自己写作的文章来实现某种功能，来满足个体和社会的精神或物质的需要，即都具有一种目的性、意图性。“写作的功能性、意图性、目的性、目标性成了写作行为的最终的决定性力量，站在至高无上的位置上俯瞰着写作者写作行为的每一个环节与细节。”① 与此同时，作为社会一分子，个人的行为总是受一定的社会群体左右，由特定的社会群体决定。写作作为社会群体之间彼此传意的途径，也不可能与社会割裂开来看待。任何写作都具有具体的读者对象，都在具体语境（当下的时空背景、意识形态氛围等）中进行，都是和读者、社会环境的一种对话。人们在写作活动中，无论“选材立意”“布局谋篇”，还是“言语运用”“技巧运用”，都体现了本民族深厚的社会文化心理结构，表现了本民族的生活方式、思维方式、情感方式、时空情绪、价值观念、心理状态、智慧水平，而这些，正是一个作者从事写作、运用技巧的深层依据，决定着写什么和怎么写。因此，写作者需要感悟并掌握特定社会时代的心理状态和文化精神。而在科技发达的现代社会，传媒千变万化，形成了很多不同的文化形式，不同的社群也有不同社群的心理特点。这就要求写作者能够面对不同社群，采用不同的表达策略，从而更好地实现自己的写作目的和意图。

据此，我们认为，写作是人类一种特殊的以精神产品生产为核心的社会实践活动，是写作主体所进行的以语言文字为工具、以技能操作为手段、以精神创造为核心、以民族文化为规范的有明确目的指向性的文章制作行为。②

## 三、对写作本质的认识

从哲学角度看，不论在什么意义上使用“主体”这个概念，总是与人所拥有的“思维着的精神”，与人的“有意识地自己创造自己的历史”③ 的这个本质联系在一起的。写作作为一种主体的精神活动，对写作本质的探究需要从人为什么要写作谈起。

---

① 同上，第66页。

② 参见陈果安《写作学基础》，第9页，湖南师范大学出版社，2006年版。

③ 中共中央马克思恩格斯列宁斯大林著作编译局：《恩格斯自然辩证法》，第19页，人民出版社，1971年版。

对于人为什么需要写作的问题，每个写作者都会有自己的回答。

巴金说：“我为什么需要文学？我想用它来改变我的生活，改变我的环境，改变我的精神世界。”①

台湾作家陈映真的回答是：“为了使那些绝望的人重新充满希望，让那些失败的人重鼓斗争的勇气，使受凌辱的人重获自由与尊严。”②

英国作家格林说：“写作是由不得我的事。好比我长了个疖子，只等疖子一熟，就非得把脓挤出来不可。写作就是这么回事。”③

德国作家伯尔说：“对于我，搞创作是一种乐趣……写作首先是创作某一故事的愿望。”④

奥地利作家汉特克说：“为什么写作？我不知道。明天也许会明白。”⑤

白先勇说：“我写作，是因为我愿把内心深处无声的痛苦用文字表达出来。”⑥

法国女作家莎冈的回答是：“因为我喜欢写。”⑦

美国科幻小说家阿西莫夫说：“我写作与呼吸是同一道理。我不这样做便会死掉。”⑧

诺贝尔文学奖获得者、哥伦比亚作家马尔克斯回答说：“我写作是要我的朋友爱我更久。”⑨

苏联诗人库钦纳说：“我写作是为了在其中找到乐趣、喜悦，体会到快乐……谁见过蜜蜂为什么采蜜的问题。”⑩

意大利作家加蒙说：“我写作是为了复仇——在我心里，这复仇是正义的、神圣的、光荣的。”⑪

作家阎连科说：“抵抗恐惧，这大约就是我目前写作的理由，就是我为什么

---

① 堵军:《世界百位作家谈写作》，第 3 页，中国新闻联合出版社，2004 年版。
② 同上，第 6 页。
③ 同上，第 20 页。
④ 同上，第 60 页。
⑤ 同上，第 68 页。
⑥ 同上，第 97 页。
⑦ 同上，第 130 页。
⑧ 同上，第 143 页。
⑨ 同上，第 146 页。
⑩ 转引自莫发《为何写作回答不一》，载《阅读与写作》，1987 年第 1 期。
⑪ 同上。

写作的依据。”“写作是因为对生活的厌恶与恐惧。”①

作家吴晨骏说：“起初是为了梦想，是为了将我的梦想用一种美好的艺术形式表达出来。我生长在一个小地方，从小见过的世面不大，稍微长大一点，我就养成了看书的习惯与爱好。通过看书，特别是小说，寄托了我内心的要求。这是家乡的闭塞给我一个相反方向的冲动。当我打开书，就像打开一扇窗户，我看见窗外完全不同的一切。而这些窗户是那些作家带给我的。久而久之，我也试着像那些作家那样去写作，去思考，去把自己的想法告诉别人。写作，是我之外的整个世界，或者对我来说，世界的意义仅止于写作。我与写作相伴，彼此映照……”②

作家梁衡在对中学生谈写作时，认为人写文章的原因主要有三个：一是为了提高自己，二是贡献社会的需要，三是为了成名成家。③

其实，人的任何活动都源于某种需要。从写作的历史来看，写作几乎是与文字同步产生的。口头语言的交流受时空的限制，不能久留，不能远播。因而人类创造了文字，用书面语言来储存和传播信息，交流思想，于是也就有了写作活动。写作在满足传播信息和人际间交际沟通需要的同时，也成为社会管理所借助的必要手段，并满足了人类在精神上的审美娱乐需求。实用的需要和精神的需求促使写作活动得以日益繁荣发展。

因此，关于为什么要写作，虽然每个人会找出各自不同的理由，但在看似不同的理由背面，都有一个最朴素的理由：写作源自人的需要。可以说，写作主体以书面性的形式将某种感受或认识表达出来的根本目的，就是实现各种心灵的和社会的信息传递交流的需要。当然，它可能是外在的需要，带有某种强制性因素，有明显的功利性、被动接受性色彩。如写作某种应时应世的文章，起草公文、领导讲话稿，写工作总结、述职报告等。也可能是内在的需要，纯粹因为写作者的心灵涌动，有感而发，不吐不快，且不带任何外在强制性色彩，纯为自发性质的写作，如文学写作、大多数学术论文、论著的写作等。还可能是两者得兼而相统一的需要，如在面对现实社会生活中的假恶丑现象，写作者的社会责任感使他敏锐地感应到时代的要求，写出了批判的文章，在保守的

① 阎连科：《我为什么写作》，载《当代作家评论》，2004 年第 2 期。

② 吴晨骏：《我为什么写作》，载《文学界》，2005 年第 8 期。

③ 参见杨春《作文应该这样写》，第 122—125 页，国际文化出版社，2007 年版。

思想意识占统治地位的时候写出了“让思想冲破牢笼”的改革文章等。一些研究者还从更深层进行了阐述。福建师大的黄景容在他的《写作心态》一书中指出：“写作动因是由写作者欠缺心理激发而成的一种求衡需要。”① 马正平在《高等写作学引论》中说：“写作，无非是寻求、表达、缔造、建立一种思想和语言符号的秩序。因为，紊乱和非概括性是一种无序状态。无序使我们不安和失落，新的观点、见解产生后建立起了解释的秩序，而文章写作则建立了语言符号秩序。当写作中产生了思想而不去表达时，就会产生欲罢不能的状态，因为你看到了秩序，感到了她的诱惑，如不将其传达、物化出来，就没有把秩序确定下来，所以，你非写出来不可。”②

从哲学的角度来看，人是唯一能够意识到自己的存在的物种，人对自身的这种意识使人把自己与万物区分开来，在此基础上获得人的应有独立性，使自己成为自由的崇拜者和绝对自由的探索者和追求者。但人作为一种生物物种，永远都不可能使自己走出生物圈，更不能最终走出自然。世界和人，自然和生命，事物和人生，始终是互为存在，相互照亮，互为遮蔽的关系。这一现实的而且也是历史的制约，导致了人的生存、人生的活动必然面临永不可真正自由的残酷。写作是人要自由自主地表达自己和实现自己的一种形式，是写作主体与世界的一种“对话”，它必然以自然为最初的模仿对象，因而，自然成了人描摹世界和自我的现实蓝本。而当写作主体作用于客体（第一自然，亦即普通的实际的社会生活）的时候，它自己本身也情不自禁地成了一个更加复杂的必须观照的客体（即第二自然）。因此，写作既是对现实存在的一种正视，也是对现实存在的一种逃避；写作既是主体主宰自我、主宰对象世界的一种积极的行动，又是被动承顺对象世界、无主于自我的一种方法。这样，在不可自由的自由企望与追求中，构成了人类写作最强烈的创造动机：写作就是人的一种追求自由和创造自由的生存方式，是人针对现实生存的种种不自由而企求进入自由的领域，是求主动性和求主体性、求创造绝对自由的一种最好的方式和途径。但同时，写作又是一种被动的、受限制的行为（包括来自社会群体、文化传统、时代心理、政治伦理以及生存处境等等因素的限制），存在着种种规范的不自由（如写作模型、文本图样、文体模式等），于是，创造也就由此展开——打破规范的不自由而开创出新的自由，

① 黄景容：《写作心态》，第58页，福建教育出版社，1993年版。

② 马正平：《高等写作学引论》，第69页，中国人民大学出版社，2002年版。

这是写作的现实冲动，更是写作的永恒理想。①

写作必须凭借“语言”这一媒介，语言是人类的独特创造物，人是语言的存在，写作就是通过语言并创造语言。在人的存在的世界里，语言现实地并且是历史地构成了对我们人类生存自身的一种扼制力量。当写作主体在驾驭或操纵语言符号这一工具从事写作时，他自己却不自觉地成了一种工具，一种运用已有的作为符号的语言创造出完全崭新的、不同于以往任何人的只表现自己特定意象的语言工具。因而，在写作中，人的精神、生命是与语言融为一体的。陈功伟说，写作和生命有着对应关系，写作是生命的一种对应性整体表现。写作既是主体生命创造本质的投射，又是一种自成一体的精神生命的创造。② 人类写作的最终目的，是完善人的生命体。写作的终极本质，是写作者对精神秩序（情思理想、价值取向）与书面语言符号秩序（语流符号结构）的创建、缔造，即人对自由生命秩序的创生与建构。进入写作人生，也就是创造人生和审美人生。

总之，在人类社会的发展历程中，由于人们各种各样的需求和实践，写作活动一直在开发、记载和发展着人类的物质文明和精神文明，蓄聚着不同的民族文化。在现实生活中，写作实现了个体介入社会、塑造现实以及认识自我、超越自我的意义，左右着个人的成长和成才道路，甚至成为人生的一种追求，生命的一种体现。就其本身而言，作为一种符号化的行为，写作也是一种诗意的生存方式，是人的思维本质、语言本质和社会本质的必然体现。写作本质在于寻求生命生存的依托、家园、故土。当代西方学者指出“我写故我在”（罗伯特·肖尔斯），“人的一切存在都是在写作”（雷德蒙·威廉斯）。写作渗透到人生的方方面面。我们所能够做和应当做的，只能是如何有效地和更好地使自己的“意志服从这个目的”，也就是如何有效地和更好地通过写作实现人的本质。

## 第二节　写作学习的意义

写作是社会成员间交流、传播信息、传承文明的重要工作，也是人类认识、

① 参见唐代兴《在探索中沉默，在沉默里唤醒检讨——关于写作哲学的创世纪》，转引自中华励志网，http://www.zhlzw.com/lz/lzh/52314.html，更新时间：2008-3-21。

② 陈功伟：《写作：生命的对应表现》，载《写作》，1999年第9期。

改造客观世界和人类自身的重要手段。作为写作活动的产品的文章，它在社会生活中发挥多方面的作用，诸如认知作用、教育作用、审美作用、据以办事的作用和消遣娱乐作用等等。因此，学习写作、学会写作，不管对社会，还是对个人，都有十分重要的意义。

## 一、写作学习的社会意义

写作是一种特殊的社会实践活动。对写作的社会功能，我国古人早就有所认识。孔子说："诗可以兴，可以观，可以群，可以怨。"（《论语·阳货》）所谓"兴"，就是启发鼓舞作用；所谓"观"，就是考察认识作用；所谓"群"，就是互相感化作用；所谓"怨"，就是讽喻批评作用。曹丕在《典论·论文》中也指出："盖文章，经国之大业，不朽之盛事。年寿有时而终，荣乐止乎其身，二者必至之常期，未若文章之无穷。"进入文明社会以后，人类在政治、经济、文化、军事、外交以及日常生活、学习、娱乐等一切社会活动领域，在思维、心理、意识形态、生产生活方式等各个方面，都与写作发生密切联系。人们都要运用这个工具进行交际、交流，沟通相互间的关系，为工作、科研、学习和生活服务。社会愈发展、科学愈昌明，文章的作用就愈突出，写作的地位就愈重要。

### （一）学习写作是传承和发展人类文明的需要

人类的文明离不开语言文字，因为语言创造了文化，开辟了人的创世纪。有了语言文字，也就有了真正意义上的写作，有了载负和传承人类文明的文章。写作与人类文明始终同步。人类文明，其实质是人类生存经验的不断积累。人之所以区别于动物，其根本原因之一，在于我们一代代人能借助语言文字，将生存过程中的体验与发现记载下来，给后来者提供借鉴和进一步发展的基础。而动物只是凭借本能生存，它们的生存能力永远都是从零开始的。人类的这种经验知识的积淀与传播都必须依靠写作活动来完成。文章所负载的生命体验、科学认识，对于人类文明的促进作用是极其伟大的。以马克思《资本论》为代表的社会科学论著，推动了世界社会主义的巨大发展。以爱因斯坦《相对论》为代表的自然科学论著，使得人类在21世纪以一年等于千万年的速度改变着自然界，过去只能在幻想中出现的改天换地的神力，今天在原子能的发现中得到了实现。以弗洛伊德《梦的解析》为代表的人类思维论著，促使人类深入地真实地认识自身，从而产生了思想意识、生活方式和文学艺术等方面的大变化。写作在运用语言文字记载与传播人类知识经验的同时，也创造出种种精神——写作者的精神、社会的精神、时代的精神、历史的精神、人类的精神，或是“为天地立心，为生民立命，为往圣继绝学，为万世开太平”（《张子全书·性理拾遗》），探求真理，发现历史的规律，以改造人类的灵魂，开拓人类文明新局面；或是从现实出发，拒绝谎言，运用良知的力量记录时代的心声，指出时代的弊病，以期引起疗救的注意；或是尊重个人的意愿和权利，有感而发，我手写我心，以捍卫一个独立的人在生活中的真实目标，摆脱他人精神奴役，等等。这些精神，构成了人类文化的内在品质，构成了人类文化的真正凝聚力。可以说，没有写作，现代人对遥远的过去将是一片茫然，既回忆不起祖先的面影，又找不到生命的归宿，将沦为精神浪子；没有写作，人类的思想史、精神史、文化史，就不可能有渐进式的原始积累，也就不可能有突变式的信息提速，历史的齿轮只能在原地打滑。这期间不排除有物质文明的流传，但没有写作的传媒作用，没有文本的链接作用，就没有物质创造者之间的互动与对话，创造性思维就得不到碰撞、裂变、重组、更新，也就得不到优化和提升，思想的封闭会造成时间与历史的错位，虽然岁月流逝，但历史只能自我缠绕，自我复制，而无法自我超越。一部人类文明的发展史，也是写作的发展史。写作活动是人类文明赖以发展的必需条件，学习写作对于整个人类文明的传承和发展具有十分重要的意义。

另外，写作关系到全民族文化素质的提高，一个民族文化水平低，读、写水平不高，难以进入经济高度发展的文明社会，也难以立足于世界民族之林。更为重要的是，语言不只是一种表达工具，它跟一个民族的文化心理、思维方式密切相关，它记录了一个民族的文化踪迹，成为延续历史与未来的血脉。汉语沉淀着中国人数千年来感知世界、体察世界和呈现世界的诗性特征，在全球化的今天，汉语的这种诗性特征成为我们解放想象力、体验自由的重要方式。作家韩少功说，一个民族的衰亡，“首先是从文化开始的，从语言开始的。侵略者从来明白，攻城莫若攻心，而一个人的心里只有语言，精神唯有语言可以建筑和守护。”[①] 学习用我们本民族的语言——汉语写作，对于保护我们民族传统和历史，保护我们赖以生存的文化基因，延续几千年中华文化命脉具有重要意义。

### （二）学习写作是社会生产和社会发展的需要

人类自从进入文明阶段以来，就是靠文章来组织社会的生产和生活的。文章

① 转引自恒沙《“英语崇拜”与汉语写作的意义》，载《人民日报》，2004 年 6 月 15 日，第 16 版。

写作渗透于人类社会的各个领域——科学研究与普及要写作，产品生产与流通要写作，信息传播与交流要写作，整个社会都离不开写作；没有写作，整个社会生活将会停顿，人们就会回复到结绳记事的时代。

文章是实现社会管理职能的重要工具。《文心雕龙·章表》认为："章表奏议，经国之枢机。"写作在治国兴邦、经国济世中起着部署、指挥、组织、管理等重大作用。国家各级管理机构主要通过文件、法规等形式向下级传达方针、政策，阐明指导思想，部署各项工作，提出规范要求。下级通过各种形式的文章向上级汇报工作、反映情况、请示问题，这些又成为国家、上级制定、调整政策和进行再决策的依据。个人通过写作表达意愿、申述理由、反映情况、上传下达、交流思想和信息、协调关系、联系业务等。正是通过各种各样的文章，把国家、集体、个人诸方面联系起来，使之互相配合，交织成严密的信息传播网络，从而加强协作，进行卓有成效的管理工作，共同实现预期目标，使社会成为一个有机整体。如果没有写作作为传播工具，社会的管理工作是难以想象的。各种样式的写作，从不同角度满足社会的交际之需。例如在新闻传播中，报刊成了人们了解国内外大事的主要渠道。在知识传播中，书籍成了人们学习科学文化的园地。作为思想、理论、科学、技术、信息的载体，文章是科学技术转化为生产力的中介因素，人们可以通过文章传播或获得有关信息，推动经济、科学、技术的发展。写作虽然不能直接生产物质产品，但它同样促进了生产。可见，学习写作，与国家的政治、经济大局紧密相关。

### （三）学习写作是信息社会对每位成员的基本要求

当今，人类已进入经济腾飞的高科技时代，进入"知识经济"时代。"知识经济"时代实际上也是"信息革命"的时代。知识、信息是知识经济时代人们最为关注的社会维系物和序参量。因为在知识经济时代起决定作用的生产要素不是资本而是信息、知识；价值的增长不再通过劳动，而是通过知识。整个社会的本质就是信息的加工、创造、复制、交流、运用；社会劳动结构将产生急剧变化，大多数的就业人员将主要从事信息的加工、处理与创造。而信息的加工、处理与创造，信息的获得，信息的传递、储存等，都要依靠语言文字作中介，都离不开写作。电脑虽然取代了一部分脑力劳动，然而它的首要媒介仍然是语言和文字。没有相应的写作能力作基础，驾驭、操纵电脑也困难。与此同时，在知识经济的时代里，物质生产与产品消费的全过程，都将伴随着知识生产，而知识的载体便是文章。知识生产的过程也就是文章写作的过程，因此，物质生产、产品消费的全过程都伴随着文章写作。比如，对一个企业来说，生产什么产品需要对消费市场进行充分细致的调查研究才能确定，产品生产出来以后又必须通过广告宣传以吸引消费者消费，确立怎样的企业形象，也需要科学的分析与论证。而这一切都需要思考，需要策划，需要写作。

从某种意义上看，在知识经济时代，一个国家国民的写作水平不仅反映了一个国家的思维、文化水平，同时也是一个国家综合国力的基本要素。可以认为，没有哪一个时代像今天这样需要写作，没有哪一个时代像今天这样依赖写作，信息社会、知识经济时代也是写作的时代，写作能力是知识经济时代所必备的基本能力。因此，国外学者高度重视写作，把人的阅读、写作能力称为“第一文化”，把掌握电子计算机语言称为“第二文化”。现代社会的新型人才，必须同时掌握两种文化，而“第一文化”，即人的阅读与写作能力是获得“第二文化”的基础。要成为这种既懂专业，又懂管理，具有创造性的开拓型人才，一个重要条件，就是必须具备较高的写作能力。美国社会预测学家约翰·奈斯比特认为，在信息社会如果“缺乏基本的文化素养（即读写技能）就会导致电脑盲”①。可见，学习写作，培养和提高写作能力是适应现代社会发展趋势的需要。未来学家阿尔温·托夫勒指出：“新的经济要求掌握符号形象抽象的技巧，要求合乎逻辑地说明问题和表达的能力，以及其他方面的能力。”其中最根本的是阅读和写作能力：“在可以预见到的时期内，所有这些技能和特征都必须伴随有最起码的若干基本技能”，如“阅读技能”“写作技能”和“一些（未必是大量的）数学”。②法国未来学家施耐贝尔认为，在未来社会“阅读和书写仍将是表达抽象概念的工具”③。约翰·奈斯比特有一本被认为是“能够准确把握时代发展脉搏”的巨著《大趋势——改变我们生活的十个新方向》，书中提出，在信息社会，有五件最重要的事应该记住，这里的第四件事即“在这个文字密集的社会里，我们比以往更需要具备基本的读写技巧”④。美国教育家韦斯特说得更形象：在信息社会，“写作，

① ［美］约翰·奈斯比特：《大趋势——改变我们生活的十个新方向》，第 32 页，中国社会科学出版社，1984 年版。

② 转引自陈果安《现代写作学引论》，第 2 页，中南大学出版社，2008 年版。

③ ［法］施耐贝尔：《世界面临挑战》，第 49 页，华夏出版社，1989 年版。

④ ［美］约翰·奈斯比特：《大趋势——改变我们生活的十个新方向》，第 18 页，中国社会科学出版社，1984 年版。

包围着你”。①

## 二、写作学习的个人意义

写作，是写作主体心灵的倾诉与传达，是以语言为媒介展露内心秘密的过程；在其本真的意义上，应该是写作主体的生命活动，是人的生命存在形式。鲁迅先生作过这样的强调：“故文章之于人生，其为用决不次于衣食，宫室，宗教，道德。”② 肖川博士认为：写作是一种告别自我的方式，过去的感受与思考凝聚在文字里，那是往昔的剪影。洗去昨日的风霜，带着不变的理想，准备着迎接明天，于是再一次出发，只有目标，没有终点。③ 埃莱娜·西苏说：

> 为了留住那逝而不返的一切，人必须通过写作或相当于写作的任何工作，想方设法向已逝的一切伸出救援之手。
>
> 因此，写作乃是一个生命与拯救的问题。写作像影子一样追随着生命。延伸着生命，倾听着生命，铭记着生命。写作是一个终人之一生一刻也不放弃对生命观照的问题。这是一项无边无际的工作。④

我们认为，写作学习对于个人的意义主要表现在以下几个方面。

### （一）学习写作是个人生存与参加社会生活的需要

写作是运用书面语言进行表达和交流的重要方式，是社会生活中人际交往必不可少的工具之一。人必须在一定的社会关系中生活，人们在社会中，既需要表现自我或群体的意向，也需要接受、吸取他人的影响；既需要让他人了解自己，自己也需要了解他人。人与人之间的关系是一种交融互摄、相依相存的关系，思想情感的交流，在这种社会关系中显得尤为重要。没有人际的交流，社会就难以维持。而人际间的交流是离不开写作的。如你要写信，要写发言稿，要写总结材料等，都要有写作功底。你去求职，去应聘，就得写自荐材料，要写得生动，足以打动和征服对方，争取成功；你向某人示爱，要写情书，更得调动你的聪明才

---

① 转引自马正平《中学写作教学新思维》，第17—18页，中国人民大学出版社，2003年版。

② 鲁迅：《坟·摩罗诗力说》，见《鲁迅全集》第一卷，第65页，人民文学出版社，1973年版。

③ 肖川：《教育的理想与信念》，第295页，岳麓书社，2002年版。

④［法］埃莱娜·西苏：《从潜意识场景到历史场景》，见张京媛《当代女性主义文学批评》，第218—220页，北京大学出版社，1992年版。

智，吸引对方，获取对方的好感，以达到目的。生活和工作都离不开写作。再如在现实生活中，人们常常通过手机发信息或者在网上发邮件，聊天。这些方式常常用来交流信息或者传递感情。人与人之间的交往是很微妙的，要让自己的话别人听了、看了觉得舒服，不会产生不必要的误会，那么措辞就非常重要了。因此，为了更好地和别人和谐共处，为了更好地生存、生活，我们人人都应该学习写作。

随着人类教育的社会化和大众化，现代生活中的人的文化水准得到普遍的提高。加之大众传播技术日新月异地发展，社会生活领域高技术化、高情感化日益形成，写作这种独特的创造性形式由过去的少数人独享变成了一种大众化的基本生存技能，写作从一种少数文化精英的特殊生活方式，演变成一种新型的社会化、日常化的生活内容和生活方式。“各行各业离不开写作，人人都要写作”这句话，正是这种社会生活的写照。记者要写新闻，秘书要写公文，经商的要写经济合同、商业广告，办案的要写起诉书、判决书，搞科研的要写调查报告、论文，等等。政治家、科学家、企业家、教育家以及千千万万普通的老百姓，现代信息社会任何人都是信息的传者和受者，哪一个行业、哪一个人离得开写作？文章写作已经成为每位公民的必备技能。置身于现代竞争大潮中，如果不懂得自我推销，空有满腹经纶，也会湮没于红尘。求职时的一封自荐书，进入单位工作的人，平时写个人述职、散文随笔、总结报告、专业论文等，质量的高低也会直接影响到人生事业的进退。一份高质量的文稿，很可能就成为人生进步的阶梯。现代生活节奏快，现代人面临的事情复杂多变，写作，往往又成为人们化繁就简、理清思路、培养工作严谨性、规范性的必要条件。因此，我们学习写作除了满足一个社会人交际、生存的需要外，也是工作、职业的需求，是一种实现人生的手段。

（二）学习写作是生命的内在需要，是维持心理健康的需要

写作主要是为了同别人进行交流，同时还要看到另一种情况：有时写作是为了宣泄积蓄在心中的某种情绪，以求心理平衡。这说明写作不一定是出于外在需要，在很多情况下是出于内在需要。

就生命本体来说，人常常是孤独的。人作为独特的存在，总是孤独地以自己的方式活在这个世界上。① 对于个人而言，孤独，从出生一直伴随到老。为了走

① 参见石中英《人作为人的存在及其教育》，载《北京大学教育评论》，2003 年第 2 期。

出这种孤独，为了克服由孤独带来的无助感、寂寞感和恐惧感，人必须向人开放。尤其是在现代的竞争社会中，人在很多时候，自己心中有某种强烈的情绪需要由内向外倾诉、发泄。但往往由于人的孤独，找不到倾听者，或者自己的这些情绪不便于向别人倾诉，它只应该属于自己的世界，但又迫切地需要发泄，以缓解自己内心的张力。那么，这时候，写作就成了缓解情绪的最佳途径。因为写作的过程也是一种心灵体验过程。这种体验过程使人性的能量得到最大程度的释放，存在的苦难和生存困惑对心灵的扼制得到了应有的疏解，机能获得了全面的复苏，情感和思维获得了前所未有的通畅，更高水平的认知和智慧迎来了最顽强的生命之源。鲁迅指出："人感到寂寞时，会创作；一感到干净时，即无创作，他已经一无所爱。"[①]巴金在谈到《家》的创作时也说过："一直到我在一九三一年年底写完了《家》，我对于不合理的封建大家庭制度的愤恨才有机会倾吐出来。"[②] 一些作家在回答"您创作的目的是什么"时，也涉及这个问题。彭荆风的回答是："抒发我的爱与憎。"苏叔阳的回答是："抒发自己所思所想，很想替平民百姓说话。"藏族作家扎西达娃回答得更干脆："宣泄。"[③] 我们自己也往往有这样的体会，当某种激情（喜怒哀乐）撞击着心扉，难以遏制时，总想向外宣泄。宣泄的方式之一，就是把满腔的激情诉诸笔墨，倾泻在日记本上。无论自己当初的情感是如何激烈，在写作过程中，在写完之后，人往往就平静了，无论是爱与恨，或者是愤怒和对一个人的诅咒，一切的一切都有些释然了，情绪变淡了。人需要这样的发泄，如果不发泄，把一切都闷在心里，就会产生心理疾病，甚至有精神崩溃的可能。

（三）学习写作是提高自身综合素质的重要途径

写作是人类的一种行为过程，是借助书面语言完成传递思想、观念和感情的复杂精神产品的过程，是一个复杂的情感活动和心智活动过程。它又是一种能力的体现，是熟练运用语言文字，准确、严谨、生动地驾驭篇章、表述思维的技能和技巧；同时，它还是一种交往工具，是社会成员间交流思想、传递信息的必备工具，更是人类认识并改造世界以及人类自身的重要工具。因而，写作是一种具

---

① 鲁迅：《而已集·小杂感》，见《鲁迅全集》第三卷，第511页，人民文学出版社，1973年版。

② 巴金：《和读者谈谈〈家〉》，见李存光《巴金研究资料》上卷，第388页，海峡文艺出版社，1985年版。

③ 转引自程民《现代写作论稿》，第22页，学林出版社，2005年版。

有高度综合性和创造性的复杂的言语活动，文章作品是作者展示自己的主要窗口，是作者创造力的综合体现和具体成果。作者们无不努力地在文章中表现自己深刻的思想、独到的见地、广博的知识、丰富的情感、优美的语言等等。同时，当作者努力表现自己的各方面素养的时候，他的头脑是在高速运转着，思维是高度集中的，情感处于兴奋状态。他会调动一切自身优势在文章中充分完成自我实现。在这种情形下，原有的素质就会得到良好的、充分地发挥，而且在发挥过程中得到进一步提高和增强。于是在不断的写作实践中，作者的综合素养也在良性循环中逐渐得到提高。

写作会促使你更加用心地去感受、认知、品味生活，洞明世事，去捕捉工作中、生活中有意味的现象和信息，自觉地去积累学识和生活，深化和丰富认识。写作行为、活动是一种自我教育的过程。写作激励着人不断地意识、反省和检讨自我，写作引导着人时时净化自我，写作更帮助人打开潜能的宝库，会帮助我们站在另一个层面审视自己的生存状态。在审视中发现自己，在发现中把握自己，开发无限的能量和博大的人生智慧与人性美德。周国平说："写作使人更敏锐也更清醒，对生活更投入也更超脱，既贴近又保持距离。"① 曹文轩说："会写作意味着一个人对这个世界有了一种条理化的认识，并且，在以后的写作过程中加深对这个世界的认识。"②

写作是一种审美活动，要求作者具有较高的审美修养，要按照美的规律来建造其精神产品——文章。可以说，文章就是作者审美经验的体现和审美经验的结晶。作者要对自然和社会作出审美判断，热情讴歌真、善、美，鞭挞假、恶、丑。作者要按照美的法则来结构文章，使全篇匀称和谐，严谨完整，舒展自如，浑然一体，似清水芙蓉，若行云流水，具有整体美、动态美和建筑美。作者所用语言不仅要求准确、鲜明、生动地表述思想内容，而且要看起来顺眼，读起来中听，具有形式美和音韵美。

此外，人的语言能力——听说读写的能力总是相互关联、相互促进的，因此，写作学习还能提升人的阅读能力和口头语言表达能力。

总之，写作不仅能提高自身认识问题、分析问题以及语言表达的能力，而且对培养自我探索精神，提高思想修养，陶冶个人情操，促进智力因素与非智力因

① 周国平：《周国平和中学生谈写作》，载《课外阅读》，2008 年第 10 期。
② 转引自陈吉祥《信仰生活与写作的理由》，载《卓达学刊》，2007 年第 1 期。

素的协调发展以及人格塑造、精神建构等方面都大有裨益。学习写作对培养一个人的语文能力、语文素养乃至促进综合素质和个性发展具有重要意义。

（四）学习写作是掌握当代学习方法的需要

正因为写作能发展人的多种能力，美国教育界在20世纪80年代提出了“学习——通过写作”的学习策略。他们认为，写作要分析和综合，写作有助于能力的发展，写作能发展勇气，还能帮助人们学习阅读，学会科学和数学。①

作为学习方法的写作是不同于传统的“维持性”学习方法的一种“创新性”的学习方法，是当代学习、研究、治学的一种行之有效的方式。这种学习方法，不是等到打好知识基础后再去提出问题，解决问题，写成文章，而是边学习边发现问题，并希望分析问题，解决问题。因此，在写作中必须接触深广的知识领域，旁涉其他学科。这就迫使我们有目的、有效地去读书，去补课，去思考，于是写作过程就变成了读书学习的过程、研究思考的过程。一篇文章写成以后，作者就建立了属于自己的、真正弄懂的、有机的知识结构、网络。通过更多的写作，作者可以建立更多更大的知识网络和结构，可以达到一个更深邃、广博的境界。

① 参见马正平《高等写作学引论》，第6页，中国人民大学出版社，2002年版。

# 第二章　写作学习的特点与类型

所谓特点，是指某一事物区别于其他事物的独有的征象或品质，是事物比较深刻的和比较稳定的方面，它从整体上规定事物的性能、作用和发展方向。认识了事物的特点才算掌握了该事物。要学习写作，提高写作水平，应该了解写作学习的特点，这样才能依据特点，减少学习的盲目性，提高学习的效率。

写作学习是一项复杂的活动，涉及许多方面的内容，写作学习者的身份与个性、学习的动因与目的等也各不相同。根据一定的标准对写作学习进行分类，将有利于学习者加深对学习对象的认识，明确自己的学习方向，更好地实现学习目标，满足学习者的实际需要。

在这一章里，我们将对写作学习的特点和类型进行探讨。

## 第一节　写作学习的特点

作为主体的创造性精神行为，写作具有个体性、社会性、综合性、实践性、创造性等特征。写作学习是语文学习的有机组成部分，它除了具有语文学习的一般特点之外，学习对象的特殊性必然对它产生重要的影响。写作行为的内在规定性，决定了写作学习内容的综合性、方式的操作性、过程的渐进性和结果的自悟性等特点。

### 一、写作学习的综合性

写作是人类的一种精神生产行为，是写作主体多种素养和多种智能的综合活动的过程，它的最大特点是综合性。在写作行为过程中，写作者的写作行为与多种因素相联系，并受其影响、制约，其中主体个性因素对写作起着根本性的作用。人们都承认现实世界之所以成为作者的观照对象和写作题材，那是因为其中的某个因素构成了写作的“触媒”，点燃了作者的写作激情。而写作的“基因”，却不是在被“点燃”的瞬间发生的，而是早已埋下的“种子”。人们进行写作，总是以自己现有的知识储备为出发点而进行的。在完成一篇文章的过程中，既有生活、思想、人格、素养、技巧等因素的交互运动，也表现为作者思维活动、心理活动、审美活动的有机组合和多项能力的融会。作者的写作能力，诸如观察感知事物的能力、理性思辨能力、情感体验能力、炼意选材的能力、联想拓展和概括聚敛的能力、谋篇布局与语言表达的能力等，都会对文章的质量产生影响。而作者的人格修养、个性特点、社会阅历、才情禀赋等，也左右着写作活动。一篇文章，一部作品，无论长短，都联系着作者的才（才情）、学（学养）、胆（胆略）、识（识见）、力（风骨），是作者多方面知识、才能的综合反映，是个体生命整体的创造性表现。从中既可看出作者的思想认识水平、思维的敏锐程度与力度，又可透视其知识的深广度、语言文字的功底及其多种才能。总之，在写作过程中，写作主体总是力求通过对语言的精心选择和恰当运用，来取得最富于个性色彩的表达效果。能否做到这一点，关键在于写作主体对语言的拥有程度和驾驭能力，而一个人的语言能力从根本上说又是与他的基本素质和整体修养融为一体的。从写作主体的匠心独运中，读者往往能直观地看出写作主体个性心灵的智慧光彩，所谓读其文而如见其人，说的就是这个道理。因此，中国古代历朝多“以文取士”，当代社会录用人才，仍然常用这种手法进行考查。

写作的综合性决定了写作学习内容的综合性，它告诉我们，写作水平问题，绝非仅仅是“笔头子”功力如何的问题，要想写好文章，提高写作水平，就必须做多方面的综合努力，注意各种素养、各种能力的综合提高，追求自身素质的全面发展。古人讲修史作文，必须才、学、胆、力、识多种因素结合。宋代大诗人陆游教儿子作诗时，有两句名言：“汝果欲学诗，工夫在诗外。”（《示子遹》）这个“诗外功夫”，指的就是与写诗相关的其他素养、能力与品德的培养和锻炼，也正是我们所说的要在多方面努力。鲁迅先生指出：艺术家“固然须有精熟的技工，但尤须有进步的思想和高尚的人格。他的制作，表面上是一幅画或一个雕像，其实是他的思想和人格的表现”①。“先前的文学青年，往往厌恶数学，理化，史地，生物学，以为这些都无足轻重，后来变成连常识也没有，研究文学固然不明白，自己做起文章来也糊涂。所以我希望你们不要放开科学，一味钻在文学里。”② 这种综合性在今天科技高度发展、文理渗透形成趋势的时代，显得尤为重要，它往往是人们取得成功的重要因素。20 世纪 70 年代末，美国曾对 1311 位科学家的情况进行了五年的调查，结果发现，那些取得一定成就的科学家极少是只通一门专业的“专才”，绝大多数是文理兼长、掌握了多学科知识和具有多方面才能的“通才”。而且这些知识、能力表现在写作主体身上，不是简单的相加，而是靠作者的智力融汇、沟通、调节，形成合理的结构，并随着社会生活的发展变化而不断调节、更新与优化的。因此写作学习者要注意由“专才”转向“通才”，特别要强调厚积薄发，多方面培养和锻炼自己，提高诸种修养，为了文章这一个“点”，要提高人生知识的“面”。

当然，每个人热爱写作的起因和学习写作的途径、获得各种修养的渠道也不尽相同，有的得益于天资颖慧、家学渊源，有的得益于社会环境的熏染，有的得益于人生的历练。综合性的水平有高有低，每一个作者都有不同的心理体验，不同的思维方式，不同的语言风格，不同的审美观念和习惯，反映在不同的作者个体身上，其得力点也不尽一致；表现在写作上，也就会各有强项弱项：或长于形象，或长于理论；或擅纪实，或擅写虚，即所谓文章写作“各擅其妙”。面对同一题目、同一题材、同一体裁，不同作者可以写出各具特色的文章，体现出不同的个性色彩。甚至，同一作者第一遍写作与第二遍写作的文章也不可能完全一样。这正是源于得力点的不一。亚里士多德有句名言：“性格即命运。”美国 20 世纪心理学家埃里克森对此作了进一步的发挥：“人体结构、历史和人格的结合，就是命运。”③ 可见，每人的写作命运是个体性格与社会历史的合成。在写作学习的综合性方面，贾平凹无疑是有代表性的。灵秀的山水陶冶了他，“原籍陕西丹

① 鲁迅：《热风·随感录四十三》，见《鲁迅全集》第一卷，第 333 页，人民文学出版社，1980 年版。

② 鲁迅：《致颜黎民》，见陈漱渝、刘天华《鲁迅书信选集》，第 270 页，民主与建设出版社，1996 年版。

③ 转引自［美］B. R. 赫根汉著，何瑾、冯增俊译《人格心理学导论》，第 152 页，海南人民出版社，1986 年版。

凤，实为深谷野洼；五谷都长而不丰，山高水长却清秀"[①]；学校的教育启蒙了他，"不要被什么格式套住你，想些什么就写什么，熟悉什么就写什么，写清、写具体就好了"，这话对他影响很大；书中的世界滋养着他，"书尽闲书，读起来比课本更多滋味，那些天上地下的，狼虫虎豹的，神鬼人物的，一到晚上就全活在脑子里，一闭眼它就全来"[②]；儒、道、佛的玄理使他"悟出了有用的东西"；"文人画、民乐、书法和中国戏曲"又给了他美学思想上的启迪；而在西北大学的一场大病，使他的文章又"多少有着病态的意味"。从他身上，我们不难发现写作修养是"博大精深"与"学无止境"的，而一个作者的个性气质、思想趋向也直接影响了他的文章的基本格调。[③] 此外，每个学习写作的人由于年龄、身份、职业等方面情况的不同，学习的目的需要也各有差异。对于写作学习者而言，不必强求也不应奢望自己"全能"，而应学会扬长避短，根据自己的需要，确定学习的重点，选择最适合自己的写作形式和写作体裁。只要写出自己的特色，就是具有独特价值的文章。人的智能有先天禀赋的，有后天形成的。素养则是靠后天培养。要充分调动自己的潜力，要有针对性地补充完善自我，增长补短，发挥自己的特长与优势，努力弥补自己的不足。人只有使自己更适于"天择"，才能更好地"生存"。有更好的素养，有更强的智力，就有可能掌握更多类型的写作能力；写作学习者整个人生，也将受益无穷。

### 二、写作学习的操作性

操作性或称实践性，是写作学习的又一个重要特征。这首先是因为社会生活实践和阅读实践是学习写作、提高写作能力的重要方式。古人所谓"读万卷书，行万里路""读书破万卷，下笔如有神""熟读唐诗三百首，不会作诗也会吟"讲的就是这个道理。写作作为一种思维活动，除了要求主体具有正常的生理、心理机制，还必须具有写作的材料。而写作材料的积累，离不开社会生活实践和阅读实践。写作又是多种素养和多种智能的综合活动过程，文章所包含的作者的思想、感情、人格等恰恰是社会实践的产物。任何文章都有自己的体裁样式，包括

---

① 贾平凹：《贾平凹小传》，转引自段明贵《名人的幽默》，第 253 页，新华出版社，1998 年版。

② 贾平凹：《自传——在乡间十九年》，转引自郜元宝、张冉冉《贾平凹研究资料》，第 55 页，天津人民出版社，2005 年版。

③ 参见董小玉《现代基础写作》，第 10 页，西南师范大学出版社，2003 年版。

其整体的文体特征、结构形态、文字风貌、行文格式等。学习写作，仅仅满足于写作知识的学习，不去借鉴别人的写作成品，尤其是自己不去实践，结果还是写不出文章。如选择读什么样的作品直接关系到阅读者“识”力养成的高下偏正。从学习写作经验的角度来讲，在阅读实践中阅读优秀的作品，可以使我们懂得“应该怎样写”；有意识地读一些不成功的作品，可以使我们懂得“应该怎样写”的同时，也明确了“不应该怎样写”。而没有丰富的阅读实践，是绝不可能提高写作水平的。因此，社会生活实践和阅读实践对于增加知识储备和社会阅历、提高思想认识和人生修养、感悟积累写作经验等方面也都具有十分重要的作用。从根本上说，没有实践就没有写作。

其次，写作是运用思维操作技术和书面语言符号表情达意的活动，写作者通过写作思维的操作技术、操作程序来生成文章的结构、语言。“积字成句，积句成章，积章成篇”，文章是一句一句写成的。写作者得有对字、词、句、篇、语法、逻辑、修辞等各方面基础知识的综合运用能力，即要有一定的运用语言的技能。而这种言语技能主要是通过内部言语来操作的，有一个从内部言语外化为外部言语的复杂的心智运动过程。因此，它既是一种心智技能，又是一种言语技能。

写作作为一种技能，必须通过实际操练才能获得。因为，技能从来都不是单靠听出来或看出来的，它既不能“继承”，也无法直接“传导”。它必然要经历一个由生到熟，由熟生巧的“历练”过程。正如游泳冠军的儿子不下水，永远不会游泳；作家的后代不经历长期练笔，也无法继承父业。如果一个人永远不去写，即不实践，那么他永远也当不了作家。真正的写作是一个需要亲自动手的动态过程。每个作者写作成功之前，都要有大量的艰辛的练笔。教师教给学生的，只是一些前人的写作理论、写作知识及体会、得失、方法等经验之谈。要把写作理论、写作知识转化为能力，除了反复操作实践，别无他法。“纸上得来终觉浅，绝知此事要躬行”，这里包含着古人对写作操作实践的高度评价。如果天真地认为，只要有写作理论和写作知识，如何写作的问题就解决了，那么，只要人手一册“写作知识”之类的理论书，岂不人人皆成作家了？有人曾向鲁迅先生请教如何写作，鲁迅先生答道：“文章应该怎样做，我说不出，因为自己的作文，是由于多看和练习，此外并无心得或方法的。”① 欧阳修说：写文章“无他术，惟勤读

① 鲁迅：《致赖少麒》，见《鲁迅全集》第十三卷，第166页，人民文学出版社，1981年版。

书而多为之，自工”（胡仔《苕溪渔隐丛话》）。清代人唐彪说：“学人只喜多读文章，不喜多做文章；不知多读乃借人之功夫，多做乃切实求己功夫，其益相去甚远也。人之不乐多做者，大抵因艰难费力之故；不知艰难费力者，由于手笔不熟也。若荒疏之后作文艰难，每日即一篇半篇亦无不可；渐演至熟，自然易矣。……谚云，‘读十篇不如做一篇’。盖常做则机关熟，题虽甚难，为之亦易；不常做，则理路生，题虽甚易，为之则难。沈虹野云：‘文章硬涩由于不熟，不熟由于不多做。”（清·唐彪《读书作文谱》）

可见，多读多写多操练是学习写作的关键。也就是说，写作学习具有明显的实践操作性。因此，在思想、生活、知识等方面具有了一定的储备之后，在不忽视思想、生活、知识等方面继续充实、提高的前提下，多写、多作、多比较、多修改，对于提高写作水平可以说具有决定性的意义。

我们强调写作学习的操作性，还因为写作是一项知易行难的活动。学习理论知识，吸收他人成功的写作经验，无疑是十分必要的，但更重要的是把它们转化为自身的能力。写作能力、技巧要在长期的、反复的、刻苦的操作实践中，经过自己的摸索、总结和领悟，才能熟而生巧，才能把道理和知识转化为自己的一种熟练的习惯和手段，才能真正地用自己的写作经验，指导自己的写作实践。例如，如何立意，如何安排材料，如何遣词造句，只有通过反复实践操作，从得失成败的比较中加以咀嚼、体味、揣摩，心有所“悟”，并逐渐入门知径，驱驾自如。对于写作能力来讲，听和看当然重要，但最后一定要落实到写作实践上来，才有可能不断提高。只有在真实具体的写作实践活动中，写作理论所应当具有的指导作用才得以发挥，其中的谬误才得以纠正。总之，要想突破“写作关”，必须抓住一切动笔机会，采取多种方法主动强化写作操作训练。例如，积极参加文学社团活动、经常大胆地给报纸刊物投稿、坚持写日记或读书心得等，都是练习写作的好形式。甚至平时写信、做其他科的作业以及整理课堂笔记等，如果有意识地利用起来，也都可以成为练习写作的好机会。写作无诀窍可言，多写多练、博学深思是唯一的成功途径。“看似寻常最奇崛，成如容易却艰辛。”（王安石《题张司业诗》）只有坚持理论联系实际，勤学苦练，才可练就腕底硬功。

## 三、写作学习的自悟性

所谓“自悟”，指的是依赖自身的努力，获得对事物、事理的认识和理解，并进而掌握规律，形成能力。学习写作，了解一些知识，懂得一些理论，或者得到书本和老师的指导，确是必要的。但写作活动和写作水平所反映的，主要不是知识和理论，而是技巧和能力。文章写作之难，提高写作水平之难，难就难在从理论、知识向能力和技巧的转化。这种转化，就是写作悟性的获得，就是写作能力的长进。这种转化，需要长期、反复、刻苦的写作历练，并在历练中不断地体会、揣摩，悟而得法，悟而得巧。

写作是一种具有抽象性、间接性的综合性精神生产行为。从经验上理解，写作行为的综合性就是整体性、混沌性，因此，写作行为是说不清、道不明的一种感受和心理活动。而理论家是通过对综合性写作经验进行科学分析，发现若干构成要素、方面，抽象出若干写作规律来。我们认为，写作有规律，但写作也无规律。说写作有规律，因为写作具有一些共通的原理和要求，文学写作、文章写作的理论书籍，大多传授的就是这种“大体须有”的理论和知识。说写作无规律，因为写作“定体则无”，写作内容的林林总总，写作手段的千变万化，常常需要因文而异，因人而异。迄今为止的写作之道，大多属于个人的经验之谈，其原因盖基于此。掌握规律，熟悉规矩，可以解决“不会写”的问题。至于写得好不好，巧不巧，这其中的奥秘，并无既有的规律可循。同时，由于写作活动存在着鲜明的个体性特征，它在接受写作理论指导并对写作理论进行检验的同时，存在着一个写作理论的一般指导作用是否与写作主体个性要求相适应的问题，即写作主体具有根据自身特点灵活接受写作理论指导的能动性。而这种根据自身特点灵活接受写作理论的指导，并通过自身的经验来证明写作理论有效与否的方式和途径，只能在真实具体的写作实践活动和写作学习过程中自悟。俗话说，师傅引进门，修行在自身。孟子说：“梓匠轮舆能与人规矩，不能使人巧。”（《孟子·尽心下》）用于写作，其理亦通。所以，鲁迅在谈及“作文秘诀”时指出：“做医生的有秘方，做厨子的有秘法，开点心铺子的有秘传……但是，作文却好像偏偏并无秘诀。假使有，每个作家一定是传给子孙的了，然而祖传的作家却很少见。”①他还说：“因为创作并没有什么秘诀，能交头接耳，一句话就传给别一个的。倘

① 鲁迅：《南腔北调集·作文秘诀》，见《鲁迅全集》第四卷，第608页，人民文学出版社，1980年版。

不然，只要有这秘诀，就真可以登广告，收学费，开一个三天包成文豪的学校了。”① 一切现成的理论和方法，起到的只是朱自清所说的夜行的“电棒”的作用②，真正要获得写作的“秘诀”，只有靠习作者和写作者在写作实践中去自悟。

### 四、写作学习的渐进性

学好写作绝不是一朝一夕的事情，正如传说“铁棒磨成针”所揭示的，是一件慢活儿。要想写好文章，就要经历一个日积月累的漫长过程。就整个过程而言，写作活动包括前写作、显写作（制作文章的直接行为）与后写作三个阶段。所谓前写作，就是在写作主体性的作用下为了写作所进行的写作主体的建构和信息积累（观察、阅读等）。它们为写作提供动力和信息材料，是写作顺利进行的前提与基础。所谓后写作，是指人们在文章写作之后所进行的写作活动，它的目的和功能是传播写作成果，这也与写作行为具有相关性。而写作行为本身，从写作意念的萌发开始，到写作成品的完成结束，其间经过了写作动机的发生、思维的内部整合操作、表述的符号化以及修改成文等主要操作环节。许多人喜欢用“受孕”“怀胎”和“分娩”来描述写作过程，别林斯基就说过写作过程与生育过程“不乏相似之处”，“并且颇不乏类似这一生理动作的痛苦——当然，这里所说的是精神的痛苦。”③ “得之在俄顷，积之在平日。”（清·袁守定《谈文》，见《占毕丛谈》卷五）没有平日长期的，甚至是艰苦的精神财富的积累，便不可能有写作时的随意挥洒。无论是写作中“妙思泉涌，奔赴笔下”的一时酣畅，还是“信手拈来，皆成华章”的一时挥洒，都是建立在长期的对材料的收集、选择、综合、提炼、概括以及逐步形成相应的认识基础之上的。拿现代写作学习来说，一个人从小学到高中大约十二年，文章才能像样。到了大学时期，文章才能提高成形，走向专业化。而要想达到发表水平，一般来说需要走入社会后锻炼几年时间。如果希望进而形成风格，那就可能要经过更长一个时期的苦练了。

这就是说，写作学习要循序渐进，尽管整个渐进的时间有长有短。

写作学习的渐进性，体现在学习的成果上，表现为文章的字数由少到多，写

---

① 鲁迅：《且介亭杂文二集·不应该那么写》，见《鲁迅全集》第六卷，第 317 页，人民文学出版社，1980 年版。

② 见刘国正等《中国近现代名家作文论》，第 1099 页，文心出版社，1992 年版。

③ 转引自董小玉《现代基础写作》，第 15 页，西南师范大学出版社，2003 年版。

作学习的方式由放到收、从模仿到创造，文章的表达从记叙到议论、由规矩到巧妙。这种渐进的过程，与学习者的知识积累、生活阅历、思想修养、道德情操、个性心理以及语言思维、智力水平、人格发展等因素有关；人在成长的不同阶段，有不同阶段的心理年龄特点。写作学习的综合性告诉我们，写作水平的提高是与综合素质的发展密切相关的。人的综合素质的提高，不是一时一刻就可以实现的，它是逐渐发展，不断更新、优化的，写作水平也因而水涨船高。

写作学习的渐进性，意味着写作学习应该按年龄大小和学业的高低分层次进行。一般可按小学和初中、高中、大学等层级分别进行。如小学、初中、高中宜以实际训练为主。小学和初中侧重记叙，兼及日常生活应用文写作学习；高中侧重议论，兼及文学创作和应用文写作学习；大学可以论文写作学习为主，兼及文学创作以及与专业相关的应用文写作学习。

写作学习的渐进性提示我们，学习写作是一项艰苦的劳动，没有捷径可走，没有秘诀可寻，不能急于求成。学写文章一般都要经历这样一个过程：由易入难，由局部到整体，由写不长到能写长，再由能写长而求简；由不规范到规范，再由规范到求变化；由单一而求多样，再由多样而求专一，进而形成自己的风格。如果还不能写长就追求简约，不合乎规范就追求变化，不能够多样就追求专一，那还是不能够成功的。学习写作必须要根据自己的实际来确定学习目标，从基础性、训练性文体写作练起，从短篇文章写起，要有计划有步骤地进行。只有刻苦地练习，滴水石穿，绳锯木断，功到自然成。同时，一旦练习有了成效，就要向更高目标攀登，切不可沾沾自喜，狂妄自满起来；遇到失败和挫折，也不要灰心丧气。“宝剑锋从磨砺出，梅花香自苦寒来。”写作作为人类创造性的精神活动，其成果的取得，必然要经历一段艰苦的努力。贾岛“两句三年得，一吟双泪流”，方干“吟成五字句，用破一生心”，卢延让“吟安一个字，拈断数茎须”，归仁和尚“日日为诗苦，谁论春与秋”，乃至现代诗人徐志摩也在《猛虎集·序》中感叹：“就经验说，从一点意思的晃动到一篇诗的完成，这中间几乎没有一次不经过唐僧取经似的苦难的。诗不仅是一种分娩，它并且往往是难产！这份甘苦是只有当事人自己知道。”① 这都说明了写作的艰辛。因此，要有坚韧不拔的毅力，要有不怕吃苦的精神，要有坚持不懈不达目的

① 徐志摩：《徐志摩文集·诗歌卷》，第 146 页，广西人民出版社，2006 年版。

誓不罢休的决心，“衣带渐宽终不悔”，敢于经历“唐僧取经似的苦难”，持之以恒，才能取得成功。初学者要养成写作的好习惯。写作史上许多著名的作家成名之后仍然长期保持着写日记和笔记的习惯，这一方面是一种收集、整理写作材料的手段，另一方面也是写作训练的基本手段。每天，写作的意念都应成为不断出现的惯性思维。久而久之，写作就会成为俯拾即是的生活乐事。

## 第二节　写作学习的类型

对写作学习进行分类，是指导写作学习者有针对性地选择正确的学习方法，提高写作学习效率的问题，也是写作学习研究中的基础理论问题。由于分类标准、角度和出发点各异，研究者对学习类型的理解也有很大的不同。而写作学习是一种具有综合性、渐进性等特点的复杂的活动，既涉及有关写作的陈述性知识（也叫描述性知识，在加涅对学习结果的分类中称为言语信息①）、程序性知识（智慧技能）和策略性知识（特殊的程序性知识）的学习，还涉及学习者的道德信念、个性人格、情感态度和价值观的培养与提高等内容。因而，简单地以教育学、心理学或学习学等有关学习分类的标准来划分写作学习的类型难以产生应有的指导作用。

而写作本身的情况十分复杂，依据不同的分类标准，可以有许多不同类型。如从写作行为的动因来看，有源于内在需要的自由写作和源于外来要求的被动写作；从写作工具来看，有文字写作与电脑写作；从写作的功能目的来看，有表现自我的文章写作和体现社会实用功能的文章写作；从写作的方法来看，有写实性的写作与虚构性的写作；从写作成品形式来看，有实用文写作与文学创作；等等。就写作学习的有关情况来看，同样也可以按不同的标准，划分出许多不同的类型。如从学习的环境看，有学校环境中的写作学习、社会环境中的写作学习；从写作学习者的身份看，有学生的写作学习、公务员的写作学习、公司职员的写作学习等；从写作学习的总体进程看，有小学阶段的写作学习、中学阶段的写作学习、大学阶段的写作学习等。下面，我们着重介绍基于文体划分的写作学习类

① 董蓓菲：《语文教育心理学》，第 43 页，上海教育出版社，2006 年版。

型和基于不同写作目的划分的写作学习类型。

## 一、基于不同文体的写作学习类型

我们认为，写作行为的成品是文章，学习写作就是学习制作文章。文章作为写作活动的载体，是用书面语言将人的思想、智慧、情感、意识、行为、动机、要求加以物化的结果。由于人的思想、行为、动机、要求等是多种多样的，因此作为它们物化结果的文章也就必然是多种多样的，这既体现在文章的内容上，也表现在文体形式上。成功的写作，首先是指写作者能够正确地运用一定的书面语言形式，准确、鲜明、集中地向阅读者传达一定的思想内容，并且能够为阅读者所乐于接受。因此，从文章的样式——文体的角度，结合写作学习的其他一些有关因素来为写作学习进行分类，可能更能体现写作学习的共性，也将更有利于满足不同学习者的写作学习要求。

### （一）文体分类对于写作学习的意义

所谓文体，一般包括体式和风格两种含义。《宋书·谢灵运传论》："自汉至魏，四百余年，辞人才子，文体三变。"这指的是体式。梁代钟嵘《诗品》："宋征士陶潜诗，其源出于应璩，又协左思风力，文体省净，殆无长语。"这显然是就风格而言。前人论述文体，有时对这一概念的双重含义不加区别，如南宋严羽《沧浪诗话》中论"诗体"时，写道："《风》《雅》《颂》既亡，一变而为《离骚》，再变而为两汉五言，三变而为歌行杂体，四变而为沈、宋律诗……""有古诗，有近体（即律诗也），有绝句，有杂言，有三五七言……"这是就体式而言。其中又写道："以时而论，则有建安体（汉末年号，曹子建父子及邺中七子之诗），黄初体（魏年号，与建安相接其体一也），正始体（魏年号，嵇、阮诸公之诗），太康体（晋年号，左思、潘岳、二张、二陆诸公之诗），元嘉体（宋年号，颜、鲍、谢诸公之诗）……""以人而论，则有苏李体（李陵、苏武也），曹刘体（子建、公干也），陶体（渊明也），谢体（灵运也），徐庾体（徐陵、庾信也），沈宋体（佺期、之问也），陈拾遗体（陈子昂也），王杨卢骆体（王勃、杨炯、卢照邻、骆宾王也）……"这又成了时代、流派、个人风格了。①

我们所说的文体，专指文本体式，是指独立成篇的文本体裁（或样式、体

① 刘诗伟：《文体思维与文体分类》，载《衡阳师范学院学报》，2007年第28卷第4期。

制），是文本构成的规格和模式，是一种独特的文化现象，是某种历史内容长期积淀的产物。它反映了文本从内容到形式的整体特点，属于形式范畴。正如生产物质产品需要一定的"尺度"标准一样，文体为写作提供编码程序。写作文章总是按一定的文本样式行文的，一定的文本样式构成了某一特定的文体。明人顾尔行在《刻文体明辨序》中说："尝谓陶者尚型，冶者尚范，方者尚矩，圆者尚规，文章之有体也，此陶冶之型范，而方圆之规矩也。"这意思就是说，文体是写作活动中应当普遍遵循的一种形式规范。

其实，人类最初写作，并没有"文体"的概念，后来随着写作的发展，某些适用于社会交际需要的文章样式在写作中反复出现，被人们逐步意识到并加以自觉地规范和运用，才形成了"文体"。任何一种文体，都是在人类写作实践过程中逐步形成和完善的。文体一旦形成，它就作为一种规范相对固定下来。它在反映社会生活、客观事物和表情达意等方面往往担负着特定的功能，在特定的领域、范围内使用，并且在用语、选材、篇章结构方面有着相应的要求，体现了相对的稳定性和规范性，被称为"文体规范"，有如语法规则一样，是"约定俗成"的结果。"文体其实是人类把握世界的方式，是历史的产物，积淀着深厚的文化意蕴和时代精神。文体是人们在与自然及社会的长期交往过程中形成的艺术地感受和体验世界的某种'心理图式'和'精神结构'"，"从根本上讲，文体是集体长期文章写作实践和理论把握相结合的产物，是一种带有相对规范意味的集体智慧的结晶。"①因此，各种文章的体式，各有其在主题、材料、结构、语言、常用表达方式等方面的固有特征和独特要求。文体作为一种写作规范，它不仅决定着某种文章或某篇文章中必须具备哪些要素，而且还决定了这些要素之间的关系，以及处理这些要素之间关系的方法。成熟的文体，无不代表着文本诸要素（思想、材料、结构、语言等）之间的一种相互作用、浑融一体的和谐关系。破坏了这种和谐，便失去了这种文体的"文体感"，给人以面目全非的感觉。宋代的倪思曾指出："文章以体制为先，精工次之。失其体制，虽浮声切响，抽黄对白，极其精工，不可谓之文矣。"（见明·吴讷《文章群体序说·诸儒总论作文法》）说的就是这道理。

我国古代的写作理论一直就很重视文体对于写作的重要作用。刘熙载《艺

① 陈雪虎：《所谓"文体不限"：当代语文教育文体意识的贫困》，载《中学语文教与学·高中读本》，2005 年第 5 期。

概》指出："老子曰：'言有宗。'墨子曰：'立辞而不明其类，则必困矣。''宗''类'二字，于文之体用包括殆尽。"这说明早在先秦时期，人们便已开始意识到文体的重要作用，尽管这种认识还显得十分笼统、模糊。到三国时曹丕在《典论·论文》中提出了"文本同而末异"的观点，认为文章都具有共同的基本规则，但又因文体不同而各具特点，并举例说明了不同文体在表现手法上所具有的不同要求。到刘勰的《文心雕龙》更是详尽探讨了当时的各种主要文体的写作规律，并指出："是以草创鸿笔，先标三准：履端于始，则设情以位体；举正于中，则酌事以取类；归余于终，则撮辞以举要。"（《文心雕龙·熔裁第三十二》）在他提出的写作应当遵循的三条基本准则中，文体的选择被摆在了首位。从此，"文章以体制为先"成为古代写作理论的一个重要观点。

对于写作而言，正确认识和掌握文体形式规范是写好文章的一个前提。因为一定的文体反映着人们对一定的精神生产活动对象的内在规律性的高度概括。文体作为一种形式规范，意味着它是一种"尺度"，写作者正是根据精神生产活动对象的"种"的不同，来选择不同的"尺度"，并在整个写作过程中"处处都把内在的尺度运用到对象上去"①，以此来规范文本诸要素之间的相互关系，以达到诸要素之间的和谐一致。"没有一定的文体规范的制约，没有较好的文体意识和特定的文体感，再深刻的体验、再精微的思想也只能像激越的洪水决了堤，无所依凭也无所蕴蓄，失去表情达意的初衷，更达不到预期的效果。"② 写作思维可以说是一种文体思维。"诗人用诗思维，散文家用散文思维，小说家用小说思维，记者用新闻思维，学者用论文思维……优秀的作者往往得益于不同寻常的文体敏感。"③ 在写作情境中，文体感应在很大程度上统摄着主体与作品。文章写作的全过程，从写作动机的孕育，到题材内容的摄取，从结构的运思安排、表现方法的灵活运用，到语言风格、修辞技巧的多彩呈现，文章的修改与批评，都强烈地表现出写作主体个性化的文体意识或文体感。④ 在写作开始之初，写作主体就已经对已有的定型文体和企图建立的未定型的文体有了一种自觉的意识，并能够在心

① 马克思：《1844 年经济学哲学手稿》，见中共中央马克思恩格斯列宁斯大林著作编译局：《马克思恩格斯全集》第 42 卷，第 97 页，人民出版社，1995 年版。

② 陈雪虎：《所谓"文体不限"：当代语文教育文体意识的贫困》，载《中学语文教与学·高中读本》，2005 年第 5 期。

③ 潘新和：《阅读与写作是一种文体思维》，载《语文教学通讯·初中刊》，2006 年第 3 期。

④ 王元臣：《文体感下的写作行为》，载《语文教学通讯·初中刊》，2006 年第 3 期。

理上加以比较，认识到某一具体文体的特性和感知对象的联系。可以说文体为作者感知生活、选择写作素材提供了合适的视角和方法。布鲁纳说：“人是生活在一个极其复杂的世界中的，但他一次能处理的‘信息’却是有限的……但是，如果我有一个关于世界的内在模式，就可以把‘信息’大量塞进一些可处理的小包中。而且我还可以利用这一模式来指导我搜集和处理现有的信息。”① 文体和文体规范恰恰起到了这样的“小包”的作用。如文学性文体的写作感知侧重于对对象的感性形象的接纳，议论文体的写作感知侧重于理性概念的汲取。如果在写作感知过程中忽略了文体的特性，不顾它的存在，写作的预期目标就难以实现。从立意的角度看，文体制约着主题的表现形态。如记叙性文章具有主题含蓄、潜藏的特点，主题不宜太直露。议论性文章则常用那种“开宗明义”或“卒章显义”的写法。从构思的角度看，写作主体要根据写作对象的特性在心理上为其形体进行预构和设计，尽管这种预构的结果还只是文章的意念化的雏形，但已经具备了文体的必要构成因素。而在行文阶段，文体形式为写作表达提供了具体的模式，写作主体必须根据已经确定的文章体式，选用符合其特性和要求的表述方式与方法。如同样是写人物，如果写的是真实人物，必然要寻找实用的模式，实用写作内容尚实，形式相对稳定，语言质朴，实用的模式会在“真”“实”“准”方面影响表达；如果所写的人物是“杂取种种，合成一个”的，必然要寻找文学的模式，文学写作内容可以虚拟，形式富于变化，语言优美，文学的模式将在“虚构”“想象”“塑造”方面影响行文。② 可见，在具体写作实践过程中，文体不仅仅是一种静态的、等待文本内容与之适应的形式规范，它起着协调文本诸要素之间的相互关系的作用，是贯穿整个写作活动过程的一种创造性因素。文体规范方面的要求，是评价写作质量的重要标准。

从文章的社会功能与效果的角度看，掌握了文章的文体规范，写出来的文章才能合体合式，才可能被读者接受，为社会认可，进而才能发挥文章的功能。否则，也就无法发挥其应有的社会作用了。比如用文学文体的虚构、夸张之法来写作新闻，新闻的社会功能就会丧失。

当然，文体规范是外在的，它存在于不同体裁的具体文章中，只有变成了内在于作者心理图式的文体意识之后才能对写作起作用。这种心理图式是对大量同

① 转引自谢锡文《文体规范与创作心理》，载《写作》，1998 年第 4 期。
② 黄建成：《写作学教程》，第 22 页，安徽大学出版社，2002 年版。

类文章的共性的概括，也就是说所谓的文体意识，指的是写作者和阅读者对文体现象及其本质特征的规律性认识与自觉运用。它并不依附于某一篇具体的文章而是独立存在，这就使它获得了较强的迁移能力。所以对于写作学习而言，明辨文体，把握具体文章的“尺度”，培养准确的文体感和自觉的文体意识，就成为入门之本。我国古代就很重视文体规范对写作学习的重要作用。刘勰在《文心雕龙·附会》中说：“夫才童学文，宜正体制，必以情志为神明，事义为骨髓，辞采为肌肤，宫商为声气；然后品藻玄黄，摛振金玉，献可替否，以裁厥中，斯缀思之恒数也。”这强调的就是掌握文体对于写作学习的重要性。郭绍虞也曾说过：“昔人学文常受文体分类学指导，所以容易产生早慧的作家。”① 在实际学习过程中，前人十分重视选择典范文本作为习作的范本。“自古执笔为文者，何可胜言？然至于宏丽精华，不过数十篇耳。”（南北朝·颜之推《颜氏家训·文章第九》）自齐梁萧统《文选》至清代姚鼐《古文辞类纂》，文选的编辑工作之所以历代相续，久兴不废，能为人们提供可资师法的范本，是主要原因之一。严羽对此讲得很透彻，叫作“工夫须从上做下，不可从下做上”，因为“学其上，仅得其中；学其中，斯为下矣”。（宋·严羽《沧浪诗话》）在强调文体的规范作用的同时，前人也充分认识到接受规范与突破规范的关系。“或问文章有体乎？日：无。又问无体乎？曰：有。然则果何如？曰：定体则无，大体须有。”② 因为文体特征不是刻板呆滞的东西，而是从众多的类似作品中体现出来的某种相似性。所以对文体特性的学习把握，不能像“照葫芦画瓢”那样拘泥于形似，而应采取灵活的态度。“不学古人，法无一可。竟似古人，何处著我！字字古有，言言古无。吐故吸新，其庶几乎！孟学孔子，孔学周公，三人文章，颇不相同。”（清·袁枚《续诗品·著我》）这就是强调学习和掌握文体，可以也应当成为创新的基础。

前人的做法是符合写作学习客观规律的。因为对文章体式的认识是随年龄增长的：初学者较多地关注文本的外部表征，如关注阅读文本中的描写，写作时只作单纯的描写，关注阅读文本中的材料，写作中堆砌大量的材料等；进而是对范本的“临摹”，对各种文体规范的概括归类，再借以表达情感、认识，显示自己的人格追求，最终实现对文体规范的普通化表达和对文本形式的个性化、特色化

---

① 郭绍虞：《提倡一些文体分类学》，见《郭绍虞说文论》，第269页，上海古籍出版社，2000年版。

② 语出金·王若虚《滹南遗者集·文辨》，转引自林治金等《中国古代文章学辞典》，第193页，山东教育出版社，1991年版。

的主动建构。从某个意义上说，写作学习是从文体认识开始的，在学习过程中逐渐形成文体感和自觉的文体意识，并在学习的操作实践中不断强化。显然，文体意识强化与学习者的主体意识的觉醒和加强有关，文体意识的强弱往往是写作学习者主体意识强弱的鲜明标志之一。通过培养和强化文体意识，可以更有效地指导写作实践，使写作学习者自觉地“处处都把内在的尺度运用到对象上去”，写出高质量的作品来。如果停留于表征化阶段，不懂得区分文体，没有起码的文体感和文体意识（比如说，认为分行就是诗歌，不顾议论文体的语言特点和要求，用诗与散文的抒情性语言来组合论文等），是不可能学会写作，写好文章的。

此外，从写作学习者本身的角度来说，由于各人的身份、阅历、素养、个性、爱好、需求等各不相同，每个人都有自己的特长，辨明文体，了解文章的基本分类，对文章、文类、文种有一个从宏观到微观的把握，明确不同文种在文章分类中的具体定位，便能选择最能发挥自己特长或最切合自身需求爱好的文体来进行学习和写作，或者也可以先从中找准突破口，然后在这基础上不断拓展，从而达成自己的学习目标甚至实现自己更加远大的理想。

（二）基于不同文体的写作学习类型

文体是特定历史条件的产物，任何一种文体现象的出现、存在、发展和消亡，都是历史发展的必然结果。它紧贴着社会需求和时代风尚，它遵循着新陈代谢的生命规律生生不息，并成为历史和文化的体现者。社会生活的日趋繁复必然带来文体的日益增多。面对五彩缤纷的文章世界，如何分类辨识，这是一门古老的学问。在文章学和古代写作理论、现代写作学的发展历史上曾有过许多不同的观点，但由于没有统一的辨体分类标准，所以一直未能根本解决问题。

中国古代采用过“二分法”。人们根据写作的语言是否押韵，把文学写作的成品区分为“文”（韵文）与“笔”（无韵的散文）两个大类。20 世纪初，新文化运动的倡导者们，提出将文章分为“文学之文”与“应用之文”两大类。这种分法是从文章的社会功能角度来分的，“应用之文”强调的是实际应用功用，“文学之文”则是突出审美功用。在两大类之下，再做多层次的划分。人们对“文学之文”——审美性的文学文体，常常根据形象塑造、体制结构、语言运用、写作方法等方面的不同，采用西方的“四分法”，分为诗歌、小说、散文、戏剧（包括影视文学剧本）。“应用之文”也有人称为“一般文章”“实用性文章”“实用文体”，或通称为“非文学性作品”，在教学中则把它们分为记叙文、议论文、说明文和应用文。

目前，在有关写作学论著中，还有采用三分法的。如分为文学类、实用类、边缘类（将介于文学类与实用类之间的文体独立为边缘文体，也称杂交类）三类；或分为认知性文体（它包括新闻、说明、应用等方面的文本，它们的共同特点是有告知作用，且具有很强的实用性质）、析理性文体（它以理论的方式实现人对世界的掌握，其目的在于把握事物的内在规律；它包括评论、学术论文等，其共同特点是直接运用概念、判断、推理的逻辑方式进行写作，具有思辨色彩）、审美性文体三类；或分为日用类、职业类、艺术类等。有采用四分法的，如分为新闻文体、理论文体、文学文体与应用文体。有采用五分法的，如分为文学类、新闻类、议论类、说明类、实用类。

这些分类法，体现了人们对文体分类的不断探索，对于写作学习来说，无疑是具有重要借鉴价值的。就写作学习而言，文体是相对静止的学习内容，而学习主体由于其身份、年龄、个性、阅历、学习的内驱力、学习的环境等各方面因素的不同，必将表现出不同的学习要求。因此，写作学习类型的划分，不能简单地等同于文体分类，它既要依据不同文体的功能特点，又必须结合写作学习的实际需要。魏国良先生在《现代语文教育论》中，将文本分为教学文体、文学体裁、社会体裁、研究体裁、新兴体裁五类，提出学校的语文教育需要指导学生学习写作这几种按照某种类别标准分类的"类型化文本"，以更好地适应社会需求，提高学生写作学习的有效性。① 我们认为，这种划分虽然也还有不够严密的地方，但对于改变一直局限于教学文体的学生写作学习所造成的学不敷用的局面，提高学生未来的社会写作适应性，具有重要的指导意义。同时，这种分类，对于其他写作学习者同样具有参考作用。在此，我们参照写作学有关文体分类的理论和实际，结合魏先生的"类型化文本"的分类，将写作学习类型划分为教学文体的写作学习、应用文体的写作学习、文学文体的写作学习、新兴文体的写作学习四类。

1. 教学文体的写作学习

教学文体的写作学习，是指用于学校语文教学的文体分类形式的写作学习。目前的教学文体，主要有记叙文、说明文、议论文；在中小学语文教学中还有应用文一类，我们将之归到社会实用文体之中。这一种分类，源于20世纪初。当时，由于我国白话文写作的兴起，古代相对分明的文体分类也就相应地失去原先

---

① 魏国良：《现代语文教育论》，第255页，华东师范大学出版社，2002年版。

的根基，而白话文写作和写作教学理论尚未创立。我国现代写作教育家们在对古代文体分类提出异议的同时，开始引进西方的文法、修辞学、文体学知识，借以建设新的写作理论体系；在文体分类方面，注重以表达方式、手段作为标准。如陈望道先生的《作文法讲义》（1922）把文章分为五类：记载文（记载人和物形状和性质的文章）、记叙文（记叙人物和物体的动作变化即事端的文章）、解释文（阐明普遍的关系，剖析疑似的界限，使人理解物体、事端以及别的意象的文章）、论辩文（使人信从作者的判断的文章）、诱导文（感化别人的言行）。1924年，叶圣陶在《作文论》中将文章分为叙述文、议论文和抒情文。1933 年由夏丏尊、叶圣陶合著的《文心》，又分为普通文与文艺文两大部分，其中普通文包含记述文、叙述文、解说文、议论文四种。到了 1935 年，叶圣陶写《作文概说》，将文艺文（诗、戏剧、小说、小品文）都包括在上述四体之中，并认为抒情文实际上不能脱离叙述而存在，不宜独立，从而改变了《作文论》中的意见。这种写作教学是以教会学生写“记叙文”“描写文”“议论文”“说明文”为终极目标，也就是说，这种现代写作教学的方法论是建立在“文体中心”论的基础之上的。

这种分类将繁复的文本形式化，使其主要特征单纯、突出，便于被学生感知，也方便教学，使写作学习从长期在“黑暗的胡同里自己摸索”的经验化学习状况中走了出来，开始迈上科学训练的道路，对当时和后来的写作学理论和写作教学思想产生了重大影响。新中国成立后，逐渐形成记叙文、议论文、说明文与应用文四种文体为中心的中小学校写作教学和写作训练格局。20 世纪 70 年代末到 90 年代初，人民教育出版社（以下简称人教社）所编写的初中、高中语文教材就是根据“记叙文”“议论文”“说明文”“应用文”来编排的。记叙文、说明文、议论文、应用文的写作是学生写作训练的主要目标。在内容的编排上，无论课文还是作文都分为三个阶段，初一年级，以记叙文的学习与写作训练为主，初二年级，以说明文的学习与写作训练为主，初三年级，着重进行议论文的学习与写作训练，相应地也进行应用文的写作训练。高中语文也大致相同，只是初中阶段训练的是简单记叙文、说明文、议论文的写作，而高中阶段训练的是复杂的记叙文、说明文、议论文的写作而已。

虽然这种分类有利于教学，但实际上，“议论文”“说明文”“记叙文”是对以某种表达方式为主的文体的概括，并不是真实的、具体的文体。记叙、议论、说明是从文章的表达方式角度分的，文学写作和应用写作都包含了记叙、议论、说明的成分。如记叙文，实际上是对新闻、通讯、报告文学、参观记、游记、访问记、回忆录、故事、童话等以记叙为主要表达方式的文体的概括；在生活中，我们实际上写的文章，要么是新闻，要么是通讯，要么是报告文学，要么是参观记，等等，总之是一些具体的文体，不会是一个抽象的“记叙文”。议论文、说明文也都是如此。也就是说，这只是文体的“教学分类”，是“练习性文体”，都是实际写作中根本用不上的文体。“无用”是它的最大弊端。而且，把写作学习局限在这种教学文体训练的范围内，必然滋长以模仿为主的写作学习方式，导致写作的模式化、僵化，将严重影响写作基本能力尤其是写作创造性思维能力的提高，进而导致对一味的模式模仿的厌倦，导致写作学习动力的缺乏，从而丧失了写作学习的积极性。当然，我们同时也应该认识到，对于学生的写作学习而言，记叙文、说明文、议论文的写作，还不是社会生活中的实际写作，只是一种基本训练，就好像学钢琴弹练习曲一样，不是真正的演出。学会了记叙、说明、议论等表达方式，形成一定的记叙、说明、议论等素养，将来写各种功能的文章，就有基础了。因此，将记叙文、议论文、说明文等文体作为基础的写作学习训练，应该说在一定的范围内是有一定作用的。

学习写作记叙文、说明文、议论文，需要在阅读、积累的基础上，通过范本，直接感知不同教学文体的文本；通过比较，学习并把握有关记叙文、说明文、议论文的基本知识和特点，探寻其中规律，理解不同类别文章的写作规则及要求，掌握基本的表达方式和写作方法。例如记叙文方法上的叙述、描写、抒情，评价上的具体、生动；议论文方法上的例证、引证、对比论证等，评价上的严谨、有说服力等。进而以范本为摹本，从模仿入手，“依葫芦画瓢”，仿写相关文章。但仿写不是写作学习最终追求的目标，还应当由简单到复杂，结合生活场景写作，注重思维能力训练，通过反复的操作实践，对写作的对象、背景、情境、材料、表达方式、表现形式和要求等组成要素进行不断的重新配置、组合、调整和拓展，最终建构起写作的思维模型，写出有自我个性和创新意义的文章。

2. 应用文体的写作学习

应用文，是人们在日常生活、学习、工作中，为处理日常公私事务，解决具体问题而写作的一种文体。它最突出的特点就是它的实际应用的性质。应用文与记叙文、议论文、说明文，是一种相互交叉、渗透和重叠的关系。因此一个特定的文体，有时既可以是应用文的一种形式，同时也可以是记叙文、议论文、说明文的一个种类。比如应用文中的回忆录、日志、地方志、大事记、家谱、族谱、简历、墓碑文等，就属于记叙文的范畴；应用文中的须知、解说词、说明书、工具书条目、书籍内容提要、登记表、统计表、一览表、证书、广告、文摘、教案等，就属于说明文范围；应用文中的演讲稿、声明、座右铭、格言、家训等则属于议论文的种类。

应用文是完成具体工作或事务的一种工具，它与我们的日常生活和工作有密切的关系。例如治理国家，要有各种法规文件；召开会议，要有会议文件；机关、企事业单位要正常运转，要有计划、总结、报告等事务文书；人们礼尚往来常常借助于请柬、贺卡，等等。这诸多的文字材料，都是应用文。可见，大到整个国家，小到某一个单位，甚至个人，要进行正常的活动，都离不开应用文，当然也就离不开应用文体的写作。现代社会，应用文正以其巨大的社会功能，成为人们学习、工作、生活和创业的重要组成部分。特别是近年来，随着市场经济的日臻完善和人们社会生活交往的日趋频繁，应用文以其特有功能而大受欢迎。写好应用文不管是对个人还是对单位、社团塑造形象，处理好各种关系，都起着重要作用。因此，应用文写作成为一个现代公民必备的技能之一。

应用文古已有之，它不仅用途广，而且种类繁多，可以从不同的角度划分成不同的类别。按其处理事情的性质可以分为公务类应用文（公文）和私务类应用文；按使用领域划分有行政类应用文、专业工作应用文、日常生活应用文；按文章体制分有书信体、笔记体、契据体、告启体、呈文体、令使体、明事体、诉讼体、新闻体、学论体，等等。一般将人们在日常应用写作中采用的文章体裁、样式分为十类：①书信类，②笔记类，③契据类，④告启类，⑤祈勉类，⑥史志类，⑦诉讼类，⑧讲演类，⑨电讯类，⑩礼仪类，每一类都有许多文体形式。

学习写作应用文，首先要正确认识应用文的本质和社会功能。应用文写作绝不是可有可无之事，而是每个人都必须学习、掌握的。写好应用文是参与社会生活、适应社会交互活动的需要，对这一类文体的掌握将影响到写作学习者个体的社会化。应用文写作以实际需要为出发点，以解决生活、学习、工作中出现的问题为目的，没有较强的责任心和实事求是的工作态度，是很难做好的。应用文写作和社会生活有密切的关系，只有积极参加各种社会实践活动，才能真正了解社会生活，才会产生写作的动机、兴趣、动力，从而在具体的写作实践中学会写作。

在应用文写作学习中，应该理解各种文体类别的关系，如书信类是最基本的社会应用文体类别，告示类、公文类是书信的世俗化与制度化演变，而表格是公文类的简约化表达。要借鉴范文，依“范”而作。要注意比较、研究各种文体类别，发现它们的基本特征。应用文都有一个基本固定的、约定俗成的外在格式，它是无数前人在写作实践中所取得的某种共同的认识和约定，也可以说是一种审美趣味上的趋同和共识。因而学习写作应用文，要掌握并遵循有关文体的具体格式要求。能够善于运用应用文“约定俗成”的格式，也是一个人语文修养和水平的具体体现。在内容方面，应用文有着鲜明的针对性和十分明确的读者对象，写作应用文要明确写作目的，按要求按目的行文；要非常清楚这篇应用文的具体读者，以此来决定哪些该写，哪些不该写，哪些应该详写，哪些应该略写，应该用什么样的语气、口吻来写，如此等等。应用文的语言要简洁、精要，意图和目的要表达清楚。写各类应用文时尽量做到用最精练的文字准确地说明事由，解说事理，陈述办法，有什么说什么，有多少说多少，做到言简意赅，恰到好处，以达到处理好公私事务的目的。在表达方式上，应用文多采用说明，也可用叙述、议论，但叙述要做到交代明白，线索清楚，详略得当，使人一目了然。而议论不必旁征博引，只就事论理。至于抒情、描写，则要尽量少用，甚至不用。在写作学习中，要借助范例，类推到同类的其他文体形式，例如从书信推及申请书、表扬信，从通知推及海报、启事，从社团会员表推及各式表格等。要针对各种应用文所需要的基本思维（分析与综合）模式进行训练，将各种应用文体所需要的思维训练成熟之后，再进行应用文的篇章写作训练，在应用文的篇章写作训练中检查写作思维模式的运用情况。只有这样，才能培养出具有创造性、真实性的应用文实际写作能力。

3. 文学文体的写作学习

文学写作是人们运用文学语言描叙艺术形象、表达思想情感的一种创造性的审美心智活动，是人类的一种重要的精神活动方式，是人类“艺术地掌握世界”的一种方式。文学作品物化了人的形象思维成果，是一种具有审美价值的精神产品，是人们在精神生活领域中的一种审美性和创造性的“发明”，审美功能是它最基本的功能。当然，文学写作也有认知功能和教化功能，但与实用写作根据已有知识对客观事实进行确认，通过陈述和解释的方式在理智上说服读者不同，文学写作的认知功能和教化功能必须要通过审美功能才能实现。文学写作首先要通过文学语言的描述功能和情感功能来塑造一个充满了主观情感的艺术美的形象，通过这个艺术美的形象，让读者感受和体验到形象美的愉悦，达到在情感上感染读者，打动读者，让读者的经验与文学作品蕴含的情感产生共鸣，在美的享受中认识社会和自然，接受真、善、美的教育。

人类对文学的需求实际上源于生命和生存的需要。人类总是要寻求“诗意的栖居”，于是人类的生命一定会追求诗化，追求文学化。文学写作者就是想把他在现实生活中形成的对社会生活的独特感觉、审美体验、情感把握、价值判断等向读者诉说和传达，想把他对现实生活中的人、事、景的认识向读者告白，与读者交流，这种文学写作在相当大的程度上是为了满足人类对情感价值的自觉追求。因此，文学写作活动是一种无现实功利目的的审美创造活动和审美体验活动。人类通过这种生命文学化的方式来构建自己的精神家园，使人类能够“诗意地栖居在大地上”。从这里不难看出，文学写作更能体现写作的本质，成为文学家是大多数写作学习者梦寐以求的目标，以文学作品为指向的写作学习对学习者而言具有极大的驱动力量。

具有审美功能的文学写作，是通过塑造艺术形象而不是通过概念来反映社会生活、表达思想感情的，能引发文学写作者的审美关注和写作冲动的，每每是生活中具体可感的人、事、景、物。经过写作主体心灵的孕育，写进文学文本中的也是生动可感的人物，波澜起伏、趣味横生的事件和有着特定光彩和神韵的景物。读者通过文学语言感知这些具体的、个别的人物、事件、景物来领悟作者在其中寄寓的审美体验和审美情感。人物、事件、景物的不可替代的具体性和个别性构成了文学写作的感性特征。同时，具有意识形态性质的文学写作，应该具有情感特征。与通过诉诸人们理智的文章成品来说服读者的实用写作不同，文学写作要通过充满情感体验的文学作品来感染读者，实现文学的审美功能。列夫·托尔斯泰在《艺术论》中指出：艺术是（作者）传达情感和（读者）体验情感的一项人类活动。文学写作还具有形象的间接特征。文学写作使用的媒介是人类书面的语言，它创作的文学形象不是在人们视觉中直观生成的，人们是通过阅读、理解文本的词意和句意来想象、复现文学写作者所描述的文学形象——在头脑里通过大脑的艺术想象间接生成。不认识书面文字，或者语言理解能力比较弱的人，既不能从事文学写作，也无法进行文学阅读。文学写作的这些特征决定了文学写作者必须具备敏锐的体察能力、生动的想象能力、精细的模仿创造能力、熟稔的语言技巧运用能力以及丰富的积累、饱满的激情、活跃的思维、健全的人格、积极的人生态度、健康的审美情操等条件。掌握典型化的具象概括方法，能在具有感性形态的“个别”中感受和发现它的概括性和普遍性。学会意象化的情感表达方法，能将无形的情感有形化和特征化。掌握超常的语言审美组合方法，能通过一些超常的组合方式来提炼一些陌生化的、新奇的文学语言，以“陌生化”的形态和手法来表达自己的主观思想情感，并借以实现文学语言的形象性、表现性、多义性、模糊性。

根据文学写作在形象塑造、体制结构、语言运用、写作方法等方面的不同，一般将文学写作的成品分为诗歌、小说、散文、戏剧文学四类。把握四种文学作品的主要特征，是文学文体写作学习的前提。简单而有效的方法是比较、研究，直接地、直观地感知它们的特征，解决一个文学类别写作学习的“像不像”的问题。要多浏览、朗读、背诵优秀的文学作品范例，通过识记让范本进入长时记忆以便调用或参照。再结合具体的写作训练，构建起文体的心理图式。并采取比较类推的方法进行写作学习以扩大对文学作品类属性的认识。例如通过诗歌与散文的比较，探究散文诗的写作；通过散文与小说的比较，了解报告文学的写作；通过戏剧与短篇小说的比较，认识小品的写作等。当然，文学文体的写作学习离不开必备的基本能力和素养，要不断丰富自己的生活阅历和内心体验，养成观察生活、体验生活的习惯，提高形象思维能力和运用文学语言的能力，培养与文学写作要求相适应的主观心理结构和文学感知能力和表达能力，通过内心的感觉和体验，将一些生活现象和生活细节内化为自己心中的文学意象，在众多的文学意象中积累、孕育、激活自己的文学体验。

4. 新兴文体的写作学习

新兴文体主要是指新兴的电脑网络文体。“文体随时”（元·马端临《文献通考·卷二百十六·经籍考四十三》），随着社会经济的发展、社会生活的日新月异，不断有各类新的文体形式出现。在计算机与网络技术的广泛运用和迅速普及的今天，电脑写作的兴起，使传统的用笔写作的方式发生了改变。而不断改进的载体与传递方式，也必然影响到文体、语体等的变化，使文本类型与表现形式更丰富多彩。目前已经出现的新兴文本体裁看，主要有短信息、电子邮件、网上聊天、电子布告栏、博客、网络文学等；既有文章形式，也有只是一些口语化的语句形式；都可以采用超文本手段。与传统文本载体不同的是，这些文本载体具有更好的私密性、快捷性、更改性、随意性、交互性，能更好地满足人们的心理需要。

电脑新文体的写作与传统写作相比，从开始的材料积累到构思动笔、语言表达、反复修改，到最后的出版发行等，整个过程都已经发生了根本性的变化。一个生活在数字时代的写作者，他应该是集检索信息、写作、编辑、传播、反馈收集等能力于一身的，是真正掌握前写作（指写作准备，如观察、阅读、检索等）、写作、后写作（指完成作品后所进行的写作活动，如编辑、传播等）各个环节里各项“写作能力”的现代写作者。

电脑文体的写作，由于书写工具和写作方式的变化，还带来了写作主体思维习惯、思维方式的变革。计算机的高速运行将人的深思、沉思推入了快速的思维运动节奏之中，造成了写作主体思维空间的开阔性、思维节奏的高速性，但同时也使思维匆忙化、浅表化。同时计算机与网络技术养成了人们对网上信息的过度依赖，使文章成为二手材料的拼凑，疏于对原始问题独立思考，降低了思维深度和原创性。电子文本由于具备非线性超文本结构形式，因而在叙事上就有了自己鲜明的特点：非焦点、非线性、互动性和多媒体叙事。[①] 它要求作者的思维处于一种超时空、跨媒体的自由境地，优游于广度概述和深度细节之间，整个写作过程就像在建构一个全息的分子模型。电脑的超链接功能，使作者能随意地从媒体或文本的一点跳到另一点，从而打破了线性叙事的规律。

学习写作电脑新兴文体，要充分认识信息时代对写作主体的素质提出的更高要求，因为不管怎样变化，写作者最基本的素质、能力和文德都是不能缺少的；要熟悉电脑操作和网络知识，掌握电脑写作的基本程序，学会运用电脑软件写作、编辑各种文本的技术。短信息、网上聊天等文体写作学习要以“谨慎—坦诚”“简要—具体”“通俗—雅致”等作为主要要求，以保证交流的品位。网络文学属于文学创作的范畴，则仍然需要遵循文学文体的写作学习要求。可以借鉴高品位的范例，加强与有较高修养的写作者之间的交互写作实践，来提高自己的写作能力。还应该将电脑文本转换成传统的书面文本对应形式，通过“有纸”的写作学习来影响、调控“无纸”写作。这样做，可以使写作学习的时空、形式、种类、内容得到扩大，也有利于“有纸”写作与“无纸”写作的相互促进。

## 二、基于不同写作目的的写作学习类型

我们说写作源自人的需要，写作者的每次写作都可能有不同的目的，如写新闻报道是为了传达社会生活中发生的事件，写计划、总结是为了个人或单位的工作需要，写信是为了沟通交流某些信息，写作评论是为了表明自己的观点，创作诗歌是为了表达自己的情感，撰写学术论文是为了告诉别人自己的研究成果或科学发现。但归结起来不外乎两个目的：一是表现自己，一是应对社会生活的要

① 郑建伟：《浅论信息时代的电脑写作》，载《应用写作》，2003 年第 12 期。

求。实际上，这两种不同目的的写作，在其表达的内容、表现手法、文体规范、语言运用等诸方面均有明显的区别；在写作主体对自由精神的追求方面，更是大相径庭。相比而言，前者更能体现写作的本质。而我国传统的写作价值观，一向强调后者，即写作的社会功能。曹丕说："文章乃经国之大业，不朽之盛事。"（《典论·论文》）在科举考试时代，八股策论更是将之推向极致。虽然古代的写作教学也非常注重写作主体人格的培养塑造，但是它以封建帝王的意志和古代圣贤的标准来要求写作者，文章写作的目的就是"文以载道"，结果导致写作内容的非主体性，最终影响了真正的自由写作。五四运动以来，倡导写作的创造性和个性自由，但在西方的"文体中心"论影响下，不真实的教学文体的写作教学将写作局限于教学文体训练的范围内，使写作教学陷入模式化的泥潭，既没有实现自由写作的目的，又使我们脱离了社会实用写作的需要。近年来，不少国家在教育民主化思潮的影响下，对写作之于个体的精神生活的充实、改进，表现出新的认识和观念，在写作教学中十分强调写作对于学生自己的作用。西方各国就把学校作文分为"表现自己的文章"和"传达社会信息的文章"两类，既重视发挥写作主体人格，"为自己写作"，又要求面向社会，注重发挥写作与社会相适应的功能和价值，"为不同读者写作"。①

"表现自己的文章"就是联系自己的生活经验，表现自己的真情实感的文章。就写作内容的性质和方法看，"表现自己的文章"还可以分为写实性的"自叙文"和虚构性的"创作文"两类。写实性的"自叙文"以自己的生活为基础，结合观察、思考，用写实的方式描写周围世界、描写个人经历、表达观点和信念，再现自己的所做、所见、所闻、所思、所感，包括日记、书信、感想文和"生活文"等。虚构性的"创作文"就是指文学写作，可以结合自己的生活经历进行虚构幻想，通过各种艺术手法来塑造艺术形象，反映社会生活，表达自己的思想感情和审美体验，表现自己独特的个性和创造性。

从学习的进程来看，写作学习可以从学习写作"自叙文"开始。《义务教育语文课程标准（2011 年版）》② 在写作学习进程方面，继承了传统写作教学先放

---

① 参见倪文锦《语文教育展望》，第 313 页，华东师范大学出版社，2002 年版

② 中华人民共和国教育部：《义务教育语文课程标准（2011 年版）》，北京师范大学出版社，2012 年版。以下凡说到此书以及"课标""课程标准""语文课标""语文课程标准"，若无限定语，则均指此书、此版本，不再一一注明。

后收的经验，规定义务教育第一学段（小学一、二年级）为“写话”，要求“写自己想说的话”，“写出自己对周围事物的认识和感想”。第二、三学段为“习作”，要求“留心周围事物”，“能不拘形式地写下见闻、感受和想象，注意表现自己觉得新奇有趣的或印象最深、最受感动的内容”，“写简单的纪实作文”等。这些其实就是简单的复现型的“自叙文”写作学习的内容。当然，这还只能培养表达文章思想内容的能力，不能发展产生文章思想内容的能力。因此，还应当结合学龄儿童的年龄心理特点，结合进行以想象作文为主的初步的“创作文”的写作学习和训练。课程标准同时要求“写想象中的事物”，就是要将产生表象与表现表象这两种能力的训练结合起来，促进学习者写作能力的不断提高。

“表现自己的文章”的写作强调真情实感，强调写作主体对自然、社会、人生的独特感受和真切体验，强调创意。“表现自己的文章”通过个人想象和经验来表现外部世界和内心的体验，阐述、发展、澄清、估价自己的想法，它可以帮助写作学习者认识自我和社会，有利于写作学习者主体意识的培养。当然，“表现自己的文章”是为自己写作，但并不是将写作的成果束之高阁，或仅仅是独抒心灵，也要重视将自己的作品发表，与人交流，分享成果，这可以帮助写作学习者了解写作的价值所在，从而享受写作，增强写作学习的兴趣，培植对于写作的信心，进而建立自己鲜明的、具有独创性的写作风格，并以此作为改进自己生活的重要手段和途径。

“传达社会信息的文章”也就是我们上面说的实用文，这里不再重复。需要强调的就是，“传达社会信息的文章”的写作学习是丰富个人阅历及融入社会的重要手段，必须与社会实践活动相结合。

# 第三章　写作学习的历史与发展

写作是一门既古老又年轻的学问。随着文字的发明，人类便出现了写作活动。在我们这个文明古国里，写作活动的起始，远可追溯到3000多年前殷商的甲骨卜辞，以至4000多年前的陶文。在人类的漫长的写作发展历程中，写作学习活动自然也一直伴随写作的发展而发展。今天，这种活动正在更广阔的范围内和更深入的层面上进行着。历史经验是宝贵财富。就对后人的启示作用来说，正面经验与反面教训具有同等价值。英国哲学家培根说："史鉴使人明智。"我国明末清初思想家顾炎武说："欲知大道，必先明史。"追寻人类写作学习的足迹，溯其渊源，从写作学习和写作教育发展的历史轨迹中寻求内在规律，对于更好地审视今天的写作学习，明确今后发展的方向，具有重要的意义。

## 第一节　古代的写作学习

有了人类便有了学习和教育。宋元时代著名学者马端临在《文献通考·学校考》中说："有民斯可教，有教斯可学，自开辟则既然矣。"但在原始社会，由于没有文字和书本，那时的教育与学习的方式方法是口耳相传，相互模仿。无论生产生活技艺、经验的传授与学习，氏族公社的历史、习俗以及习惯的传递与继承，还是道德品质的培养，都是一面靠口耳相传，一面靠观察模仿。在这里面，最基本的学习是语言（口头语言）的学习。随着口头语言的发展和生产劳动、社会生活的发展，神话故事、歌谣、谚语等口头文学也相继产生，因而语言学习的内容也不断丰富起来。古书中就记载了一些原始社会诗歌产生的故事。鲁迅分析说："人类在未有文字之前，就有了创作，可惜没有人记下，也没有法子记下。"①这就是原始的口头文学创作，有了"创作"，自然也就自觉不自觉地有了对"创作"的模仿和学习，可以说，这便是原始的写作学习。

随着社会生产的发展，单凭模范演示和口头交流来进行劳动生产的组织和经验的传播，越来越不能适应人们传授与学习生产、生活经验和知识的需要。人们迫切需要一种能记录经验、传播知识的工具，文字符号因此产生。据《易经·系辞》说："上古结绳而治，后世圣人易之以书契。"文字的产生，首先是由结绳记事开始的，后又产生了象形图画，经过一段时间的实践，又逐步简化，成为书契的象形文字。在文字的萌芽、发展、形成过程中，始终伴随着记事——原始的应用写作活动，相应地，也始终伴随着写作学习活动。

文字的出现，使真正意义上的写作成为现实，学习写作也就成了人类进入文明时代以后的一项重要活动。在我国，自文字发明一直到20世纪初长达数千年的时间里，中国古人在以文言文为主的写作与写作学习实践活动中，在对写作与写作学习规律的探索过程中，不仅为我们留下了浩如烟海的文章，更为我们积累了丰富的写作和写作学习经验。本节就我国古代写作学习的目的、内容、过程与特点等方面作一些简要的介绍。

### 一、古代写作学习的目的

写作诞生于社会生活，发展于社会生活，反映的也是五彩斑斓的生活实践。某一特定历史时代背景下的社会需要、价值取向、社会心理状态、时空情绪、行为准则、思维方式等，决定着写作者的写作行为（角度选择、立意、结构设计、节奏安排、视点运用、标题制作、文面表现等），构成了特定时期的写作文化，同样，也决定着每个写作学习者学习写作的目的。在我国古代，不同时期的人们学习写作的目的虽然有不同，但从春秋战国一直到清朝末年，读书人学习写作的目的主要是两个，一是为应试，为功名，一是为安邦经国，求"立言不朽"。

当然，在写作产生的初期，人们学习写作是为了实用。我们现在可以看到的最早的文章，是殷商时代的甲骨文和铜器铭文。殷商时代的甲骨文是中国现存最早的成体系的文字，用甲骨文来写卜辞就是中国最早的"写作"。这些文字从内

① 鲁迅：《且介亭杂文·门外文谈》，见《鲁迅全集》第六卷，第93页，人民文学出版社，1980年版。

容到形式都非常简单，大都是用来记事、祭祀天地、祷告鬼神的。铜器铭文有各种文体，大都是表现奴隶主贵族的田猎、征战、祭祀等活动的，也有用以劝教和警戒帝王的，具有很强的实用性，基本上属于应用写作的范畴。此外，还有诗歌写作的学习。殷商到西周时期，朝廷和民间诗歌十分发达，其应用范围也很广泛。凡是举行集会，如庆功祝贺等，都要演唱传统的或贵族们创作的诗歌。在这种场合能够吟诵诗歌，乃是具有文化修养的表现。可见，学习诗歌写作主要是为了满足当时的社交需要，同时也有为了满足特定的政治伦理思想——“诗教”的要求。

春秋战国时期，社会处在激烈的动荡之中，“学在官府”的局面被打破，私学兴起，文化下移，诸子蜂起，百家争鸣，儒、道、墨、法等各个学术流派争奇斗艳，学术思想空前活跃。各个学派的著名学者都聚徒讲学，都有自己的政治主张，各学派之间互相诘难，纷纷著书立说，希望借以实现自己的政治理想。统治阶层也特别希望在言辞、文章中谋求治国强国的措施。当时的统治者一般都对文章的政治功用十分重视，并加以规范利用，作为自己统治的工具。因此当时的写作要求特别注重政治功用，为政治利益服务。这时的文人们已意识到写作对于安邦治国的社会功用。孔子就十分重视诗歌的社会作用，他说：“诗可以兴，可以观，可以群，可以怨；迩之事父，远之事君。”（《论语·阳货》）一言而兴邦，一言而丧邦。（语出《论语·子路》）同时，人也开始认识到文章对于个体生命存在的意义。“太上有立德，其次有立功，其次有立言，虽久不废，此之谓不朽。”（《左传·襄公二十四年》）为安邦经国、求“立言不朽”的写作与写作学习目的由此得以确立。后来，这种思想在司马迁的《报任安书》、陆机的《文赋》、刘勰的《文心雕龙》等先贤文章中得到了一再地宣扬和强调。曹丕在《典论·论文》中更是明确指出：“文章乃经国之大业，不朽之盛事。”刘勰提出了“因文而明道”的命题，揭示出文章的主要功能是“文以明道”，即文章的政治教育功能。他说：“玄圣创典，素王述训，莫不原道心以敷章，研神理而设教，取象乎《河》《洛》，问数乎蓍龟，观天文以极变，察人文以成化……故知道沿圣以垂文，圣因文而明道。”（《文心雕龙·原道第一》）他认为自然之道依靠圣贤的文章来表达，圣贤借助文章来阐明道理。王充在《论衡·超奇》中还谈到了奏疏类的公文的具体功用：“州郡有忧，能治章上奏，解理结烦，使州郡无事。”这就是说，奏疏类的公文能够帮助统治者出谋划策，处理政事，解除当权者的烦恼忧愁，使政务得以正常进行。总之，从孔夫子的“兴、观、群、怨”，到白居易的

“比、兴、美、刺”，再到后世的“劝善惩恶”“警世”“醒世”等，安邦经国、求“立言不朽”这一学习目的最终升格为古代中国文人的人生理想，“立言不朽”的观念成为一种历史文化情结，成为中国古代文人学习写作的重要精神动力，对中国古代写作产生了深刻的影响。

为应试、为功名的写作学习目的源于古代的人才选拔制度。战国时代，随着战乱的加剧，贵族没落，学术流入民间，平民抬头，而列强又求才甚殷，贵族“世禄世卿”的局面为“布衣卿相”所取代。到了汉代，出现了由下而上推选人才为官的察举制度。据《史记·孝文本纪》记载，汉朝的统治者重视文章的社会功用，鼓励“能直言极谏者”，由天子亲自策试，高第者任官。此外，献赋也可以得官。这样，学会写作就成了做官的一个前提条件。

隋唐开始采用科举考试来选拔官吏。科举的目的也是为政府从民间选拔人才。相对于世袭、举荐等选才制度，科举考试无疑是一种公平、公开及公正的方法，让处于社会中下阶层的知识分子，有机会通过科考向社会上层流动。这种政策对维持整体社会的稳定起了相当的作用。明清两朝的进士之中，接近一半是祖上没有读书，或读书但未做官的“寒门”出身。但只要他们能“一登龙门”，便自然能“身价十倍”。由于科举考试主要是要求考生就特定的题目创作诗、赋、经义、策、论、八股文（又称时文、制义或制艺），于是千万莘莘学子，俯首甘为孺子牛，学习写作亦多是希望能一举成名，光宗耀祖。讽刺科举的小说《儒林外史》中便记载了马二先生自述制艺可贵的一段话：

> “举业”二字，是从古及今，人人必要做的。就如孔子生在春秋时候，那时用“言扬行举”做官，故孔子只讲得个“言寡尤，行寡悔，禄在其中”，这便是孔子的举业。讲到战国时，以游说做官，所以孟子历说齐、梁，这便是孟子的举业。到汉朝，用“贤良方正”开科，所以公孙弘、董仲舒举贤良方正，这便是汉人的举业。到唐朝，用诗赋取士，他们若讲孔孟的话，就没有官做了，所以唐人都会做几句诗，这便是唐人的举业。到宋朝又好了，都用的是些理学的人做官，所以程、朱就讲理学，这便是宋人的举业。到本朝，用文章取士，这是极好的法则。就是夫子在而今，也要念文章、做举业，断不讲那“言寡尤，行寡悔”的话。何也？就日日讲究“言寡尤、行寡悔”，那个给你官做？孔子的道也就不行了。

可以说，持续了整整1300年的科举制度对我国的写作与写作学习产生了巨大影响。大部分读书人为应科考，只知道四书五经，皓首穷经，揣摩圣贤的言行和时下的程墨，思想渐被四书五经、迂腐的八股文所束缚，无论是眼界、创造能力、独立思考都被大大限制。到了后来，连经书也不读了，只“记其可以出题之篇，及此数十题之文而已”(顾炎武《日知录·拟题》)。应该说，追求功名，开始时并不错，但是后来把手段当成了目的，最终导致写作学习全然变质。

## 二、古代写作学习的内容

由于时代的发展，写作目的、写作文化总是在不断地发展演变之中，同时，人们对写作规律的认识也在不断深入。因此，在我国古代，不同时期的写作学习的内容侧重点也各不相同。纵观我国写作与写作学习的历史，在抽象的、共时性的情况下，我们可以发现，古代写作学习主要有以下这些内容。

### (一) 人格素养

由于古人对文章的社会政治功用的重视和对写作实现生命永恒价值的认识，“立言不朽”成为古代文人的人生追求，“诗言志，歌永言，声依永，律和声。八音克谐，无相夺伦，神人以和。”(《尚书·尧典》)“修辞立其诚”(《周易·乾·文言》)被视为写作的“不朽法则”，“道德文章”并举，成为古人评价写作者的一个重要标准。在数千年的写作史上，写作与人格、言与德的关系问题，是人们说不完的话题。孔子就把“德”视为“言”的根本，非常重视作者的人格修养：“有德者必有言，有言者不必有德。”(《论语·宪问》)他要求弟子们：“君子……敏于事而慎于言。”(《论语·学而》)在孔子的教诲下，此后的儒家学者，对文人德行修养上的缺失保持了高度的警觉。孟子则进一步提出了“养气论”：“我知言，我善养吾浩然之气。……其为气也，至大至刚；以直养而无害，则塞于天地之间。其为气也，配义与道，无是馁也。是集义所生者，非义袭而取之也；行有不慊于心，则馁矣。”(《孟子·公孙丑上》)孟子所谓“浩然之气”，便是人所禀有的正义之气。他把“知言”“养气”联系在一起，并把“配义与道”作为积养其浩然之气的方法。荀子从“人品”决定论出发，认为：“君子必辩。凡人莫不好言其所善，而君子为甚焉。是以小人辩言险，而君子辩言仁也。”(《荀子·非相》)认定了小人的言辩出于险恶的居心，君子的言辩是出于仁爱的动机。还指出，“凡治气养心之术，莫径由礼，莫要得师，莫神一好，夫是之谓治气养心之术也”(《荀子·修身》)，强调对读书人性情气质、道德的培养和锻造。韩愈在《答李翊书》中说：“仁义之人，其言蔼如也。”宋代的程颐、朱熹等，更是把写作的学习直接看作“修德”“体道”之事：“古之学者，修德而已，有德则言可不学而能，此必然之理也。”（《朱子校昌黎先生集传·新书本传》）“文皆是从道中流出”，“大意主乎学问以明理，则自然发为好文章。诗亦然。”（《朱子语类·论文上》）他们都认为，写作的学习，重要的不是言辞的训练，而是道德和学问的修养。

自魏晋时曹丕在《典论·论文》直接提出了“文以气为主”的观点以后，“文气说”发展为我国古代写作理论的一个重要组成部分。刘勰认为：“气以实志，志以定言。吐纳英华，莫非情性。”“意气骏爽则文风清焉。”（南朝·梁·刘勰《文心雕龙·风骨第二十八》）韩愈在《答李翊书》中说：“气，水也；言，浮物也。水大而物之浮者大小毕浮；气之与言犹是也，气盛则言之短长与声之高下者皆宜。”这“气”可以理解为文章的风格、气势、文风等，但它主要指人之意气——写作者的思想、性情、精神风貌、个性人格，也就是创作主体的一种人格修养在文章中的体现。它能映现作家人品的高尚、见识的超卓深刻、人生经验的丰富、生活态度的积极，还有诸如理念坚定、情感激越、感受强烈，以及其他方面的素质。有如朱熹所言：“夫古之圣贤，其文可谓盛矣！然初岂有意学为如是之文哉？有是实于中，则必有是文于外。如天有是气，则必有日月星辰之光耀；地有是形，则必有山川草木之行列。圣贤之心，既有是精明纯粹之实，以旁薄充塞乎其内，则其著见于外者，亦必自然条理分明，光辉发越而不可掩。”（宋·朱熹《读唐志》，见《晦庵集》卷七十）其实早在朱熹前，人们就把文章意气的创造归为养气之功，谓养气功成而文中自有意气。李纲就说：“文章以气为主，如山川之有烟云，草木之有英华，非渊源根柢所蓄深厚，岂易致耶？士之养气刚大，塞乎天壤，忘利害而外死生，胸中超然，则发为文章，自其胸襟流出，虽与日月争光可也。”（宋·李纲《道卿邹公文集序》，见《梁溪先生集》卷一三八）元代陈绎曾也强调意气的自然纯真，他在讲养气时说：“养气之法……切不可作气，气不能养而作之，则昏而不可用，所出之言，皆浮辞、客气，非文也。”（陈绎曾《文说》）满纸浮辞（虚饰无根之辞）、客气（虚骄不实之气），自无意气可言。明代宋濂说：“为文必在养气。……气得其养，无所不周、无所不极也。揽而为文，无所不参、无所不包也。……呜呼！人能养气，则情深而文明、气盛而化神，当与天地同功也。”（明·宋濂《文原》，见《宋文宪公全集》卷二十六）清代沈德潜也说：“文以养气为归，诗亦如之。”（清·沈德潜《说诗晬

语》）

总之，在古人看来，“气”就是写作者的气质、个性，是写作者主体人格修养与学识修养的综合体，是写作者写作时的一种主观精神力量，是写作者的生命力和创造力。可见，提高人格修养是我国古代写作学习中被看得比文才更重的学习内容。

（二）章法技巧

章法是指文章篇章结构之法。王充说：“文字有意以立句，句有数以连章，章有体以成篇。篇则章句之大者也。”（汉·王充《论衡·正说篇第八十一》）刘勰说：“夫人之立言，因字而生句，积句而为章，积章而成篇。”（南朝·梁·刘勰《文心雕龙·章句第三十四》）这里提出了字、句、章、篇几个文章结构的单位，并指出了它们之间的内在联系，同时还从文字到句段到篇章由小到大阐明了文章结构的组织系统；古人因而有句法、章法、篇法的称谓，句法是指字词的结构组织、色彩的选择等，篇法是对整篇起、承、转、合等结构的安排，而章法则是对某一节段内部或节段之间关系的考察，即文章的段法、节法。因章法与句法相关，也与篇法相关，所以后来的有关写作理论的论述中，往往用章法统称文章篇章结构之法。

古人写作时是非常讲究谋篇布局、章法结构的。张志公先生在《传统的章法论》中指出：“所谓章法，无非是语言表达的逻辑顺序，大体上从宋朝就有了‘起’‘承’‘转’‘合’的说法，用这个模式来讲文章，读文章，也用这样一个轮廓来写文章，以至于写诗也讲究这个……”① 从我国文章的源头来看，殷代的甲骨刻辞中就有少数记事刻辞的序次布局较有条理且完整，“体现出最基本的记叙表达方式的篇章特点。”②随着社会经济文化的发展，文章的表述形式也就日见丰富，对文章章法的探讨研究也就开始了。《易经》中讲的“言有序”和《诗经》中讲的“出言有章”都可以说是我国最早的章法理论。到了汉代，王充的《论衡》中有关篇章组织的较具体的论述，可以说是开了章法理论研究的先河。汉以后，有关文章体制和结构布局的章法理论更趋成熟丰富。曹丕在《典论·论文》中指出了“文本同而末异”的文章体制特点。晋代的陆机在《文赋》中也指

① 见北京市工农教育研究室《认真学点语文——专家教授谈语文（上编）》，第 337 页，北京出版社，1983 年版。

② 张寿康：《文章学导论》，第 26 页，湖北教育出版社，1985 年版。

出：文章体制各不相同；文章立意要深刻，结构要巧妙；在处理主题与结篇布局的关系上，应“选义按部，考辞就班”；在叙述手法上要“因枝以振叶”，“沿波而讨源”。其后，南朝·梁·刘勰在《文心雕龙》的《熔裁》《章句》《附会》等篇对文章之结构布局作了更为精辟而细致的阐述。他认为文章的总体布局要有一个全面的规划，“总文理，统首尾，定与夺，合涯际，弥纶一篇，使杂而不越者也。若筑室之须基构，裁衣之待缝缉矣。”（《文心雕龙·附会第四十三》）“是以草创鸿笔，先标三准：履端于始，则设情以位体；举正于中，则酌事以取类；归余于终，则撮辞以举要。”（《文心雕龙·熔裁第三十二》）要求章段层次之间要彼此联络，“篇之彪炳，章无疵也；章之明靡，句无玷也；句之清英，字不妄也。”“然章句在篇，如茧之抽绪，原始要终，体必鳞次，启行之辞，逆萌中篇之意，绝笔之言，追媵前句之旨；故能外文绮交，内义脉注，跗萼相衔，首尾一体。”（《文心雕龙·章句第三十四》）强调：“夫才童学文，宜正体制。”（《文心雕龙·附会第四十三》）到了唐朝，诗歌创作的繁荣以及唐宋八大家的文章创作实践，也大大促进了章法及其理论的发展。讲究内容的序列布置、起止开合的运笔等，都显示了那时诗歌及文章写作在组织结构方面对内在的和谐性和逻辑性的追求，后人总结的“凤头、猪肚、豹尾”六字章法，最初就是对诗歌章法规律的一个高度概括，后来被广泛地用于所有文章的写作。刘知几在其《史通·叙事》中就有过这样的论述：“夫饰言者为文，编文者为句，句积而章立，章积而篇成。篇目既分，而一家之言备矣。”唐朝时到中国来留学的日本和尚弘法大师，在他所写的《文镜秘府论》中有一段话，也从侧面反映了唐代人的章法观。他说：“凡制于文，先布其位，犹夫行阵之有次，阶梯之有依也。先看将作之文，体有大小，又看所为之事，理或多少。体大而理多者，定制宜弘，体小而理少者，置辞必局……”宋代的倪思语则明确提出“文章以体制为先”（见明·吴纳《文章群体序说·诸儒总论作文法》）的观点。元代潘昂霄也在《金石例》中写道：“学力既到，体制亦不可不知，如记、赞、铭、颂、序、跋，各有其体。不知其体，则喻人无容，虽有实行，识者几何人哉？体制既熟，一篇之中，起头结尾，缴换曲折，转折反复，照应关锁，纲目血脉，其妙不可以言尽。”

为什么学文就必须正体制呢？明代徐师曾在《文体明辨序》中阐述说：“夫文章之有体裁，犹宫室之有制度，器皿之有法式也。为堂必敞，为室必奥，为台必四方而高，为楼必狭而修曲……夫固各有当也。苟舍制度法式，而率意为之，其不见笑于识者鲜矣，况文章乎？”文体各有其具体的规定性，写作要遵守文体的自身规律，遵循文体不同的写法不同的法则去写作，按体为文，“循体而成势，随变而立功。”（南朝·梁·刘勰《文心雕龙·定势第三十》）

宋元以后的文章学论著中有关章法的探讨，进一步完善了章法理论。如明代归有光的《文章指南》，高琦的《文章一贯》，李腾芳的《文字法三十五则》，王骥德的《曲律》，清代李渔的《闲情偶记》，章学诚的《文史通义》，刘大櫆的《论文偶记》，李扶久的《古文笔法百篇》，刘熙载的《艺概》，唐彪的《读书作文谱》，邵作舟的《论文八则》等有关章法的论述，无论是数量，还是研究质量，都为前人所不及。如《文章指南》，全书共分66则，每则均以文章作法标目，有关章法的诸如抑扬则、前后相应则、文势层叠则、总提分应则、结意有余则、结末括应则等都论述得十分透辟。再比如李渔的《闲情偶记》，书中所谈的结构布局的章法理论对写作具有普遍的指导意义。他在该书“词曲部·结构第一”中就讲过这样一段很有启示性的话：“至于结构二字，则在引商刻羽之先，拈韵抽毫之始。如造物之赋形，当其精血初凝，胞胎未就，先为制定全形，使点血而具五官百骸之势。倘先无成局，而由顶及踵，逐段滋生，则人之一身，当有无数断续之痕，而血气为之中阻矣。工师之建宅亦然。基址初平，间架未立，先筹何处建厅，何方开户，栋需何木，梁用何材，必俟成局了然，始可挥斤运斧。倘造成一架，而后再筹一架，则便于前者，不便于后，势必改而就之，未成先毁，犹之筑舍道旁，兼数宅之匠资，不足供一厅一堂之用矣。”写文章先考虑章法，也就是先考虑整体，然后再考虑段落的安排，句法、字法的运用，这是古人历来的主张。

从这些论述中，我们知道，古人写文章强调章法，强调要体制为先。与之相应，章法便成为古代写作学习的一大内容。“学文须熟看韩、柳、欧、苏，先见文字体式，然后更考古人用意下句处。学诗须熟看老杜、苏、黄，亦先见体式，然后遍考他诗，自然工夫度越过人。”（宋·陈鹄《耆旧续闻》卷二）清朝唐彪的《读书作文谱》是训练初学者阅读作文的书，他在书中说：“文章大法有四：一曰章法，二曰股法，三曰句法，四曰字法。四法明，而文始有规矩矣。四法中，章法最重要，股法次之，句法、字法又次之。重者固宜极意经营，次者亦宜尽心斟酌之。”可见，古人对章法学习相当重视。

章法的学习，一是要探寻章的构成及其规律，一是学习章的技巧、方法。古人通过选编范文供学习者阅读模仿，并结合评点介绍有关章法的知识和技巧，引导学习者练笔，从而建构起文章图样。在古代为写作学习提供范例的参考书籍中，都有探讨章法技巧的内容，诸如唐代有专供举子揣摩仿效、“看文体”用的范文选本《兔园策府》《龙筋凤髓判》等，宋代真德秀所编的《文章正宗》，谢枋得所编的《文章规范》，李涂的《文章精义》，吕祖谦所编的《古文关键》，楼昉所编的《古文标注》，方颛孙的《大学黼藻文章百段锦》等，清代桐城派学者方苞根据皇帝的旨意编定的《钦定四书文》，李扶九选编《古文笔法百篇》等。这些选本既是阅读的教材，也充当着蒙童的写作范本，是学生模仿的对象。学者们在选编这些教材时，有意识地加进了很多自己关于写作的观点，特别是对文章的命意布局、章节联络、各用心要害之处的一些精当的评点，对学习者掌握章法的关键要旨是有一定意义的。

对于具体的章法技巧，历来有很多说法。古人根据写作实践，从各个不同的角度，对章法技巧作了总的概括和阐述，如怎么开头、怎么结尾、怎么过渡、怎么照应等都被人概括出许多方法来，到了后来越发陷于烦琐。什么入手擒题法、突兀壁立法、开篇记事法、先声夺人法、比喻入题法、起句发问法、结穴点睛法、卒章显志法、首尾呼应法、雨覆云翻法、峰回路转法、虚实相间法、草蛇灰线法、避犯法等。清代李扶九选编的《古文笔法百篇》中，就谈到起笔不平法、结要得体法、承接转换法、伏笔照应法、主次详略法、题字生情法、一字立骨法、小中见大法、无中生有法、借影法、写照法、虚托法、水涨船高法、神龙在天见首不见尾法、折绕法等。其实，有关写作的具体技法问题，是古人长期争论的一个问题。肯定者认为“不以规矩，不成方圆”（《孟子·离娄上》），“学问有渊源，文章有法度。文有文法，诗有诗法，字有字法，凡世间一能一艺，无不有法，得之则成，失之则败。”[①] 否定者则认为“万法总归一法，一法不如无法”（明·陆时雍《诗镜总论》）。而折中派的意见，一是有法和无法的统一，二是活法和死法的区别。宋代吕本中说：“学诗当识活法，所谓活法者，规矩备具，而能出于规矩之外；变化不测，而亦不背于规矩也。是道也，盖有定法而无定法，无定法而有定法。知是者，则可以与语活法矣。”[②] 金代王若虚说：“或问文章有体乎？曰：无。又问无体乎？曰：有。然则果何如？曰：定体则无，大体须有。”[③]姚鼐则概括言之：“古人有一定之法，有无定之法。有定者，所以为严整也；无定者，所

① 元·揭曼硕《诗法正宗》，转引自贾文昭主编《中国古代文论类编》上册，第603页，海峡文艺出版社，1988年版。

② 转引自刘明今《中国古代文学理论体系·方法论》，第366页，复旦大学出版社，2000年版。

③ 转引自林治金等《中国古代文章学辞典》，第193页，山东教育出版社，1991年版。

以为纵横变化也。"[1] 既承认有"规矩"，即"一定之法"，以求"严整"，有章可循；又承认超越"规矩"，即是"无定之法"，以求"纵横变化"。因而，"有章法而无定法"的理论为人们所普遍接受。可见，古人并不主张学习者死守定法。在传统的章法论里，还有一点特别值得注意的，就是"相生相成"，就是相对立的两个方面的互相配合以至互相转化。比如"深浅虚实"，唐彪的《家塾教学法》里说："浅深虚实：文章非实不足以阐发义理，非虚不足以摇曳神情，故虚实常宜相济也。"又说："浅以指陈其概要，而深以刻划其精微，故深浅不可相离也。"[2] 除了虚实、深浅以外，还有很多成对的概念，比如正反、宾主、抑扬、顺逆、分总、开合、擒纵、疏断、繁简、张弛等。

明清时代，由于采取了八股取士的政策，于是，章法便同科举考试紧紧地缚在了一起，使本来是文章写作中表现结构布局基本程序和步骤的起承转合，演变为一种僵死的八股程式。对读书人的写作学习产生了重大的影响。

（三）语言

语言是思想的直接现实，是人类最重要的交际工具。人的思想只有在语言材料基础上才能产生和存在。写作是语言的艺术，语言是写作的基本材料和工具，是篇章内容的基础。学习写作，首先就是要获得和掌握语言这个写作的基本材料和工具，古人对此认识得非常清楚。自孔子提出"言之无文，行而不远"（《左传·襄公二十五年》）以来，历代的文章家、作家都很强调语言对于写作的重要性。

写作使用的语言，与口语不同，是经过加工的语言，比口语简洁、明了。在我国古代，因为写作用的是文言文，与日常使用的白话口语差别很大，学习语言也就显得尤为迫切。而且讲究语言的锤炼，是我国优秀的写作传统之一。所谓"语不惊人死不休"（唐·杜甫《江上值水如海势聊短述》），"百锻为字，千炼成句"（唐·皮日休《刘枣强碑》，见《皮子文薮》卷四），是写作者运用语言的座右铭。因此，古人在儿童启蒙教育时期，除了进行识字写字和简单的阅读之外，就开始对他们进行特殊的语言训练——属对。通俗地说，属对就是作对子，就是把两句缀成对偶。在古代语文教育中，属对是最基本的必修课程（又称对课），属对和韵律训练是最基本的语文训练。因为它是中国文人的一项基本功。

---

① 转引自徐振宗等《汉语写作学》，第148页，北京师范大学出版社，1995年版。

② 清·唐彪著，赵伯英、万恒德选注：《家塾教学法》，第110页，华东师范大学出版社，1992年版。

文人们写诗作赋，作骈体文，科举考试中作八股文，都离不开它。所以古人很重视这个环节，有专用于属对训练的教材，如《对类》《诗腋》《词林典腋》《声律启蒙》《笠翁对韵》等，并把它贯彻到整个启蒙教育中。

属对要求平仄相对、词性相当、结构相同、字数相等、修辞手法相同、逻辑关系相同等。张志公先生在对以宋元之际编印的《对类》（现存明初刊本）为主的诸多属对课本的仔细考证、分析的基础上，对这种训练方法的合理内核做了有益的探索，指出属对是一种集语音、词汇、语法以至修辞、逻辑的综合性语言基础训练，是作诗、作文的基础。因为属对首先要正音，同时学会阴阳上去（或平上去入）四声，这是基本的语音训练，有利于对语音节奏规律的理解和把握。属对课本大都是分类编排的，分天文、时令、地理、宫室、服饰、器用、植物、动物、人伦、人事等若干类，学属对的时候是一类一类地练，如海与江是地理对，万与九是数目对，紫与丹是颜色对，北与西是方位对，星与月、清风与皓月是天文对，山茶与石菊、古柏与苍松是花木对，等等，这是词汇训练。学习者在属对练习过程中，不仅增长了词汇量，而且通过推敲、揣摩、比较辨析和反复地思考、斟酌每个字的意义、结构与情味，对概念属性的理解也会得到深化。古人又把字分作实字、虚字、助字三大类。其定义为："无形可见为虚，有迹可指为实；体本乎静为死，用发乎动为生；似有似无者，半虚半实。"虚字分"死（呆）""活（生）"两种，"死"者为形容词（如高、新、强、大、精、小、长、坚、柔），"活"者为动词（如流、歌、升、照、开、吹、奔）。实字指普通名词（如花、草、林、山、天、地、鸟、兽）。助字指副词、代词和现在所说的其他虚词（如之、也、哉、焉、者、乎、然、乃、于）。半虚包括方位词和一些意义比较抽象的形容词和时间词（如上、下、里、外、中、间），半实指抽象名词（如力、雄、文、武、光、威、气）。进行训练的时候，从"一字对"开始，要求"实对实，虚对虚，死对死，活对活"，也就是名词对名词，动词对动词，形容词对形容词。这是基本的词类训练。接着练习"二字对""三字对""四字对"和"多字对"（五字、七字、九字等），这实际上就是进行基本的造句格式及其种种变化格式和特殊格式的训练，有利于学习者在语言实践过程中实现对语法形态及其结构规律的理解和把握，提高学习者的语法感，为学习者在写作中减少语法错误、加强句子形式和谐齐整打下了基础。如"二字对"，要求实虚相配、合乎习惯（如"行云"对"流水"等）；"三字对"及其以上，要求对仗工整、格律和谐（如"月缺月圆"对"花开花落"、"推窗邀明月"对"出户乘清风"等）。此外，属对还有修辞训练和逻辑训练的作用。为此，张志公先生举例说："星光灿灿"对"水势滔滔"，"如烟"对"似火"，"一川杨柳如丝袅"对"十里荷花似锦铺"，这些都能训练学生运用形容、比喻等修辞方法。再如，"飞禽"可以用"走兽"去对，如果用"鸣蝉"去对，虽然也是"上虚（活）下实"（即动词+名词）的结构，这个对法应该算是不合格的，因为"鸣蝉"不是跟"飞禽"相当的类名。这种练习能训练学生注意概念、分类、比较等逻辑关系，从而收到逻辑训练的功效。[①] 可见，属对训练是进行语言学习、丰富语言积累、提高语感的有效途径。同时，"属对"练习还是一种综合性写作的训练，蔡元培先生说："对课不但是作文的开始，也是作诗的基础。"[②] 属对本身的趣味，可以潜移默化地影响学生作文的兴趣，属对训练中对字句的锤炼，是语言训练，也是一种有效的思维训练，还有益于养成写作学习者准确、简练、生动的良好语言表达习惯；也能提高学习者写景、言志、记事的写作能力；还有助于对诗文风格、立意与表达技巧的感悟。[③]

古代写作者在学习语言方面，十分崇尚语言精练，"随事立体，贵乎精要"（南朝·梁·刘勰《文心雕龙·书记第二十五》），注重炼句、炼字，讲究简洁、含蓄，追求"辞达"，关注声律，追求语言的创新。韩愈提出"唯陈言之务去"（唐·韩愈《答李翊书》）。黄庭坚主张"以故为新""点铁成金"[④]。薛雪主张活用古语："用前人字句，不可并意用之。语陈而意新，语同而意异，则前人之字句，即吾之字句也。"（清·薛雪《一瓢诗话》）方东树提出去陈言的方法"则全在于反用翻用，故著成新，化朽腐为神奇"（清·方东树《昭昧詹言》）。姜夔主张"人所易言，我寡言之，人所难言，我易言之"[⑤]，则是对语言创新提出了更高的要求。清代李渔在《闲情偶记》中还要求在采用古人古语的同时兼收通俗的人民群众语言，达到深入浅出，雅俗共赏。这些见解对于我们今天学习写作仍有借鉴意义。

---

① 参见张志公《张志公文集（4）·传统语文教学研究》，第117—123页，广东教育出版社，1991年版。

② 高平叔：《蔡元培教育论著选·我的教育界经验》，第704页，人民教育出版社，1991年版。

③ 参见史转康：《属对课程与教学的现代诠释和重构——暨属对的历史源流探析与未来发展构想》，载《哈尔滨学院学报》，2009年第3期。

④ 见傅德林《中学文史知识手册》，第91页，中国科学技术大学出版社，1990年版。

⑤ 宋·姜夔：《白石道人诗说》，转引自林治金等《中国古代文章学辞典》，第229页，山东教育出版社，1991年版。

## 三、古代写作学习过程及特点

在各个不同的朝代，由于写作学习的侧重点有所不同，古人进行写作学习的总体过程也有所不同。汉代以前，写作学习大体上分为两个阶段：第一个阶段与识字相结合进行，主要学习写作日常应用文字。如东方朔“年十二，三仓文史足用”。“三仓”是识字教材，三仓中的字，会认会写，达到了一定的识字量；“文史足用”，就是指能够写日常应用文体。第二个阶段与阅读相结合，进一步学习各种文体的写作。魏晋南北朝时期，由于各种文学形式的发展，不仅韵文开始逐渐成熟，并成为文人非常青睐的一种文体，而且应用文也有广阔的使用空间和实用价值。此时正值我国书牍文发展的一个重要阶段，书牍文可以说是当时一种很普遍的应用文体。所以学童多是从韵文和应用文两个方面练习写作。因此，先进行音韵、用典、修辞之类基础性的单项写作练习，为写好诗文做技巧和材料上的准备，并学习写作日常应用文字。然后再从章法上整篇训练。隋唐以后，为了科举的目的和需要，逐渐形成了“属对—作诗—模仿作文—作文”的写作学习过程。

张志公先生在他的《传统语文教学的得失》一文中说：“属对，古已有之，到了近体诗（律诗、绝句）时期，成了一种格律，诗里的某两句必须成对。属对这种语文教学方法的形成，显然和近体诗有渊源关系，然而实际上已经超越了作诗的范围，发展成一种教学手段了。”早在魏晋南北朝时期，由于骈体文的繁盛，对偶等方面的训练就成了写作学习的一项内容。隋唐以后，属对因为近体诗的盛行而盛行。到了宋代，属对成了读书人的一种必修课程。因为它是中国文人的一项基本功，文人们写诗作赋，作骈体文，科举考试中作八股文，都离不开它。元初学者程端礼在他的《读书分年日程》中说：“小学不得令日日作诗作对，虚费日力。今世俗之教，十五岁前不能读记九经正文，皆是此弊。但令习字演文之日，将已说《小学书》作口义，以学演文，每句先逐字训之，然后通解一句之意，又通结一章之意，相接续作去。明理、演文，一举两得。更令记《对类》单字，使知虚实死活字，更记类首‘天、长、永、日’字，但临放学时，面属一对便行，使略知对偶、轻重、虚实足矣。”可见，属对的目的是配合“习字演文”的教学，使学习者了解字的“虚实死活”，掌握阴阳上去四声，训练语言基本功。就这样，蒙学作文从属对开始，这种状况一直实行到清末。

属对的方法，第一是训字：取其要用之字，弄清楚这个字的确切意思，即从属对的角度去识字，如“云对雨，雪对风，晚照对晴空，来鸿对去燕，宿鸟对鸣虫”。不能不知其意而生搬硬套。第二是立程：多选古今名对如诗话者，细讲熟玩，即从属对的角度去阅读，“熟读唐诗三百首，不会作诗也会吟”。学习者读古诗中对仗工稳者，增加感性认识，在读书的过程中自然就能学会属对。第三是增字。开始练习属对时，训练简单的一字对、两字对，以后慢慢增加，一直练到十七字对。比如出一“虎”字，对以“龙”字。“虎”字上增一“猛”字，对亦增一字曰“神龙”。“猛”字上再增一“降”字，对也增一字曰“豢神龙”。“降”字上再增一字“威”，对亦增一字曰“术豢神龙”。“威”字上再增一字“奇”，对亦增一字曰“异术豢神龙”。以此类推。第四是句眼。所谓“句眼”，就是指诗句中最为传神、最能表现意境的关键字。古人写诗是很重视有无“句眼”的。古人以“轻风柳絮”“明月梨花”令人补一“句眼”。推敲再四，有人用“飘”字“照”字补之，但均不妥，唯用“扶”字“失”字，方为“轻”字“明”字传神。以此类推，有眼在首尾者，有眼在中间者，不能尽举。属对是一种非常严格的训练，单纯地讲实字虚字、死活句眼、四声平仄等，不是十分有效的。最主要的是要选一些古今名对，熟读记诵，达到一定的程度后，方能灵活运用。①

属对练习在内容上是由浅入深（先具体再抽象），在形式上是从简到繁（从一字对到多字对），在过程上是多次反复、揣摩历练的。蔡元培在《我在教育界的经验》一文说：“不但要名词对名词，静词对静词，动词对动词，而且每一种词里面，又要取其品行相近的。例如先生出一山字，就要用海或水字来对他，因为都是地理名词。又如出桃红，就要用柳绿或薇紫来对它，第一个字都是植物的名称，第二个字都是颜色的静词。别的可以类推。这一种功课，不但是作文的开始，也是作诗的基础。”② 蒙童习得多字对，便开始进行作诗、作文的训练，其中特别强调作诗的训练。古人认为，属对到作文的转换太难，故他们把作诗看成二者的过渡阶段。作诗从遣词造句而言近似属对，就立意畅通而言近似作文，故当时的蒙学把属对作为写作训练的一个重要内容。

学习诗歌写作是紧随属对的古代蒙学写作学习基本内容和基本形式，也是我国古代语文教育的一条宝贵经验和优良传统。古人强调从日常生活和眼前景物中

① 参见张志公《张志公文集（4）·传统语文教学研究》，第117—123页，广东教育出版社，1991年版。

② 高平叔：《蔡元培教育论著选·我的教育界经验》，第704页，人民教育出版社，1991年版。

立意取材，因此，初学者往往从学作咏物短诗开始，咏日常见到的比较熟悉的动植物，这样，容易有话可写。如骆宾王七岁时写成《咏鹅》诗，女诗人李季兰六岁时作《蔷薇》诗，薛涛八岁时作《吟梧桐》诗等。

蒙学中学习作诗的方法主要有填诗、模仿尝试、读诗与写诗相结合等方法。学童学习“填诗”，首先是背会三十类韵，接着是用方块形状的纸片标韵头，以便填诗时查阅。宋代王日休曾作过具体阐述：“小儿填诗时，便教他做工夫。如杜工部、韩昌黎之诗，选长篇一韵，读一篇；上下平声，止有三十韵，是三十长篇，足矣。若举此韵，则此一韵中，诸韵皆可以记矣。非惟作省题诗。止于六韵而成。是虽长篇，亦何难哉？又其次如前以三十版匡纸标三十韵头，不问是何省题诗皆编韵于其中，每一版编一韵。若作诗时，用此一韵，则揭开策子一观，则皆可见矣。”（宋·王日休《训蒙法》）而模仿则是实践训练的一种好办法。古人认为，学生作文、作诗皆是从模仿开始的。朱熹说：“模仿者，古人用功之法。”“古人作文作诗，多是模仿前人而作之，盖学之既久，自然纯熟。”（《朱子语类·论文上》卷第一百三十九）对初学者而言，在模仿中慢慢培养熟练的写作技巧，这的确是一种有效的方法。此外，写作实践训练的方法还有自由作诗、命题作诗、多人联句、参加笔会等。自由作诗就是写自己所见所想的内容，表达自己的思想感情，是最普遍的方式。命题作诗是在科举考试中使用的方式，在一些私人聚会和官场聚会中也常常要作命题诗，因而，由师长命题进行作诗练习也是常见的方式。联句是诗歌写作中的一种特殊方式。在朋友聚会时往往用联句形式来记事、咏物、送行、赠人、寄人、怀人等，题材相当广泛。联句有三言、四言、五言、七言、一至七言、一至九言等，而以五言为最多。一般是集会时一人首倡，写两句，然后依次接下去，一轮写完了再第二轮。联句是几个人合作写诗，是互相督促进行写作训练的一种方式，对于学习作诗有很大激励作用。诗歌写作涉及立意取材、炼字炼句、修改加工等步骤，学诗、作诗不是一蹴而就的事情，往往是一辈子都要不断进行的工作，任何人都不能希冀“毕其功于一役”。因此，古人学诗、作诗的过程也往往是在学习中不断写、在作诗中继续学，学诗、作诗往往是交叉进行的，呈现出螺旋式上升的状态。古代诗歌教育将读诗与写诗相结合，使得文人从幼年起就一边学习读诗，一边开始学习写诗。唐代大诗人杜甫强调：“读书破万卷，下笔如有神。”清代也流行着“熟读唐诗三百首，不会作诗也会吟”的说法，曾国藩在写给曾纪泽的信中特意强调读诗与写诗的关系：“凡作诗最宜讲究声调……尔欲作五古七古，须熟读五古七古各数十篇，先之以高声朗诵以昌其气，继之以密咏恬吟以玩其味，二者并进，使古人之声调拂拂然若与我之喉舌相习，则下笔为诗时，必有句调凑赴腕下，诗成自读之，亦自觉琅琅可诵，引出一种兴会来。”① 在这方面，古人的蒙学教材中除了有《千家诗》《神童诗》《训蒙诗》《唐诗三百首》等诗选教材，识字教材也大多是韵文形式。实际上，古代的韵语读物明显具有诗歌的形式和特点，其中一些与诗歌并无两样，如《鉴略妥注》。如果用现代的眼光来看，即使将《三字经》《百家姓》《千字文》之类称之为诗歌似乎也并无不妥，至少在形式上具备了诗歌的特点，而且这些识字读本要比当代许多所谓“诗人”的所谓“诗歌”更像诗歌。因此，从这个意义上说，这些韵语读物也是古代诗歌教育的基本教材，为儿童学诗、作诗打下了十分坚实的基础。

古人在启蒙教育的时候，一方面读“三百千”集中识字，一方面学属对。学过“三百千”之后，就开始阅读一些知识、历史以及训诫类的韵语读物和“四书”等儒家的经书了，同时开始学作诗，学作文。

古代的写作学习主要有这样一些特点：

①与阅读相结合，从模仿练习开始——古代学子学习作诗作文的主要途径。古人认为，学生作文、作诗皆应从模仿开始。如果熟读某名人的文章，融会贯通，潜移默化，就可以写出与之很相近的文章。朱熹说：“读得韩文熟，便做出韩文的文字；读得苏文熟，便做出苏文的文字。”（《朱子语类·论文上》卷第一百三十九）清代唐彪也主张写作学习要与阅读结合起来进行，即“劳于读书，逸于作文”，强调从范文的学习中体悟作文的技法规律。他在《读书作文谱》中说：“所作之文之工拙，必本于所读之文之工拙，用不离乎体也。”这里说的不仅是他们自己的写作经验，也是一般写作的规律。尤其是对初学者而言，在模仿中慢慢培养熟练的写作技巧，这的确是一种有效的方法。当然，模仿时必须模仿名家名篇。因为“名家名篇”，“皆是行正路”，初学写作的人，“而今只是依正底路脉做将去，少间文章自会高人。”（《朱子语类·论文上》卷第一百三十九）同时还要求初学者进行不抄袭的模仿，模仿要逐步做到无模仿抄袭之痕迹，也就是像蜜蜂采花酿蜜一样，蜜成而不见花，也就是要求他们在模仿中有创造。模仿前人的文章而不抄袭他们的文章，借鉴古人的写作方法

① 清·曾国藩：《曾国藩全集·家书》（一），第418页，岳麓书社，1985年版。

来写自己的文章，表达今天的内容，以培养作文的能力，这是学习写作的正路。这种做法是值得我们借鉴的。

②“词”“意”并重，注重写作者主体人格修养的提高——古代写作学习的基本原则。古人学习写作，主张“词”（辞章）“意”（义理）并重，强调写作应该以“意”为主，以“义理”为根本，但是要注意思想内容和文章形式的关系，好的“意”，正确的“义理”，必须用恰当的“词”（辞章）表达出来。汉代的扬雄就主张事（内容）辞（形式）相称，他在《法言》卷二《吾子》篇写道：“或问君子尚辞乎？君子事之为尚。事胜辞则伉，辞胜事则赋，事辞称则经。”张岱年先生解释说：“事胜辞，辞不能尽量表述事实，失之粗直；辞胜事，辞超出了事实，失之虚浮。事辞相称，才是标准。”[①] 颜之推在《颜氏家训》的《文章篇》中明白地提出，好的文章应文质并重、富有才气风骨，切忌轻浮华艳。他认为“文章当以理致为心肾，气调为筋骨，事义为皮肤，华丽为冠冕”，反对舍本逐末。清代章学诚也说：“义理不可空言也，博学以实之，文章以达之。”[②] 清代的崔学古训练学生作文的要求是：“造意要超卓，立格要正大，题旨要明透，笔气要清顺。此为行文要务。”[③] 可见，“词”“意”并重是古人一贯的主张。与之相应，古人强调写作主体的人格心灵塑造，把写作者的道德人格培养看作最基础的任务。这一点前面已论及，不再赘述。

③先“放”后“收”——古代写作学习的基本步骤。初学写作，首先要大胆地去想，大胆地去写，这就是“放”。等有了一定的基础再要求精练严谨，这便是“收”，它旨在让学习者懂得文法，并且知道如何运用这些法则；这是作文质量提高的表现。初学作诗，先要放胆，不要拘于四声，为双声叠韵的规矩所束缚。学作文时，要先写放胆文，然后加以约束。这样收放几次，文章就能写好。“作时文必须放，放之如野马，踶跳咆嗥，不受羁绊，久之必自厌而收束矣。”（清·王筠《教童子法》）先“放”后“收”是古代文学大家总结出来的写作学习经验。苏轼说：“凡文字少小时须令气象峥嵘，采色绚烂，渐

---

① 转引自毛礼锐、沈灌群《中国教育通史》第二卷，第 210 页，山东教育出版社，1986 年版。

② 清·章学诚：《文史通义·原道（下）》，转引自林治金等《中国古代文章学辞典》，第 92 页，山东教育出版社，1991 年版。

③ 转引自张志公《传统语文教育教材论：暨蒙学书目和书影》，第 126 页，上海教育出版社，1992 年版。

老渐熟，乃造平淡。其实不是平淡，乃绚烂之极也。”① 欧阳修也说：“作文之体，初欲奔驰，久当撙节，使简重严正，时或放肆以自舒，勿为一体，则尽善矣。”（宋·欧阳修《欧阳文忠公文集·书简》卷七）宋人谢枋得在《文章规范》的序言中说：“凡学文，初要胆大，终要小心，由粗入细，由俗入雅，由繁入简，由豪荡入纯粹。此集皆粗枝大叶之文……初学熟之，开广其胸襟，发舒其志气，但见文之易，不见文之难，必能放言高论，笔端不窘束矣。”他在《文章规范》中正是贯彻了这一思想，把选文分为两部分：“放胆文”和“小心文”。南宋的严羽在《沧浪诗话》中说：“学诗有三节：起初不识好恶，连篇累牍，肆笔而成；既而识羞愧，始生畏缩，成之极难；及其透彻，则七纵八横，信手拈来，头头是道矣。”严羽这里讲的为文的三个阶段，实际是写作中由必然王国向自由王国飞跃的表现。元代的程端礼，清代的梁章钜、唐彪、王筠等人都曾提出同样的主张。所以他们主张师长批改初学阶段的作文的时候，不要改得太厉害，以免挫伤学习者的信心和兴趣。

④多读多作多改——古代写作学习的主要方法。古代很多作家用多读多作多改来总结他们自己从事写作的经验，认为多读多作功夫自出，所谓“多看自知，多作自好”（宋·姜夔《白石道人诗说》）。并且用这条经验要求年轻的一代。白居易说自己日夜苦学二十载，以至于“口舌成疮，手肘成胝”（唐·白居易《与元九书》）。欧阳修认为写作有三个要点，一是多读，二是多作，三是多商量。他批评那些在写作上急功近利的人，文章写得不好，一是缺乏长期的写作实践，写得太少，二是读书太少。他说：“世人患作文字少，又懒读书，每一篇出，即求过人，如此少有至者。疵病不必待人指摘，多作自能见之。”他指出，作文“无他术，唯勤读书而为之，自工”。② 苏轼充分肯定勤学苦练的做法：“日课一诗，甚善。此技虽高才，非甚习，不能工也。圣俞（梅尧臣）昔尝如此。”③ 明代李沂在《秋星阁诗话》中说：“学诗有八字诀，曰多读、多作、多改而已。”清代桐城派古文家姚鼐也在《与陈硕士书》中说：“学文之法无他，多读多作。”“大

---

① 见清·梁章钜《返庵论文》，转引自林治金等《中国古代文章学辞典》，第 269 页，山东教育出版社，1991 年版。

② 见南宋·魏庆之《诗人玉屑·初学蹊径·勤读多为》，转引自林治金等《中国古代文章学辞典》，第 262 页，山东教育出版社，1991 年版。

③ 见唐宋八大家文集编委会《唐宋八大家文集：苏轼文集（下册）》，第 463 页，中央民族大学出版社，2002 年版。

抵文字须熟乃妙，熟则利病自明。”所谓多作主要是指写成篇的文章，多作便能熟练，可以达到“利病自明”的境地。多改的目的在于深入揣摩。一方面可以更牢固地掌握语言文字的运用方法，同时养成严肃认真、一丝不苟的写作态度和习惯。宋代吕本中说：“文字频改，工夫自出。”[①]“大凡文字不厌改，患改之不多耳。惟改方能到妙处。”（明·陈献章《与胡佥宪提学书》）在这一方面，古人留下了许多佳话，如贾岛“推敲”的故事，欧阳修改定《醉翁亭记》第一句的故事，王安石改定“春风又绿江南岸”这个诗句的故事，等等。多改并不是单纯依赖老师改，而是要求自己修改。不仅自己修改，还提倡看别人怎样修改文章，从中体会写作方法，吸取有益的经验。这种修改不只是个别词句的修改，而是对通篇文章进行检查，包括用字的正误，用词是否准确恰当，句子是否通畅，思路是否清晰，文气是否畅达等。多改还指反复地修改。文章刚刚写成时，作者本人当时对其弊病往往不能自觉。完稿后，作者应从头至尾修改一遍，然后把它收起，过一段时间再拿出来，重新考虑，再加修改。李渔说：“当于著笔之初，以至脱稿之日，隔日一删，逾月一改，始能淘沙得金，无瑕瑜互见之失矣。”（清·李渔《闲情偶寄·词曲部·宾白第四》）唐彪在《读书作文谱》里说：“如文章草创已定，便从头至尾，一一检点。气有不顺处，须疏之使顺；机有不圆处，须炼之使圆；血脉有不贯处，须融之使贯；音节有不叶处，须调之使叶。如此仔细推敲，自然疵病稀少。”“文章初脱稿时，弊病多不自觉，过数月后，始能改窜。其故何也？凡人作文，心思一时多不能遍到，过数月后，遗漏之义始能见及，故易改也。又当其时执着此意，即不能转改他意，异时心意虚平，无所执着，前日所作有未是处，俱能辨之，所以易改。”

⑤八股文训练——古代写作学习的模式化。前面谈到，古人写作时非常讲究起、承、转、合的章法结构，在科举考试的影响下，学习者学习写作、蒙馆里训练学生作文，当然也就开始往八股文程式上靠。到了明代，程式愈变愈严，愈变愈死，一直流行到清末。对此，蔡元培曾有过这样的看法：“八股文的作法，先作破题，止两句，把题目的大意说一说。破题作得合格了，乃试作承题，约四五句。承题作得合格了，乃试作起讲，大约十余句。起讲作得合格了，乃作全篇。全篇的作法，是起讲后，先作领题，其后分作八股（六股亦可），每两股都是相

① 见郭绍虞《宋诗话辑佚》卷下，第587页，中华书局，1980年版。

对的。最后作一结论。由简而繁，确是一种学文的方法。”① 而张志公先生认为：将“起、承、转、合”定成死板的公式当然是错误的，但是如果理解为一般议论文的结构特点，则是基本上符合事实的。要求初学者熟悉并且掌握议论的基本步骤和基本方法，还是需要的，对于初步培养学生的思维条理也是有益的。先学局部，后学整体，先学勾出轮廓，后学发挥充实，这种办法，适当地采用，对于训练基本技能有一定的作用。当然，局部不能离开整体而存在。不过，在初步训练的过程中，适当地划分步骤还是可以的。② 我们认为，“起、承、转、合”本是文章的深层结构模式，只是中国古代文人把它当作文章的表层结构、语言篇章结构来理解和运用，因而成为一种僵死的模式，严重地束缚了学习者的思想、思维。

此外，强调积累，即所谓“得之在俄顷，积之在平日”“学识浅狭，胸中不富，作文无所取材，文必不能过人”（清·唐彪《读书作文谱》），重视根据各种不同的文体特点分别进行练习，强调循序渐进，等等，也都是古人学习写作的重要经验和特点。但是，古代写作学习言文脱离，要求模仿、自悟，强调经验，缺乏科学的写作原理的指导。在写作内容方面，要求“文以载道”，“代圣人立言”，限制了写作者自己真情实感的抒发与表现，导致了写作内容的非主体性。还有模式化的八股文训练等，也体现了古代写作学习的局限和弊端。

## 第二节　20 世纪的写作学习

20 世纪是中国社会的政治、经济、文化等各方面都发生了巨大变化的时代。世纪初，在中国历史上延续了 1300 多年的科举制度最终被废除；1911 年的辛亥革命，结束了 2000 多年的封建王权专制统治；五四新文化运动，促成了中国思想界的空前解放，也促使现代文写作最终取代文言文写作并开始了它新的历史进程，写作与写作学习随之迈进一个新的时期。

---

① 高平叔：《蔡元培教育论著选·我的教育界经验》，第 704—705 页，人民教育出版社，1991 年版。

② 见张志公《张志公文集（4）·传统语文教学研究》，第 159—160 页，广东教育出版社，1991 年版。

## 一、20 世纪写作学习的目的

戊戌变法运动中，维新派主张废八股，废科举，兴学校。随后，科举考试禁用八股程式。1904 年，清政府颁布《奏定学堂章程》，开始在中小学堂设了各种现代学科。1905 年清廷诏准自 1906 年开始，所有乡会试一律停止，各省岁科考试亦即停止，在中国历史上延续了 1300 多年的科举制度最终被废除。“新教育”在改变着人才培养方式的同时，也促使我国的写作开始了由古典到现代的转型。写作学习的目的开始从为“功名”，转向为“实用”。

1904 年 1 月颁布的《奏定学堂章程》（即“癸卯学制”）《奏定学务纲要》等文件中，均体现了讲求文章实用性的新导向。如《奏定初等小学堂章程》在“中国文字”科目下规定“其要义在使识日用常见之字，解日用浅近之文理……并当使之以俗语叙事，及日用简短书信，以开他日自己作文之先路，供谋生应世之要需。”①《奏定高等小学堂章程》在“中国文学”科目下规定：“其要义在使通四民常用之文理，解四民常用之词句，以备应世达意之用……即教以作文之法，兼使学作日用浅近文字。”②《奏定中学堂章程》要求作文“以清真雅正为主……其作文之题目，当就各学科所授各项事理及日用必需各项事理出题，各取与各科学贯通发明，既可易于成篇，且能适于实用。”③《奏定学务纲要》也明确规定：“其中国文学一科，并宜随时试课论说文字，及教以浅显书信、记事、文法，以资官私实用。但取理明辞达而止，以能多引经史为贵，不以雕琢藻丽为工，篇幅亦不取繁冗。”④ 这些法规表明，学校写作教育已经由以谋取功名利禄为目的，转向以日常文字应用为目的。与之相应，“供谋生应世之所需”成为当时学习写作的主要目的。

民国初年的写作学习，除了注重实用性和应用性之外，随着民主思想的发展，还强调“养成发表思想之能力”。1912 年 12 月教育部订定《小学校教则及课程表》，规定：“使儿童学习普通语言文字，养成发表思想之能力，兼以启发其智

---

① 璩鑫圭、唐良炎：《中国近代教育史资料汇编·学制演变》，第 259 页，上海教育出版社，1991 年版。

② 同上，第 310 页。

③ 同上，第 320 页。

④ 同上，第 494 页。

德。”“国文作法，宜就读本及他科目已授事项，或儿童日常闻见与处世所必需者，令记叙之，其行文务求简易明了。”① 同年12月教育部公布《中学校令施行规则》中规定：“国文要旨在通解普通语言文字，能自由发表思想，并使略解高深文字，涵养文学之兴趣，兼以启发智德。国文首宜授以近世文，渐及于近古文，并文字源流、文法要略，及文学史之大概，使作实用简易之文，兼课习字。”② 1916年教育部公布的《国民学校令施行细则》中关于“国文作法”的要求与这些文件一致。

当时，许多学者也提出学习国文当重在应用。刘半农把“国文之教授”说成“应用文教授”，“抱定一个极简单的宗旨”，“只求在短时期内使学生人人能看通人应看之书，及其职业上所必看之书；人人能作通人应作之文，及其职业上所必作之文。”③ 1915年，姚铭恩在探讨小学作文教授法时说：“国文作法教科之性质，发表的教科也，技能的教科也……要而言之，作文教授，须一方面令儿童熟练读本，培养其原动力；一方面令儿童自由发表，发展其自动力，且常为多方之练习。”④ 可见，“应世致用”和“自由表达思想”是当时的写作教育和写作学习的要旨。

写作学习以实际应用为目的，这是对科举制度下只为功名的写作目的的一种反动。但是，从当时学生所作的作文题目、题材来看，仍以议论古今得失、经国济世、预备将来执政为官者为多，足见千百年来科举制度所形成的观念和方法之牢固。

五四新文化运动，以白话文取代文言文，打破了文言写作一统天下的局面，使写作得以挣脱与八股、策论的千丝万缕的关系，实现从文言到白话的现代写作转型，写作开始走向民间。学习用白话文写作，“为人生、为生活、为交际”和为“自由运用语体文发表思想”的写作学习目的进一步得以确立，并成为时代的新潮。1923年6月公布的《新学制课程标准纲要》中的《小学国语课程纲要》规定：初小“能作语体的简单记事文、实用文，而令人了解大意”，高小“能作语

① 同上，第691页。

② 同上，第669页。

③ 刘复：《半农杂文》第一册，第52页，上海书店，1983年版。

④ 姚铭恩：《小学作文教授法》，见顾黄初、李杏保《二十世纪前期中国语文教育论集》，第49—51页，四川教育出版社，1991年版。

体的日用文、说明文、议论文，而令人了解大意”。《初级中学国语课程纲要》中规定，“作文语体、文体并重”，“作普通应用文，能清楚达意”，“注重实用文、说明文的作法”，“使学生有自由发表思想的能力”。《高级中学公共必修的国语课程纲要》规定“继续发展语体文的技术”，“能自由运用语体、文体发表思想”。以后国民政府的国语和国文课程标准，保留了这一基本精神。如1929年《国文暂行课程标准》强调“养成运用语体文及语言充畅的叙说事理及表达情意的技能”（初中），“继续养成学生运用语体文正确周密隽妙地叙说事理及表达情意的技能，并依学生的资性及兴趣，酌量兼使有运用文言作文的能力”（高中）。1936年的《修正小学国语课程标准》要求：“指导儿童体会字句的用法，篇章的结构，实用文的格式，习作普通文和实用文，养成其发表情意的能力。”1948年《修订高级中学国文课程标准》规定：“熟练应用语体文及明易文言文表达情意，能作切合生活上最需要、应用最广之文字。”① 这些规定，反映了民主思想和实用主义教育思想对我国当时写作教育的影响，但同时也说明“满足现实生活的需要”“自由发表思想”是当时写作学习的风尚。

新中国成立后的写作学习总的倾向是承袭五四以来的传统。但由于“左倾”思想的影响，写作学习的目的在“为生活”与“为政治”之间摇摆，更多时候是自觉不自觉地强化了为政治服务的需要。“文革”以后，吹响了拨乱反正的号角，写作学习“为生活”“为实用”“为表达思想感情”的目的重新得到确认。然而，由于应试教育的影响，“为考试”的学习目的又开始占据首要位置，纠正这一偏差成为21世纪写作学习亟须解决的问题。

## 二、20世纪写作学习的内容

晚清时期，随着时代的发展，文言写作已不能满足日益复杂的现实生活需要。因此，革新文言，改用通俗的白话写作诗文，“我手写我口”（清·黄遵宪《人境庐诗草·杂感》卷三），成为时代的要求。五四以后，白话文写作取代文言文写作，并逐步占据主要地位。这是一次深刻的写作革命，它使写作学习摆脱了脱离语言实际、脱离应用实际的弊端，改变了“代圣人立言”“文以载道”的思想，开始了现代化的新进程。

---

① 本段引述均自课程教材研究所《20世纪中国中小学课程标准·教学大纲汇编：语文卷》，人民教育出版社，2001年版。

在我国，真正明确把写白话文作为学校的写作教学目的之一的是1903年的《奏定学堂章程》。在《奏定初等小学堂章程》中，中国文字课的教育要义明确了“并当使之以俗语叙事，及日用简短书信”①。根据这一宗旨，各年级课程里对具体的学习内容作了安排。一年级学习“虚字与实字联缀之法”。二年级在掌握了积字成句之法的基础上，要求“随举寻常实事一件，令以俗话二三句，联贯一气，写于纸上”。三四年级学习“积句成章之法，或随指日用一事，或假设一事，令以俗话七八句联成一气，写于纸上”。到初小毕业时，要达到会用俗话作日用书信的程度。② 白话文写作教学从此拉开了序幕，应用文体开始受到关注。但是，在20世纪的头十年，写作学习没有从根本上跨越传统的藩篱，依然以古文的作法为范式，以文言写作为正统。

民国建立后，资产阶级革命家要求写作张扬民主思想，强调写作要“自由发表思想”，要“经世致用”。五四白话文运动奠定了白话文写作的主体地位。由于白话文写作的兴起，古代的写作学习规范被终结，而新的写作学习规范有待确立。在这种情况下，当时的学者和写作教育家们为了探索白话文写作的新规范，便把西方的文法（语法）、修辞学、文体学等与写作有关的理论知识引进过来为我所用，并将此作为建立我国现代写作理论的基础。20世纪20年代开始，一批专门指导白话文写作学习的作文法专著与教材陆续问世，其中有陈望道的《作文法讲义》（1922年3月，民智书局），这是我国现代最早的白话文作文法专著之一。陈望道在书中创构的科学的作文法体系由三个子系统构成：文章构造（包括段、句、词等三个成分）、文章体制（包括记载文、记叙文、解释文、论辩文和诱导文等五种文式）、文章美质（包括明晰、遒劲和流畅等三个特点）。该书建构了现代的作文法体系，创立了作文学习基本型文体分类法，堪称我国现代写作学研究的奠基之作。高语罕的《国文作法》（1922年8月，上海亚东图书馆）是旨在揭示文章的构造方法，阐明文章写作的方法，为初学为文者提供文章做法上的帮助的作文法专书。夏丏尊、刘薰宇的《文章作法》（1926年8月，开明书店）是一部传授作文法的教材。还有叶圣陶的《作文论》（1924年4月，商务印书馆），梁启超的《中学以上作文教学法》（1925年7月，中华书

① 参见璩鑫圭、唐良炎《中国近代教育史资料汇编·学制演变》，第295页，上海教育出版社，1991年版。

② 同上，第297—299页。

局)，阮真的《中学作文教学研究》(1929 年，民智书局)，施畸的《中国文体论》(1933 年，立达书局)，夏丏尊、叶圣陶的《文心》(1934 年，开明书店)，唐弢的《文章修养》(1939 年，文化生活出版社)，张资平的《文章构造法》(1935 年，商务印书馆)，黄洁如的《文法与作文》(1930 年，开明书店)，胡怀琛等的《文章作法全集》(1934 年，世界书局)，等等。相关论文则更多。从此，写作学习告别了在“黑暗的胡同里自己摸索”的传统的经验化时代，开始迈上了在西方的文法、修辞学、文体学等理论知识的引导下进行科学化训练的道路。以文体为中心的写作技术学习与训练，成了 20 世纪写作学习的重要内容。

与此相应，教育主管部门制定的课程标准也规定写作学习要以有关实用文的文体、文法为主要学习内容。在 1923 年颁布的新学制《小学国语课程纲要》《初级中学国语课程纲要》《高级中学公共必修的国语课程纲要》中，课程内容包括“读书”(小学称“读文”)“作文”“写字”三项内容。“作文”分解成“作文与笔记”“文法讨论”“演说与辩论”三个项目。在各年级的具体要求中，注重实用文、记叙文、说明文、议论文的做法，强调掌握语体文的写作技能，作文“应注重内容的实质和文学的技术”。而文法学习备受关注。《纲要》在“选文要求”中说，“文章法式也自然包括在内”，“内容与方法”中规定作文“要有定期的文法讨论”，要“随时用比较和归纳的方法作文法的研究”，要“注重语体文和古文文法的比较的研究，最好是用学生学习的外国文和本国文作文法的比较研究”，“文法研究，宜随机会，用比较归纳的方法，弄出文章的通则来”。要求既重视文法的学习，又重视作文实践，二者密切结合，避免学用脱节。1929 年的《初级中学国文暂行课程标准》把文法扩展为词性、词位、句式；1932 年的《国文课程标准》中文法发展为两部分：语法文法(句式、词位、词性)和文章体制(取材、结构及描写法)；1936 年的《国文暂行课程标准》称为文章法，包括语体文法和文章体裁。其中文章体裁为“记叙文(包括描写文)、说明文、抒情文(包括韵文)、议论文、小说诗歌及戏剧、应用文、文章法则”，“文章法则包括文法，修辞学，各体文章作法等项。”1941 年中学国文课标则明确提出应包括如下内容：语体文法，文章体裁及作法，修辞学，论辩术，文学源流，文字学大意，国学常识。在“教材大纲”中指出：“文章法则包括语体文法(词性、词位、句式等)，文章体裁及作法(即表中各项体裁之性质、取材、结构等)，修辞学(文章之组织与体制遣词之方式、词格之类别等)，论辩术(辩论之方式、证据之搜集、判断之正确、敌论之反驳、音调姿态之运用等），分别于各学年研究时间内讲授（第一、二学年讲授语体文法，第三、四学年讲授文章体裁及作法，第五六学年讲授修辞学及论辩术）。”在实施方法中指出：“文章法则应注意语体文法与文言文法之比较”，“学生习作中应摘出其文法上修辞上之谬误处，令其改正”，等等。①

20 世纪后期，由于社会制度的变更，我国的写作学习经历了探索、挫折和发展。在沿袭前期的科学化训练的基础上，继续建构以“文章法”为统帅的写作知识学习训练体系。逐渐地，从小学到高中，形成了以写作实用文为主要任务的学习格局：小学要求能写简短的（后改为简单的）记叙文，初中要求能写记叙文、简单的说明文、议论文，高中要求能写一般的记叙、说明、议论的文章；各个学段还提出了写作应用文的要求，但对基本格局影响不大。也建构起相对完整的文体知识系统，如记叙的要素、人称、顺序、中心和详略，说明的条理和方法，议论文的论点、论据、论证，条据、书信、计划、总结等几种常用应用文体的语言格式等。这就是这时期写作学习的主要内容。

20 世纪 80 年代，针对从记叙文、说明文到议论文的写作训练顺序和以静态的文章学知识为主要学习内容的写作学习格局，陆续出现了一些教改实验流派，对写作学习的内容体系进行积极地改革探索，如高原、刘朏朏主持的“作文三级训练体系”，周正逵主持的“思考与表述（高一）、思路与章法（高二）、思辨与立意（高三）”的作文演练步骤等。但由于应试教育的影响，这些改革并没有产生很大的作用，以考试作文模式为学习内容的风气反而越来越盛。20 世纪末的写作学习又陷入了困境。

## 三、20 世纪写作学习的经验与问题

20 世纪初，随着科举制度的废除，“时艺”“制艺”“制义”（八股文）等名称退出历史舞台，在官方文件中，写作被称为“缀法”或“作文”（《奏定学堂章程》中的叫法），民国初年改称为“作法”，而新学制《国语课程纲要》则称“作文”，1929 年至 1941 年，换成了“习作”，到了新中国成立后，又改换成“作文”“写作”。这个时期，是我国写作学习的转型期。名称的演变，说明人们写作的认识在不断加深，这也展现了人们对写作学习的目的、意义、内

① 本段引述均自课程教材研究所《20 世纪中国中小学课程标准・教学大纲汇编：语文卷》，人民教育出版社，2001 年版。

容、方法等不断探究和深化理解的过程，反映了几代人所进行的长时间、全方位的思考与探索。纵览百年来我国写作学习的发展历程，我们大体可以得出以下认识。

（一）讲求实用，倡导抒发自我心灵，张扬个性

由古代传统的写作学习向现代写作学习的转型首先体现在写作学习目的的变化上。讲求实用，追求个性解放，倡导抒发自我心灵，是20世纪写作学习的主要目的。

科举制度被废除后，“应世”的教育思想得以真正确立，学习写作“供谋生应世之所需”的实用性目的正式进入清政府的教育法规《奏定学堂章程》中；此后，在西方工具主义、实用主义等哲学思潮的影响下，到五四时期发展为“为人生、为生活”；新中国成立后则强调“语文是学好各门知识和从事各种工作的基本工具”，学习写作就是为了掌握这一生活和工作的基本工具。这体现了当时人们在摆脱了科举应试写作的束缚之后对写作功能的新认识，反映了20世纪人们对写作的工具价值的追求。当然，后来盲目追求功利的应试写作学习的倾向，可以说正是脱离了在生命、存在意义上的“为实用”的一种结果。

中国的资产阶级革命与五四新文化运动倡导民主、科学，呼唤自由、个性。辛亥革命后，“自由发表思想”的写作理念深深地影响了中国20世纪的写作学习。尤其是五四白话文运动，它绝不仅仅是写作文化变革中的一场文体革命，其出发点、其基础是“精神之革命”。从胡适的“文学革命八事”，到陈独秀的“三大主义”①，白话文运动主张抒写真情实感，强调自我个性的解放、心灵的解放，一改过去“代圣人立言”“文以载道”等非主体性的写作学习的指导思想。从此，追求个性张扬、追求写作主体的创造性精神成为20世纪乃至以后我国写作学习的

---

① 1916年10月，在美国留学的胡适给陈独秀写信，首先提出“文学革命”的概念和改革旧文学的“八事”主张，即：一曰，不用典。二曰，不用陈套语。三曰，不讲对仗（文当废骈，诗当废律）。四曰，不避俗字俗语（不嫌以白话作诗词）。五曰，须讲求文法之结构。此形式之革命也。六曰，不作无病之呻吟。七曰，不模仿古人，语语须有个我在。八曰，须言之有物。此精神之革命也。见胡适《寄陈独秀》，《中国新文学大系·建设理论集》，第32页，上海良友图书印刷公司，1935年版。次年1月，胡适在《新青年》上发表《文学改良刍议》一文，将之改为：须言之有物，不模仿古人，须讲求文法，不作无病之呻吟，务去滥调套语，不用典，不讲对仗，不避俗语俗字。1917年2月陈独秀在《新青年》上发表的《文学革命论》一文中，明确提出“三大主义”，作为反封建文学的响亮口号：推倒雕琢的阿谀的贵族文学，建设平易的抒情的国民文学；推倒陈腐的铺张的古典文学，建设新鲜的立诚的写实文学；推倒迂晦的艰涩的山林文学，建设明了的通俗的社会文学。

指导思想和主要目的。应该说，面对因应试写作出现的假、大、空、套等现象，总结和继承这一传统尤为紧要。

（二）重视文法，追求科学化的文体训练体系

五四白话文运动，将我国古代写作所用的书面语（文言）变革为通俗化、大众化的“白话”。在科学精神的指引下，前贤们引进了西洋的“文法”、修辞学、文体学等与写作有关的学科理论知识来建构白话文写作规范，形成了以静态的文章构成知识和理论为核心的写作理论，即所谓的八大块：主题、题材、结构、表达、语言、文风、修改、文体；建立了以“文体论”为中心的现代白话文写作教育与学习的理论体系。从20世纪20年代开始，“发展语体文的技术”，“作文演说没有文法上的错误”，学写记叙文、描写文、议论文、说明文等，一直是语文教育界的写作学习的基本目的和要求；不断地探索文体规范、文体知识的学习和文体技能训练的科学序列，是20世纪许多语文教育家努力追求的目标。相对于古代经验化的写作学习的指导思想，文法、文体、修辞这些内容，是科学的理论和知识，它使写作学习告别了在“黑暗的胡同里自己摸索”的状况，开始走上了科学化训练的道路。

以这些理论作为写作学习的指导思想，体现了现代写作的科学化追求。但是，注重文体写作模式，把写作学习局限于文体训练的范围内，通过写作知识的学习和训练的转化来达到写作学习的目标，是以牺牲写作基本能力尤其是写作创造性的创新思维能力为代价的。它必然滋长以模仿为主的写作学习方式，会使写作学习产生模式化、僵化的负面影响，会导致对一味的模式模仿的厌倦，导致写作学习动力的缺乏；加上忽视阅读对写作学习的潜移默化的影响作用，淡化了对写作主体的人格、心灵的培养，最终导致写作中出现“无话可说”的失语状况。因此，这也是20世纪写作学习留给我们的一大教训。

（三）注重阅读，强调通过阅读来带动或促进写作

在写作学习史上，对于阅读与写作的关系的认识和处理一直是写作教育界所探讨的一个课题。潘新和教授把我国21世纪之前有关读写观及其相应语文教学形态的发展梳理为三个时期：先秦时期强调“修身”，在读写关系处理上所形成的教学规范是“以读（悟）代写”；汉代至清代，在为科举功名的思想指导下，考什么就练什么读什么，读是写的准备和基础，写才是最终的目的，教学是以写为中心，产生的是“为写择读”的基本教学形态；进入20世纪，科举被废除，在“为实用”“为生活”的目的指引下，强调阅读，形成了“以读带写”“以读导

写”“以读促写”的语文教学规范。①

如果说传统的读写结合比较侧重阅读之于写作主体人格的涵养、文化的积淀、心灵的感悟的话，那么20世纪开始，读写结合则侧重于讲读和语文知识对于写作的示范、指导作用。《奏定中学堂章程》指出：“文法备于古人之文，故求文法者必自讲读始。”② 1940年《修正高级中学国文课程标准》提出：“教授作文方法，应时有变化，但以与精读文、略读文及文章法则联络为主要原则。”1948年《修订高级中学国文课程标准》强调：“精读与作文练习，应注意密切配合，务使每一精读教材之教学结果，即可应用于作文练习，或由每次作文练习，引入精读教材教学。”1963年的《中学语文教学大纲》强调：“学生的读写能力不能凭空养成，要以讲读教学为中心，进行种种严格的训练。”要求“讲读教学必须同学生的写作实践密切联系”，“要求教师结合讲读教学，认真批改作业，进行讲评，逐渐提高学生的写作能力。”1978年《中学语文教学大纲》对阅读和写作的关系有了更为明确的说明：“阅读和写作是密切相关的。读是写的基础，不重视培养读的能力，想很快就学会写，是不对的。写作能力的提高要经过反复的艰苦的训练，不重视写作训练也是不对的。写作实践又可以促进阅读能力的提高，如果把阅读训练和写作训练适当结合起来，联系学过的课文，弄清楚写作的一些基本原则和要求，这样对学生会更有启发。”③ 可见，20世纪学校的语文教学基本上是以阅读为本位，写作依附于阅读。形成这种状况的原因是多方面的，但其中有一重要的原因是“五四”以来语文教育界的一些权威的学者大力倡导。如朱自清在《诵读教学》一文中提出：“该让他们多多用心诵读各家各派的文字，获得那统一的文字或语脉（文脉）……因为朗诵对于说话和作文也有帮助。”④ 吕叔湘说：“看别人的文章就能悟出作文之道。如何开头，如何结尾，前后照应，口气软硬，何处要整齐，何处要变化，全都可以从别人的文章里学来。”⑤ 特别是叶圣陶先生，他一贯强调的是阅读对写作的重要性，在20世纪40年代发表的《国文教学

---

① 参见潘新和《新课程语文教学论》，第10—17页，人民教育出版社，2005年版。

② 璩鑫圭、唐良炎：《中国近代教育史资料汇编·学制演变》，第320页，上海教育出版社，1991年版。

③ 上文所引1940年以来的资料，均来自课程教材研究所《20世纪中国中小学课程标准·教学大纲汇编：语文卷》，人民教育出版社，2001年版。

④ 朱自清：《朱自清全集》第三卷，第179—180页，江苏教育出版社，1988年版。

⑤ 吕叔湘：《语文近著》，第212页，上海教育出版社，1987年版。

的两个基本观念》一文中，就认定阅读是写作的“根”：“阅读是吸收，写作是倾吐，倾吐能否合于法度，显然与吸收有密切的关系。单说写作程度如何是没有根的，要有根，就得追问那比较难捉摸的阅读程度。”① 到了20世纪60年代，他进一步阐明了“阅读是写作的基础”的观点：“实际上写作基于阅读。教师教得好，学生读得好，才写得好。”② 应该承认，阅读与写作存在着相关性，但二者的目的、规律和智能上的要求都有着根本的差别，对于两者关系的实质及其心理机制，在某些方面至今也还存在较大的争论。我国20世纪以阅读为本位，“以读带（促）写”的规范是建立在经验研究和阅读重于、优于写作的假设上的，存在严重的不足之处。实际上，读写结合、“以读带（促）写”，一般是以文章写法为两者的结合点，借助过渡、嫁接、迁移，实现写作学习的目的。读写同步，学用结合，但结果是“读”不到位，“写”没提高，弄得两败俱伤。这也是我们必须引以为鉴的。

此外，由于白话文写作是以日常生活中的口头语为写作手段的，主张“文话同一”。因此，现代写作学习认为说好就能写好，应该将说话与写作学习联系起来，强调怎么说就怎么写。其实，这与“读好就能写好”的“阅读决定论”一样，对于两种言语行为的本质及其矛盾规律缺乏科学的认识，导致写作意识和写作思维特征的淡化，导致写作学习者文章的直白化、表面化等，这也应该引起我们的重视。

## 第三节　21世纪写作学习的发展趋势

进入21世纪，随着计算机的日益普及和信息技术的不断发展，在信息技术和全球经济一体化的推动下，人类社会在政治、经济、文化、科技等方面表现出了一系列新的发展趋势。我们的社会已然是一个围绕“信息”“知识”建立起来的社会，社会的物质生产、经济活动以及日常生活与信息、知识有着千丝万缕的联系。可以说，当我们进入“信息社会”的时候，我们也就进入了“知识经济”的

---

① 叶圣陶：《叶圣陶教育文集》第2卷，第54页，人民教育出版社，1994年版。

② 同上，第3卷，第279页。

时代。

在知识经济时代，变革社会的力量是知识信息。扩大知识，大量生产知识和提高人们的智能，将是生产力提高的关键。知识、信息成了知识经济时代人们最为关注的东西。写作活动是一种信息加工和传播的行为，因此，“信息社会”“知识经济时代”也是一个“写作的时代”①。

## 一、信息社会对写作学习的要求

随着“写作的时代”的到来，写作和写作学习必然会发生深刻变化。正是这个原因，20 世纪 90 年代以来，国外不少学者从写作与社会政治发展的关系以及公民培养的角度，强调写作的重要性，认为写作是 21 世纪公民必须具备的一项技能。

公民的最起码素质在于正确认识自己与社会，有能力参与社会生活实践。听说读写能力在现代社会人的生存中具有重要意义，是现代社会公民应具备的基本素质。许多未来学家认为，新的经济要求掌握符号形象抽象的技巧，要求有合乎逻辑地说明问题和表达的能力，以及其他方面的能力。适应信息社会和知识经济时代生存的本领就在于人们具有的实用读写能力。而广义的读写能力，还是指一个人能对他所处的社会几乎了如指掌的程度。“读写技能”被认为是由工业社会向信息社会过渡的五件最重要的事情之一。美国的一位教育家说过，能读会写的全体选民，不仅是社会的福利，而且对于它的生存，都是绝对不可能分离的。20 世纪 90 年代中期，美国的一个州所制定的语文课程标准指出：“能读能写，在这个意义上，当然远远不是把印刷的字母翻译成口头语词的能力，它指观察能力的扩大，它指聪慧理解的基础，以及成为各种制度精髓的集体思想和判断的基础。这些需要，对于有效的民主制度是非常根本的。”②法国的语文教学大纲也指出：“初中法语教学的宗旨在使每个学生形成他的个性，成为一个有觉悟的、独立的、负责的公民”，“法语教学的目标是让学生掌握话语的基本形式，具体表现为以下两点：使学生能够用书面语和口语进行理解并清楚表达；给学生提供法国文化的基本要素。”③ 日本的语文课程标准虽没有直接提到写作与公民素质的关系，但在

---

① 参见马正平《中学写作教学新思维》，第 17 页，中国人民大学出版社，2003 年版。

② 转引自倪文锦、欧阳汝颖《语文教育展望》，第 310 页，华东师范大学出版社，2002 年版。

③ 同上。

日本影响深远的“日常生活作文”运动把培养作文能力与学生的主体性人格的塑造结合起来，强调写作的社会功能，引导学生积极参与社会生活，提高发现自我、应对生活的能力。①

总之，在信息社会和知识经济时代，写作不仅仅是一种创造和加工信息的手段、行为，而且是一种物质生产的手段、行为。所以，人们认为，在信息社会中，大量的劳动力从事处理和生产各种不同形式的信息，因此利用计算机阅读、写作的能力和接触网络设备的能力，比传统的阅读和写作更为重要。

基于这种认识，发达国家目前比较一致的做法是，关注时代精神，注重写作与社会普遍关注的问题相结合，注重写作与社会实践相结合，注重写作学习与其他学科的横向联系，引导学习者在调查和研讨的基础上，就自我成长问题、家庭问题、经济问题、环境保护问题、战争问题等写出调查报告、论文或讲演稿等。立足时代，适应现实需要，培养学习者在现时和未来的工作生活中用得上的写作能力，提高公民的写作素质。

## 二、国外写作学习的发展趋势

从20世纪80年代开始，世界许多国家相继进行了面向21世纪的基础教育课程改革，发达国家如美国、日本、法国、加拿大等在课程改革中都十分重视普通教育中的写作教育，对写作教育和写作学习提出了许多新的目标和要求，通过这些要求，我们可以发现国外写作学习的发展趋势。

### （一）强调写作表现自我和与人沟通的功能

许多国家认为，写作是以语言文字表达自己的思想，与他人沟通，发现问题然后解决问题，从而创造新意思的语言使用行为。作为公民的基本素质之一，写作既是与他人交际的方式，也是个人学习和修养的方式，写作具有表现自我的作用和与人沟通的功能，它需要个体的主动参与。基于这种认识，不少国家强调写作是思想者和学习者双重参与的过程，写作学习不仅是一种有目标的学习行动，同时也是学习者运用自己的思想进行独立创造的行为。许多国家甚至提出，在写作学习中应该培养独立批评的思想，在条理清晰、表达正确、拼写和文法准确的基础上形成并建立自己独特的写作风格。针对写作表现自我和与人沟通这两种重

① 参见同上。

要功能，西方发达国家把学校写作的范围和类型笼统地分成两类：

第一类是“为自己写作”的文章，即表达自己所做、所见、所闻、所思、所感的文章，包括日记、书信、感想文和“生活文”等。这类文章以学习者自己的生活为基础，要求写出真情实感，以培植学生的个性和创造思考。这类写作十分强调写作的价值，强调写作对于学习者自己的作用，把写作作为改进自己生活的重要手段和途径。美国语文课程标准指出：“作为一种记忆、交流、组织和发展自己思想和信息的工具，写作还是一种享受。学生应学习独立地就自己感兴趣的和一些重要的题目进行写作。”法国的语文课程标准把写作能力看作“享受有人情味的和有创造性的生活时必备的能力”。① “为自己写作”表现出的是发达国家在教育民主化思潮的影响下，对写作之于个体的精神生活的充实、改进，表现出的新认识和新观念，体现出了这些国家教育注重发挥个体人格的观念。

第二类是“为不同读者写作”的文章，包括记录、通讯、报告、评论等。这类文章以沟通思想为目的，要求写得明晰、简洁，起到达意的作用。这类写作强调培养与社会相适应的功能和价值，要求提供机会指导学习者针对特别读者群、广泛未知的读者群等进行写作训练，它不局限于语文科。如澳大利亚中学语文教学大纲提出：要让学生有信心地使用写作经验，认识到写作是一种方法，它可以阐述、发展、澄清、评估一种想法，可以交流思想、感情、经验，可以通过个人想象和经验来写外部世界，可以认识个人和社会。美国写作教学目标提出了跨学科的写作活动要求，希望通过写作活动加深对其他学科概念的认识，拓宽文化知识面，将写作过程、写作策略和学习技能运用于其他学科的学习。法国在语文训练中提出在交际行为中运作语言实践。韩国写作教学目标提出要写传达信息的文章，写交际的文章，写说服的文章，写表达情绪的文章，写在信息化社会中要写的文章。② 在这里，所谓为不同读者写作实际上已经扩展到社会生活的诸多方面，写作成为丰富个人阅历、思想及融入社会的重要手段。

（二）重视学习者写作思维能力和探究意识的培养

传统的写作理论主张写作的过程就是先计划、组织，把思想联系起来，然后再用文字表达出来，最后对文章进行斟酌和删节的直线式过程。新的写作理论研究成果认为，这种直线式的模式是不精确的，因为这只是作品形成的过程，并不

① 转引自同上，第313页。

② 参见同上，第314页。

是人们写作思维的内在过程。实际上这种所谓新的写作理论，讲的是即兴式写作中的文章自组织、自生长的写作思维的真实情景。而这种即兴式的写作是一种十分成熟的写作，对于写作学习来说，不一定具有普遍性。这是一种更困难的写作，对于初学者来说，如果不进行严格系统的思维训练，是不大现实的。

赞可夫认为，为了让学生真正地写好，就必须发展学生的认识能力，既包括观察能力，又包括思维能力、想象能力、创造能力。他认为，决定一篇文章质量好坏的首要问题是作者的思想感情。① 因此，写作的问题，首要解决的是“言之有情”“言之有物”“言之有理”的问题，而这一切，都来源于观察和思维能力的培养。在这里，观察和思维是一种连续性的活动。观察不仅仅是感知，而且紧接着就是对感知对象、现象的思考、分析——这便是思维活动，这样的观察训练不仅训练了文章材料的获得，而且也训练了文章话语、内部语言的生成，这就是思维的训练。赞可夫这一观点，开了写作思维训练的先河，为现代化的写作训练体系建设起到了奠基性的作用。这是因为，观察、思维能力既是写作主体的思维素质，也是写作能力的深层结构。重视学习者写作思维能力和探究意识的培养，是目前国外写作教学的重要趋势。

20 世纪 80 年代以来，西方的写作学习从过去的重视修辞训练，转向了写作思维、联想想象的训练。20 世纪 80 年代中期美国“全国英语教师理事会”通过的《美国英语教学的要点》就要求写作学习“学习写作构思，将头脑里的思想加以选择和组织，寻求表达思想的方式，会评价和修改自己写过的东西”；“学习吸引和说服他人的写作技巧”；“培养他们自己的创造力和富有想象的表达”。日本教育界认为构成语文素养之核心的要素，就是“思维语言”。语言生成的原理、奥秘——语言的生成的核心，是“思维语言”的生成，即“内部语言”（乔姆斯基的转换生成理论以及维果茨基的语言生成理论都是如此）的生成。要培养语言生成的能力，必须首先培养说话、写作思维、一般思维能力，没有这个能力的培养，无论怎样也不能尽快培养高水平的语言生成能力。②

为了提高学习者认识社会、参与社会的意识和能力以及其现代科技与文化素养，培养学习者的良好思维品质，激发学习者的创造性潜能和科学探究意识，欧美等国对写作学习实践的具体方式方法进行了许多有益的探索，如“头脑风暴”

① 参见马正平《中学写作教学新思维》，第 39 页，中国人民大学出版社，2003 年版。

② 参见同上，第 24—32 页。

法、“自由式写作”、小组合作写作、研究性论文写作等都是探索的成果。

（三）重视读者意识的培养

读者意识是一种较高层次的写作能力。它指的是，在具体时空背景下，具体读者对象制约下的写作总是不自由的，必须注意到读者的存在，并根据这个现实，进行文章主题、材料、内容甚至语气、措辞的选择。这是因为，写作与口语交际一样，也是一种对话行为。任何文章的主题、材料、内容和话语口气，不仅受作者的影响，也必然受读者存在的影响。高明的作者就是处处想到读者的存在，从而决定自己的写作选择何种语言表达和修辞行为。所以，读者意识是一种成熟的高级的写作能力。欧美发达国家的写作学习就十分重视在写作中正确处理主客关系，如美国的《美国英语教学的要点》要求“学习对不同读者采取相应的表达方式”。德国的当代写作教学的目标和要求规定“懂得文章写作者所处的地位，这种地位要求客观事物本身和读者承担责任”，“能根据自己的听众和读者有针对性地写文章”，“能估计自己所写的文章对读者和听众所起的作用，能够修改和解释自己的文章”。日本的国语教育在表达（说写）教育方面，强调必须确立起“对谁”“抱什么目的”“在什么场合”“如何”说（听）、自己的话语是“如何传递”的意识。从中我们不难看出他们对写作学习者读者意识的重视。德国写作教学十分强调弄清每一篇文章的读者和对象，从而决定写作的内容和语言，使文章写得得体，从而实现文章的写作功能。①

（四）注重写作心理动力的培养

所谓心理动力，是一种在一定情境条件下引起并推动人们活动（内部、外部）的“原动力”“冲动力”“内驱力”。写作的心理动力，也就是写作的积极性、主动性、迫切性，它是变“要我写”为“我要写”的关键。写作心理动力包括两个方面，一是写作兴趣、热情，二是写作的成功感、成就感。二者互为因果，相互促进。

为了激发和培养学习者写作心理动力，国外写作教学界强调写作对于个人的意义。如美国的《美国英语教学的要点》指出“写作既是与他人交际的方式，也是个人学习和修养的方式”②，强调写作要表达真情实感，强调写作的实战性、功利性、意图性，即把写作当成信息交际活动中的一种手段，是为人们的生活、学习、工作服务的，强调写作是为了达到自己的目的，实现文章的功能。在具体方

① 参见同上，第24—43页。

② 参见同上，第24页。

式上，国外写作学习和训练提倡多种多样的取材方法，例如观察活动法、调查活动法、讨论活动法（包括本体讨论、联想讨论、取材讨论）、探索活动法、综合活动法等。比较重视通过“互动”来增强学习者的写作兴趣。即通过学习者对某种“活动”的参与来激发其写作潜能，通过“情景化”“题型化”的写作训练设计，让学习者进入具体的情景中去，借以挑起学习者的情感之弦、思考之弦，使之产生写作的兴趣和主动性、积极性。还有就是通过学习者对“文章”的互动性评改来增强其写作兴趣。例如日本就十分注重“成功”教育。学习者的习作通过小组发表（传阅）、全班发表（编作文集、传阅）、全校发表（成书、宣读），一步一步让学习者体验写作成功的感觉，在体验自我实现的基础上爱上写作，培养强烈的写作动力，让学生主动地、自觉地去积累材料，发现中心，学习技巧，进行练笔，从而极大地提高学习者的写作素质和写作能力。

（五）强调写作学习者主动评价自己的文章

对于写作学习的评价，美、英、日等国的看法比较一致，即尽量少作定性评价，而把评价看作改进学习、促使写作技能掌握的过程。有学者认为，如果把反馈和评价当作最后的结果来对待，教师（指导者）就容易轻率地放弃了一个使学生（学习者）对其习作进行修改和提高的机会，并且会剥夺学生形成自己独立标准的权利，造成学习者依赖教师的恶果。为此教育专家提倡，作为一个特殊的读者，教师主要职责不是对学习者的习作过多地评头论足，而是要根据学习者的实际和需要作出明确的反馈，刺激学习者对文章提出修改策略。美国的写作教学界提出了这样的观点：“允许儿童自然地发展自己的语言，不强加人为的评分标准，不武断地限制题材，鼓励他们扩大自己的语言范围。语法和拼写是隶属于语言和文字而发展起来的，在儿童体会到这些关系之前教这些技能，将扼杀他们的语言兴趣。写自己的东西，读同伴的作品，这些儿童就有较大的可能把所有的文学作品看成一种创造性的处理经验的结果，而不管这些经验可能是什么。”① 在这种思想的影响下，早期写作、自由命题写作、随笔（日记、随感等）写作、互评反馈，成为美国当代新潮写作学习的一种潮流。

一些国家的学校写作教学，为了提高反馈和评价的有效性，通常的做法是建立若干写作反馈小组，让班上同学分担起教师对习作的反馈任务。如日本就十分

① 转引自同上，第 25 页。

强调小组讨论、集思广益。让学习者互相启发、激发，互相学习，获得写作这篇作文的整体全面的知识、材料、技能，从而学会写作。因为当写作者向同学朗读自己的文章时，他其实获得了一批最真实的读者，会很注意对方的反应；而来自同学的最真实反馈，将是促使写作者修改文章的最好指导。而反馈评价者在听别人文章，就文章内容、结构等问题说出真实感受时，也会逐渐懂得一篇好文章应该有的标准。这样，教师就不必事必躬亲，他可以集中时间和精力去研究那些有代表性的学生习作，作出更加完善的反馈、评价和示范，并对各个小组给予指导和控制，向他们提出问题，解决争论，进行个别交谈，在学生最终完稿前自由地介入。这种评价方式不是把学生的作文作为结果评价的对象，而是当作提高写作能力的认知对象，充分发挥了学生的主体作用，评价不是对学习结果的最终鉴定，而是对学习过程的不断监控，对学习兴趣的不断激发。这样的评价方式对于学习者写作能力的发展以及自我意识和合作意识的提高，无疑具有重要的促进作用。

（六）重视信息技术与写作的联系

随着计算机的日益普及和网络技术的迅猛发展，互联网和多媒体技术成为拓展人类能力的重要工具，人的生存方式、工作方式和学习方式因此发生巨大的改变，写作成为这个时代人们生存所必须具备的基本技能。

为了适应科学技术高速发展和经济全球化的挑战，发达国家已开始注重培养未来公民这些新的能力。与信息技术结合的写作实践是培养这些能力的主要手段，在对写作材料的收集、整理、处理过程中，在新信息（观点）的创新、信息结构组织、表达过程中，在对文章的传播过程中，一个人的信息素养、具有现代化特征的写作素养得以提高。而信息活动本身在很大程度上强化、拓展了写作活动和写作学习活动的空间，使信息技术的写作与写作学习活动成为写作活动的一种新形态，使当代写作学习具有强烈的时代特点。

20 世纪 70 年代，西方发达国家就着手进行“计算机和写作”的专门研究，并体现在相关的课程教学大纲中。英国语文课程大纲中要求第一阶段（1—2 年级）的学生就要运用电脑写作，“给学生提供机会谋划并修改自己的文章，在纸上或屏幕上组织和发展自己的思想。”美国加利福尼亚州语文课程标准，在写作中要求五年级学生“使用电子媒体及其组织特点（如口令、进入和下拉式菜单、词语搜索、同义词典、拼写检查）来创建简单的文件”，要求八年级学生“通过使用计算机网络与调制解调器来计划与执行多步学习搜索”。德国语文课程标准中，电脑写作被当作写作的一种目标和任务提出，而非电脑的操作或文字处理。如德国在十年级写作要求中，提出了学生使用计算机，以完成较高难度的学习任务，此外还有每周1—2课时辅助电脑写作课和不计时数的课外电脑写作任务。[①]可以说，西方在不放弃学生纸笔写作方式的同时，重视信息技术与写作的联系，倡导学生运用电脑和互联网写作，以便能较好地培养学生的信息素养和网络环境下的阅读、写作能力，适应了高速发展的信息时代的要求。

## 三、语文课程标准所体现的写作学习新方向

在我国语文教育界，有关面向21世纪的写作教学趋势的探索研究和实践改革始于20世纪80年代。但由于长久占统治地位的、流传甚广的、在人们心目中根深蒂固的庸俗政治学、僵化社会学、泛伦理学的桎梏，指导语文教学的《语文教学大纲》在写作的观念和具体的目标要求方面一直没有及时汲取最新的研究成果；加上应试的倾向、语文教材、教师等方面的原因，这些积极的探索没有得到应有的关注，未能产生广泛的影响。进入21世纪后，我国开展了轰轰烈烈的基础教育课程改革，2011年版语文课程标准与历次语文教学大纲相比，突破了旧的观念，提出了适应时代要求的语文教育新理念，指示了写作学习的新方向，显示出了鲜明的世界眼光和时代精神。

### （一）强调写作学习者的主体意识和读者意识

写作，是在具体的时空背景下写作主体和读者对象进行的语言交际行为，是与时空背景和具体的读者对象的“对话”行为、书面的“会话”行为。写作者的写作必须有强烈的主体意识和对读者对象的鲜明、清晰的认识。

课程标准认为，“写作是运用语言文字进行表达和交流的重要方式，是认识世界、认识自我、进行创造性表述的过程”；提出要“力求表达自己对自然、社会、人生的感受、体验和思考”，“对自然、社会和人生有自己的感受和思考”，将写作学习者的视野导引到更广阔的社会、自然、人类的领域，用独特的眼光去审视，去思考，去表现；要“写自己想说的话”，要表达自己的独特感受和真切体验，以负责的态度表达自己的看法，激发表达真情实感的热忱，培植科学理性精神，做真人，说真话，要让他们在精神上做自由的人，做实实在在的“真人”；

① 参见范金豹《中外作文教学目标取向的比较》，载《中学语文教与学·初中读本》，2005年第7期。

同时要求“写作时考虑不同的目的和对象”，“考虑不同的目的要求”。这里的“目的”就是一种需要，就是写作者的意图，就是一种要向别人传递的信息——一种在具体时空背景下的对话行为、交际行为。这里的“对象”就是阅读文章的人，就是受动者，就是“读者意识”和“读者需求”的核心。一句话，就是要求写作者根据社会的需要、自己的需要和他人的需要来认识写作。在具体学习过程中，强调交流，要愿意将自己的习作读给人听，“与他人分享习作的快乐”。并且要逐渐懂得“写作是为了自我表达和与人交流”。与人交流是人的精神需要，把自己的习作读给人听，通过这种交流，才能体现自己的价值、自己习作的价值，并从中享受到写作的快乐。这里，我国第一次引进了当代写作学中关于“读者意识”的写作理论，将培养写作学习者的主体意识、读者意识、对象意识纳入写作学习、教学和训练的视野。

（二）强调写作与社会生活需求的结合

自古以来，我国应试写作强调“文以载道”“代圣人立言”，写作的内容被局限在狭小的政治、伦理的功利价值圈内，极大地限制了写作主体的发挥和表现。加上不良学风、文风的影响，写作说假话、空话、套话成风。这不仅仅是一个写作的问题，而实质上是写作双重人格的反映。针对写作中普遍存在的“假大空”问题，语文课程标准要求写作应加强自我和生活的联系，突出强调了写作的“源头活水”，即以学生写作为主体，以关注生活为主导，以真情实感为内容，同时强化了对写作素材的积累。提出写作“应贴近实际，关注现实，热爱生活，表达真情实感”，要求“说真话、实话、心里话，不说假话、空话、套话”，“养成留心观察周围事物的习惯”，“发现生活的丰富多彩”，“珍视个人的独特感受”，根据日常生活需要，“表达力求有创意”；要求“学会多角度地观察生活，丰富生活经历和情感体验”，“在生活和学习中多方面地积累素材，多想多写，做到有感而发”，“表达真情实感”，“书面表达要观点明确，内容充实，感情真实健康”。“关注生活”实质就是告诉我们：文章必须从生活中产生出来，把真实生活里所没有经历过的事勉强记到笔底下来，那是无病呻吟，注定是要失败的。

（三）淡化文体要求，强调写作过程与表达方式

自从白话文写作兴起以来，我国中小学生写作教学一直推行的是西方的“文体中心论”基本框架。语文课程标准虽然要求“写记叙文，表达意图明确，内容充实具体；写简单的说明文，做到明白清楚；写简单的议论文，做到观点明确，有理有据；根据生活需要，写日常应用文”，但是，去掉了旧大纲中关于记叙、

说明、议论三类文体的写作知识的要求。主张的是一种淡化文体意识、强调写作基本能力、注重写作过程与表达方式的写作学习思想。语文课程标准很少提写作知识方面的要求，而是把注意力放在写作实践上。主张多写、多改，在实践中提高写作能力，因而在各学段提出了写作次数、字数的量化要求；同时就写作实践本身，提出一系列能力要求。强调“独立写作”能力的培养，要求“根据表达需要，围绕表达中心，选择恰当的表达方式”，指出“注重写作过程中搜集素材、构思立意、列纲起草、修改加工等环节”，强调“进一步提高记叙、说明、描写、议论、抒情等基本表达能力，并努力学习综合运用多种表达方式。能调动自己的语言积累，推敲、锤炼语言，表达力求准确、鲜明、生动”。淡化了过去十分强调的文体规范，对一般的写作过程能力和文体写作能力进行了整合，形成了既重视写作素养、又具有文体写作能力的新的写作学习观。这是对20世纪的“文体中心论”的写作教学观的一次冲击和革命。

（四）注重写作兴趣、良好写作习惯的培养

在强调写作过程的同时，语文课程标准非常注重情感态度方面的因素，强调写作的兴趣和自信心的培养，提倡多写观察日记、生活笔记、书信和随感，激发练笔的兴趣。注重良好写作习惯的养成。对书写、行款、标点，对文章的修改，都有一些常规要求。强调应该遵照要求不间断地进行练习，直至形成牢固的行为习惯。指出要有“兴趣”，“乐于书面表达，增强习作的自信心”，“懂得写作是为了自我表达和与人交流”，“与他们分享习作的快乐”，“能与他人交流写作心得，互相评改作文，以分享感受，沟通见解”，“能独立修改自己的文章，多写多改，养成切磋交流的习惯，乐于相互展示和评价写作成果。”让学习者在写作的合作与交流中产生成就感，愿意写作，热爱写作，变“要我写”为“我要写”，进而培养写作能力，养成良好的写作习惯。

（五）强调写作创新思维的培养

写作是以书面形式表情达意的言语活动，写作是一种言语技能，这种技能主要是通过内部言语来操作的，具有高度的综合性和创造性。写作能力是语文素养的综合体现。但是由于应试教育的影响，学生的写作大都已变成了与个性、心灵毫不相干的东西，至于创意根本谈不上。为了得高分，文章充塞着伪圣化的情感、功利化的思想和成人化的语言，唯独丧失了自己。同时文章模式化严重，连说假话也是异口同声，千人一腔。显然，这是缺少想象力，特别是缺少创造力所致。

不造假，是写作的起码要求；写出个性，有创意，才是写作的关键所在。对这一点，在国际上也已达成共识。1996 年，联合国教科文组织二十一世纪教育委员会的报告《教育——财富蕴藏其中》指出：“教育的任务是毫无例外地使所有人的创造才能、创造潜能都能结出丰硕的果实，这一目标比其他所有的目标都重要。”

语文课程标准对于“写作能力”内涵的界定首先是放在“人”的培养和发展这个层面上来定位的。“写作能力”是“人”未来学习、生活和工作的必需，是人的素养的重要组成部分。学习写作的目的就是要提高写作能力，促进人的发展。

语文课程标准特别提出了“在发展语言能力的同时，发展思维能力”，在写作学习中，思维和语言的训练是最直接的训练。内部语言向外部语言转换，主要依赖思维活动。语言的背后是思维，想好才能写好，思维畅达，言语活动才能有序地进行。而且，创新也在于思维，因为写作的本质是创造，写作思维本质就是一种创新思维。语文课程标准强调写作过程能力（包括感受能力、立意能力、选材能力、结构能力、行文表达能力、修改能力等），将写作的思维训练落实在写作过程中，将一般的思维技术能力恰当地与具体的写作过程相结合来实现写作学习的目的，同时，尤其重视创新思维。它认为写作是认识世界、认识自我并进行创造性表述的过程，强调观察能力、想象力和表达能力的培养，重视发展学生的思维能力，发展创造性思维。鼓励学生自由地表达，有个性地表达，有创意地表达，尽量减少对写作的束缚。提出“写自己想说的话”，“能不拘形式地写下自己的见闻、感受和想象”，“多角度观察生活，发现生活的丰富多彩，能抓住事物的特征，有自己的感受和认识，表达力求有创意”，要求“为学生的自主写作提供有利条件和广阔空间，减少对学生写作的束缚，鼓励自由表达和有创意的表达”，“鼓励写想象中的事物，加强平时练笔指导，改进作文命题方式，提倡学生自主命题”，“根据个人特长和兴趣自主写作，力求有个性、有创意地表达”，“通过表达实践发展形象思维和逻辑思维、分析和综合等基本的思维能力，发展创造性思维。”想象是在头脑中改造旧表象、创造新形象的过程。想象能力是构成创新能力的重要因素。爱因斯坦就说过：“想象力比知识更重要。”因此课标还强调，要“运用联想和想象”，要“写想象中的事物”，要写“想象作文”。“自由地、有个性地、有创意地”等都强调写作是一种个体的创造行为，具有个性化的特征。需要指出的是，有创意不等于胡思乱想，其前提是生活本身的丰富，以及观察的多角度，要求学习者活化思维，最大限度地去发挥自己的主体个性，自己去认知，去感悟，去酝酿，去表达，用自己发自内心的冲动写作符合自己实际的文章。

### （六）开辟了写作学习的新领域——综合性学习、研究性学习、计算机写作

为了迎接信息时代、知识经济时代的挑战，语文课程标准突出了“综合性学习”“研究性学习”的理念，计算机写作作为写作的一种新形式，也进入了语文课程领域。

综合性学习主要体现为语文知识的综合运用、听说读写能力的整体发展、语文课程与其他课程的沟通、书本学习与实践活动的紧密结合；其实质和主要内容是通过实战性的写作活动的过程来进行学习，获得学习写作的动力，获取材料，掌握获得信息的方法和引用资料的方法，进行分析思维训练，完成文章写作，它要求综合运用自主、合作、探究的学习方式。语文课程标准列举了“综合性学习”的一些内容，如“能自主组织文学活动。在办刊、演出、讨论等活动过程中，体验合作与成功的喜悦”，“能提出学习和生活中感兴趣的问题，共同讨论，选出研究主题，制订简单的研究计划，从报刊、书籍或其他媒体中获取有关资料，讨论分析问题，独立或合作写出简单的研究报告”，“关心学校、本地区和国内外大事，就共同关注的热点问题，搜集资料，调查访问，相互讨论，能用文字、图表、图画、照片等展示学习成果”，“掌握查找资料、引用资料的基本方法，分清原始资料与间接资料的主要差别，学会注明所援引资料的出处”。可见，其本质是以写作为手段的学习方法。对“综合性学习”张扬，将写作作为学习来对待和运用，强化了写作学习的方法论意义。

电脑写作作为信息化时代的重要手段，自然得到新课程改革的关注。语文课程标准指出：“学会用现代化手段处理语言文字，如使用计算机进行编辑、版面设计，收发电子邮件，制作个人网页和多媒体电子演示文稿。”体现了21世纪写作学习的一个新趋向。

总之，语文课程标准在写作目标要求的背后，体现的是一种崭新的写作教学观念。应该说，这是素质教育、创新教育大潮中的必然产物，是20世纪80年代以来中国语文教育界长期探索的一个基本总结，体现了真正面向21世纪的写作教学思想观念。

# 第四章　写作学习的目标与内容

学习目标是学习者预期要达到的学习结果和标准。学习者如果没有学习目标，就如航海时没有灯塔，很容易迷失了方向。写作学习的目标，是写作学习的出发点和落脚点，是写作学习质量和效率的前提和保证，它对写作学习过程中的各种行为具有导向、启动、激励、凝聚、调控、制约等心理作用。

有了明确的学习目标，还必须明确自己应该学会什么内容。由于写作活动具有综合性特点，即写作活动与人的各方面的总体水平都有关系，比如与人的思想水平、认识方法、生活阅历及文化素养等，所以要提高写作能力，就必须注重综合发展。换言之，写作学习的内容由多方面的因素构成。

## 第一节　写作学习目标概述

在我国以往的教育教学论著中往往把“目标”和“目的”混为一谈。近年来，伴随着教育教学理论的发展，研究者意识到，这两个概念既有相同之处，也有一定区别：“目的”有“方向”“意图”之意，好比是经过长途跋涉才能到达的理想之地，是一种一般的概括性的描述，并带有一定的哲学意味；而“目标”则是目的的具体化，就像中转站，是一种具体的，具有一定的可操作性、确定性、具体性和可行性的描述。

我们知道，由于社会背景、个人生活经验、个性心理等方面的原因，每个人写作的目的可能并不相同。每个写作学习者也可能本身就有着不同的学习目的。但是，在具体的写作学习目标方面，绝大多数应该是共通的。

## 一、写作学习的总目标及其本质

基于我们对写作本质的认识，我们认为学习写作过程实质上也就是寻求一种借以认识自我、表现自我、实现自我和超越自我的手段或媒介的过程。当然，一旦学会了写作，它又不仅仅是一种手段或媒介，而且是人的思维本质、语言本质和社会本质的必然体现，是人的生命和精神，是一种追求、一种体现、一种生存方式。因此，我们说，写作学习的总目标是：改造、建构自己的思想和语言。

写作就是通过书面语言表达自己的思想。这里面有两个要素：语言和思想。对于一个成功的写作行为来说，这两点缺一不可。这里的思想是指包括伦理观念、道德修养、人生态度、审美追求等在内的价值观体系和个人的独特思维。学习写作，就是学习用个性化的语言来表现自己的思想情感。作文与“做人”的统一，是我国写作学习的一大传统。对写作学习者而言，注重对与写作学习相关的社会的、学校的、家庭的文化氛围、人际关系等进行感受、体验、思考，进而形成自己的价值观体系，不断提高自己的思想修养，是实现写作学习目标不可或缺的。学生作文中普遍存在的“假、大、空”的毛病，它不只是一个作文的问题，实质上是青少年缺乏主体意识、人格扭曲的体现，对其个性的健康发展是极其有害的。没有个人的主观感受就谈不上写作的个性化。一个没有自己思想或不会自己思想的人，是绝对写不出好文章来的。同样，一个没有自己语言或不会运用语言的人，也不可能写好文章。张志公先生说：“写作能力是一个综合性的能力。首先，要求对于所写的内容有正确的理解和看法；要有清楚的思路，从而能写得清楚、明确、有条理；要有足够的语言能力，包括掌握足够的字、词和写出通顺、流畅语句的能力。”①

从心理学角度看，书面语言同口头语言、内部语言有着质的区别。我们知道，口头语言往往是在同一情境中发生的，内部语言发生在人自己头脑之中，它们的语言结构相对比较简单，往往省略了一些不言而喻的结构成分。而书面语言不同，它是不同情境中的人们交际的工具，它需要语言结构的充分展开，因此，它最完备、最精确，可以更加充分地表达交际内容，并且是由不同的动机所引发的，也就具有更大的随意性和自觉性。

---

① 张定远：《作文教学论集·序言》，第3页，新蕾出版社，1982年版。

语言与思想是密不可分的。在中国传统文论里，一直认为语言是表现思想情感的工具，人们先有一种已经成熟的情感和思想，然后再用语言把它表现出来使其具有形式。思想情感和语言之间的关系呈现出被动与主动、内外和先后的关系。也就是说，人们先有内在的思想情感，然后再用外在的语言把它表现出来。实际上，写作的过程不仅仅是运用语言的过程，同时也是调理思想和安顿情感的过程。思想和语言，在写作过程中是同时酝酿成功的。语言和思维密切相关，"思想是不出声的语言，语言是出声的思想，思想和语言是合二而一的，因此，练习作实际上也就是练思想。"① 朱光潜在《诗论》中说："凡语言必伴有情感或思想"，"思想情感与语言是一个完整联贯的心理反应中的三个方面。""语言的实质就是情感思想的实质，语言的形式也就是情感思想的形式。"② 事实上，在实际的写作中，语言和思想是平行一致的，是同时进展并且互相连贯的，思想和语言并非先后内外的关系，也不是实质与形式的关系。"我们通常自以为在搜寻语言（调配语言的距离），其实同时还在努力使情感思想明显化和确定化（调配情感思想的距离）"，而不是"先调配情感思想的距离而后再调配语言的距离"。③ 语言不是表达思想感情的一般性的工具，而是和思想情感相互一致的共同体，语言本身就是思想情感，是本体。言不达意的作品，是语言与思想情趣产生了错位的结果。所以，思想愈发达，语言也愈丰富。

不断锤炼自己的思想和语言，建构起自己的思想和话语，是学习写作最为根本的目标。

我们说，学习目标是学习者预期达到的学习结果和标准。对于写作学习目标而言，写作学习结果就应该是写作学习目标的核心，写作学习结果的本质相应也就是写作学习目标的本质。

虽然，写作学习是一种复杂的学习现象，涉及方方面面诸多因素，但"改造、建构自己的思想和语言"，具有运用书面语言表达自己的思想情感的能力，能顺利进行写作，是每位写作学习者希望得到的学习结果。从这一学习结果的本质来看，实际上就是一种复杂的智慧技能。对此，著名语文教育家叶圣陶先生早就在有关论著中论述过这个问题，"阅读和写作的知识必须化为技能……必须在

① 叶圣陶：《叶圣陶语文教育论集》，第 448 页，教育科学出版社，1980 年版。

② 朱光潜：《诗论》，第 97—99 页，生活·读书·新知三联书店，1984 年版。

③ 同上，第 99 页。

不知不觉之间受用着它，才是真正的受用。”① 吕叔湘先生也说过：“使用语文是一种技能……任何技能都必须具备两个特点，一是正确，二是熟练。”“只有通过正确的模仿和反复的实践才能养成。”②

20 世纪 80 年代以来，伴随着认知心理学的发展，人们开始用认知心理学的理论和方法来研究写作。在现代认知心理学家看来，写作活动实际上是一种问题解决活动。写作能力的本质就是一种问题解决能力。③

认知心理学家安德森（Anderson）认为，问题解决活动具有三个基本特征：目的指向性（这种活动指向一定的目标，为了达到某个预定的目的）、子目标的分解（这种活动一般需要把最终目标分解成相互联系的子目标，然后分别加以解决，不是一步就可以完成的）和算子（operator）的选择（算子是指能够将问题的一种状态转换成另一种状态的某种行动。对问题进行解决需要选择恰当的算子，并有效地按照顺序运用这些算子。同时，他们把问题解决过程分为四个主要阶段：表征问题，确定解题计划，执行解题计划，监控与调节。研究写作的认知心理学家们所设计的写作过程模型充分体现了上述解决问题的特征。如弗劳尔（Flower）和海斯（Hayes）所建构的写作过程模型，通过包括三个环节的认知过程（确定计划、执行计划和评价计划的执行情况）来达到目的。这表明写作是一种目的导向的问题解决活动，而写作目的是分层次组织的。既然写作过程的本质是一种问题解决过程，那么，只有具备了一定的问题解决能力才能顺利展开写作活动，所以，顺利完成写作任务所必须具备的写作能力的本质就是一种问题解决能力。④

---

① 叶圣陶：《叶圣陶语文教育论集》，第 227 页，教育科学出版社，1980 年版。

② 吕叔湘：《吕叔湘论语文教学》，第 52—53 页，山东教育出版社，1987 年版。

③ 现代认知心理学把知识分为陈述性知识和程序性知识两大类型。20 世纪 70 年代中叶，美国著名心理学家加涅（R. M. Gagne）在他的很多著作中综合了其本人和其他一些认知心理学家的研究成果，将学生的学习结果区分为五大类，它们是：言语信息（verbal information）、智慧技能（intellectual skill）、认知策略（cognitive strategy）、动作技能（motor skill）、态度（attitude）。加涅所说的言语信息，实际上就是当时的认知心理学家所说的陈述性知识，而加涅所说的智慧技能、认知策略、动作技能就是当时的认知心理学家所说的程序性知识。解决问题是陈述性知识、程序性知识（智慧技能）、策略性知识的综合运用。

④ 参见何更生、严玮懿、宋颖文《现代心理学的写作能力观及其教学含义》，载《华东师范大学学报》教育科学版，2001 年第 4 期 。

## 二、写作学习目标的特征和作用

写作学习目标具有以下显著特征：

连续性和阶段性。因为写作学习具有渐进性，写作能力的提高需要有个长期反复训练的过程，所以写作学习目标要有连续性，各个不同阶段的各个不同的学习目标要形成层次、构成序列。同时，学习者写作水平的提高与学习者的知识积累、生活阅历、思想修养、道德情操、个性心理以及语言思维、智力水平、人格发展等因素有关，学习写作必须经历一个由拙而工的循序渐进的过程。人在成长的不同阶段，有不同阶段的心理年龄特点，在不同的学习阶段应有不同侧重点的写作学习目标，这使得写作学习目标具有了阶段性的特征。

明确写作学习目标的连续性和阶段性特征的意义在于：能够根据学习者的实际展开写作学习活动。在写作学习教学实践中，要明确各个不同阶段、不同时期的发展需要，根据学习者的知识和能力水平设置切实可行的学习目标，再以目标为导向引导学习者展开写作学习实践活动；同时，还要明确弄清各个阶段目标之间的区别和联系。因为写作学习目标的阶段性和连续性是相统一的，阶段性体现各个学习阶段目标的区别，连续性体现各个阶段目标之间的联系。明确学习目标的阶段性和连续性，为弄清各个阶段写作学习目标的联系和区别提供了条件。

整体性和个体性。写作是写作主体多种素养和多种智能综合活动的过程，写作活动、写作学习活动、写作能力都具有综合性的特点。综合性越强，目标的整体性要求越高。在研究者那里，通过对写作现象的科学分析，可以将写作能力、写作学习目标分解成若干构成要素、方面，但在实际的写作学习过程中，各种因素和具体的学习目标总是相互联系，构成一个整体，对学习者产生影响。一个人的写作能力从根本上说又是与他的基本素质和整体修养融为一体的。因此，要提高写作水平，就必须做多方面的综合努力，注意各种素养、各种能力的综合提高，追求自身素质的全面发展。写作是个体生命整体创造性的表现，写作学习同样是学习者个人的行为，学习者的人格修养、个性特点、社会阅历、才情禀赋、兴趣爱好、思维方式、审美观念和习惯等都是不同的，而且，每个人学习写作的起因和途径、获得各种修养的渠道也不尽相同，在不同的学习个体身上，其学习的得力点也不一样。因此，写作学习目标具有鲜明的个体性。

明确写作学习目标的整体性和个体性是达成学习目标的重要条件，其意义在于：第一，有利于正确认识和处理写作学习目标中各种因素的关系问题，使写作学习活动有序地展开，从而促进写作整体能力的逐步提高。第二，有利于学习者根据自身的实际确定具体的学习目标，展开学习，也有利于针对学习者的个别差异进行因材施教。从而使学习者能够得到充分发展，最终实现目标。

写作学习目标在写作学习活动中的作用具体表现为指导作用、激励作用和检测评价作用。

①指导作用：写作学习活动一般是一种由目标指导的活动。写作学习目标的确定可以使期望明晰，因而使写作学习任务明朗化，影响学习者的注意，使他们把精力集中到达成目标上来，引导写作学习朝着既定的方向前进，可以有效地减少写作学习中的盲目性和随意性，提高写作学习的质量和效率。同时，学习目标也决定着学习的具体步骤、方法和形式。明确的写作学习目标，可以帮助学习者及时修正学习方法和过程，有利于保证学习者对写作学习活动全过程的自觉控制。

②激励作用：写作学习目标可以激发学习者的学习动机。学习者了解预期的学习成果，他们才能明确成就的性质，进行目标清晰的成就活动，对自己的行为结果作成就归因，并最终取得认知、自我提高和获得赞许的喜悦，增强学习的成功感。因此，写作学习目标有利于激发学习者的认识内驱力、自我提高内驱力和附属内驱力，对学习者的前进起激励作用，对写作学习活动起推进作用。

③检测评价作用：在写作学习过程中，通常要对写作学习的效果进行检测和评价，以便不断改进学习，提高学习的质量和效率。测量评价有许多标准，但最可靠和最客观的标准是写作学习目标是否达到。可见，明确的写作学习目标，为写作学习的效果检测和评价提供科学依据，学习者可以此为标准，对学习结果进行测量和评价，从而获得反馈信息，及时对学习进行调控。

## 第二节　各阶段写作学习目标

写作学习目标的阶段性特征要求写作学习在学习者的不同年龄阶段应该具有不同的学习目标。对于不同阶段的学习者具体要学习哪些内容，训练哪些项目，先后次序该怎么样等诸如此类的问题，也就是写作学习目标的内容、各个阶段写作学习目标之间的关系、序列等一系列问题，研究者历来有不同的看法。由国家教育行政部门颁布的语文课程标准，它集中体现了国家的教育培养目标对中小学语文学科教育教学的基本要求。它所规定的“课程目标”，是按照国家的教育方针，根据学生的身心发展规律，通过完成规定的教育任务和学科内容，使学生达到的培养目标。其中写作目标部分，是从社会对写作的需求与人自身发展的角度，规定相应阶段人应该具备的在写作能力方面的具体规格和质量要求，具有权威性。可以这样认为，语文课程标准规定的具体阶段的“写作目标”，也就是具体阶段学习者的写作学习目标。

## 一、义务教育阶段写作学习的目标

国家教育部2011年颁布的《义务教育语文课程标准（2011年版）》，根据我国新世纪基础教育课程改革精神，对义务教育阶段的语文课程目标进行九年一贯整体设计。在“总目标”之下，按1—2年级、3—4年级、5—6年级、7—9年级这四个学段，分别提出“阶段目标”。就目标设计的结构框架来说，纵向是情感态度和价值观、过程和方法、知识和能力这三个维度，三个方面相互渗透，融为一体，注重语文素养的整体提高。各个年段相互联系，螺旋上升，最终全面达成总目标。横向则是在识字与写字、阅读、写作（1—2年级为“写话”，3—6年级为“习作”）、口语交际、综合性学习五个方面提出具体目标。注重语文课程与其他课程、与生活的联系，促进学生听说读写等语文能力的整体推进和协调发展。

课标规定的写作总目标是：

> 能具体明确、文从字顺地表述自己的意思。能根据日常生活需要，运用常见的表达方式写作。

阶段目标如下：

**第一学段（1—2年级）“写话”目标：**

> 1. 对写话有兴趣，写自己想说的话，写想象中的事物，写出自己对周围事物的认识和感想。
> 2. 在写话中乐于运用阅读和生活中学到的词语。
> 3. 根据表达的需要，学习使用逗号、句号、问号、感叹号。

**第二学段（3—4 年级）“习作”目标：**

1. 留心周围事物，乐于书面表达，增强习作的自信心。

2. 能不拘形式地写下见闻、感受和想象，注意表现自己觉得新奇有趣的、或印象最深、最受感动的内容。

3. 愿意将自己的习作读给人听，与他人分享习作的快乐。

4. 能用简短的书信便条进行书面交际。

5. 尝试在习作中运用自己平时积累的语言材料，特别是有新鲜感的词句。

6. 根据表达的需要，使用冒号、引号。

7. 学习修改习作中有明显错误的词句。

8. 课内习作每学年 16 次左右。

**第三学段（5—6 年级）“习作”目标：**

1. 懂得写作是为了自我表达和与人交流。

2. 养成留心观察周围事物的习惯，有意识地丰富自己的见闻，珍视个人的独特感受，积累习作素材。

3. 能写简单的纪实作文和想象作文，内容具体，感情真实。能根据习作内容表达的需要，分段表述。

4. 学写读书笔记和常见应用文。

5. 能根据表达需要，使用常用的标点符号。

6. 修改自己的习作，并主动与他人交换修改，做到语句通顺行款正确，书写规范、整洁。

7. 课内习作每学年 16 次左右。40 分钟能完成不少于 400 字的习作。

**第四学段（7—9 年级）“写作”目标：**

1. 写作时考虑不同的目的和对象。

2. 写作要感情真挚，力求表达自己的独特感受和真切体验。

3. 多角度地观察生活，发现生活的丰富多彩，捕捉事物的特征力求有创意地表达。

4. 根据表达的中心，选择恰当的表达方式。合理安排内容的先后和详略，条理清楚地表达自己的意思。运用联想和想象，丰富表达的内容。

5. 写记叙文，做到内容具体；写简单的说明文，做到明白清楚；写简单的议论文，努力做到有理有据；根据生活需要，写日常应用文。

6. 能从文章中提取主要信息，进行缩写；能根据文章的内在联系和自己的合理想象，进行扩写、续写；能变换文章的文体或表达方式等，进行改写。

7. 有独立完成写作的意识，注重写作过程中搜集素材、构思立意、列纲起草、修改加工等环节。

8. 养成修改自己作文的习惯，修改时能借助语感和语法修辞常识，做到文从字顺。能与他人交流写作心得，互相评改作文，以分享感受，沟通见解。

9. 能正确使用常用的标点符号。

10. 作文每学年一般不少于14次，其他练笔不少于1万字。45分钟能完成不少于500字的习作。

第一学段称为“写话”，用“写话”来淡化作文意识。第二、第三学段都称为“习作”，用“习作”来初步体现作文意识。到第四学段才称为“写作”。这是对古人主张的从写“放胆文”起步，逐渐过渡到写“小心文”的写作理念的继承，即在学习写作的初始阶段，不强调种种规矩，而是让孩子放胆去写。就像对初学走路的孩子，首先是让他有迈开步子自己走路、不要人扶的勇气，这时候走路的规矩和技巧对他来说毫无用处。因此，在低年级不必过于强调口头表达与书面表达的差异，应鼓励学生把心中所想、口中要说的话用文字写下来，消解写作的神秘感，让学生保持一种放松的心态，这就是人们常说的“我手写我口”。要紧的是让学生敢于写。为了体现这一点，在写作的目标设定中，特别强调情感态度方面的因素，把重点放在培养写作的兴趣和自信上，让孩子愿意写作、热爱写作，变“要我写”为“我要写”。第一学段的相关表述是“对写话有兴趣”；第二学段的相关表述是“乐于书面表达，增强习作的自信心”；到第三学段，才过渡到要求具有初步的写作意识，“懂得写作是为了自我表达和与人交流”；第四学段则提出“写作时考虑不同的目的和对象”，要求具有比较自觉的写作目的。同时，写作的兴趣和自信，作为一种内驱力，还来源于在写作的合作和交流中所产生的成就感，课标对此有意作了强化，在不同学段分别提出“愿意将自己的习作读给别人听，与他人分享习作的快乐”“能与他人交流写作心得，互相评改作文，以分享感受，沟通见解”等要求。

与此同时，课标特别重视鼓励自由、真诚地表达，放开种种束缚，在写作中培养学生的创新精神。如第一学段的目标中提出“写自己想说的话”，第二学段提出“能不拘形式地写下见闻、感受和想象”，就隐含着自由表达的意思。需要指出的是，有创意不等于胡思乱想，其前提是对生活本身有丰富性的感悟和思考，所以第三、第四学段分别作了这样的表述：“养成留心观察周围事物的习惯，有意识地丰富自己的见闻”，“多角度地观察生活，发现生活的丰富多彩，捕捉事物的特征，力求有创意地表达”，“珍视个人的独特感受”，“写作要感情真挚，力求表达自己对自然、社会、人生的独特感受和真切体验”，这实际上就是要求建构自己的思想。

在语言运用能力方面，课标强调写作实践，主张多写、多改，在实践中提高写作能力，重视在写作中运用已积累的语言材料，使课内外阅读与写作相联系，学与用相结合。第一学段要求“在写话中乐于运用阅读和生活中学到的词语”。第二学段提出“尝试在习作中运用自己平时积累的语言材料，特别是有新鲜感的词句”。第三学段进而要求“积累习作素材”。第四学段提出“有独立完成写作的意识，注重写作过程中搜集素材、构思立意、列纲起草、修改加工等环节”，“能从文章中提取主要信息，进行缩写；能根据文章的内在联系和自己的合理想象，进行扩写、续写；能变换文章的文体或表达方式等，进行改写”等，重视过程与方法、知识与能力之间的融合，体现了写作学习目标的整体性。

## 二、高中教育阶段写作学习的目标

依据《普通高中课程方案（实验）》要求，高中实行学分制，高中语文课程包括必修课程和选修课程两个部分。国家教育部2003年颁布的《普通高中语文课程标准（实验）》①，按语文必修课程和语文选修课程设计语文课程目标，提出的

① 中华人民共和国教育部：《普通高中语文课程标准（实验）》，人民教育出版社，2003年版。以下凡说到此书名以及“高中课标”“高中语文课标”“高中课程标准”“高中语文课程标准”，若无特别限定语，则均指此书、此版本，不再一一注明。

课程“总目标”包括积累·整合、感受·鉴赏、思考·领悟、应用·拓展、发现·创新五个方面，强调学生通过高中语文课程的学习，应该在这五个方面获得发展。

**积累·整合**

能围绕所选择的目标加强语文积累，在积累的过程中，注重梳理。根据自己的特点，扬长补短，逐步形成富有个性的语文学习方式。了解学习方法的多样性，掌握学习语文的基本方法，能根据需要，采用适当的方法解决阅读、交流中的问题。通过对语文知识、能力、学习方法和情感、态度、价值观等方面要素的融汇整合，切实提高语文素养。

**感受·鉴赏**

阅读优秀作品，品味语言，感受其思想、艺术魅力，发展想象力和审美力。具有良好的现代汉语语感，努力提高对古诗文语言的感受力。在阅读中，体味大自然和人生的多姿多彩，激发珍爱自然、热爱生活的感情；感受艺术和科学中的美，提升审美境界。通过阅读和鉴赏，深化热爱祖国语文的感情，体会中华文化的博大精深、源远流长，陶冶性情，追求高尚情趣，提高道德修养。

**思考·领悟**

根据自己的学习目标，选读经典名著和其他优秀读物，与文本展开对话。通过阅读和思考，领悟其丰富内涵，探讨人生价值和时代精神，以利于逐步形成自己的思想、行为准则，树立积极向上的人生理想，增强为民族振兴而努力的使命感和社会责任感。养成独立思考、质疑探究的习惯，发展思维的严密性、深刻性和批判性。乐于进行交流和思想碰撞，在相互切磋中，加深领悟，共同提高。

**应用·拓展**

能在生活和其他学习领域中，正确、熟练、有效地运用祖国语言文字。在语文应用中开阔视野，初步认识自己学习语文的潜能和倾向，根据需要和可能，在自己喜爱的领域有所发展。增强文化意识，重视人类文化遗产的传承，尊重和理解多元文化，关注当代文化生活，学习对文化现象的剖析，积极参与先进文化的传播和交流。注重跨领域学习，拓展语文学习的范围，通过广泛的实践，提高语文综合应用能力。

**发现·创新**

注意观察语言、文学和中外文化现象，学习从习以为常的事实和过程中发现问题，培养探究意识和发现问题的敏感性。对未知世界始终怀有强烈的兴趣和激情，敢于探异求新，走进新的学习领域，尝试新的方法，追求思维的创新、表达的创新。学习多角度多层次地阅读，对优秀作品能够常读常新，获得新的体验和发现。学习用历史眼光和现代观念审视古代作品的内容和思想倾向，提出自己的看法。在探究活动中，勇于提出自己的见解，尊重他人的成果，不断提高探究能力，逐步养成严谨、求实的学风。

显然，这里并没有具体的写作学习目标的规定，它强调的是语文素养的整体发展和提高，尤其注重思想情感价值观的形成与发展，注重思维品质的培养，强调个性，这也正是写作总目标所指向的思想的改造与建构的具体内容。

在语文必修课程目标部分，《普通高中语文课程标准（实验）》又将目标分为“阅读与鉴赏”和“表达与交流”两个系列，贯以“知识和能力、过程和方法、情感态度和价值观”三个维度。其中，“表达与交流”目标由写作目标和口语交际目标构成，具体如下：

1. 学会多角度地观察生活，丰富生活经历和情感体验，对自然、社会和人生有自己的感受和思考。

2. 能考虑不同的目的要求，以负责的态度陈述自己的看法，表达真情实感，培育科学理性精神。

3. 书面表达要观点明确，内容充实，感情真实健康；思路清晰连贯，能围绕中心选取材料，合理安排结构。在表达实践中发展形象思维和逻辑思维，发展创造性思维。

4. 力求有个性、有创意地表达，根据个人特长和兴趣自主写作。在生活和学习中多方面地积累素材，多想多写，做到有感而发。

5. 进一步提高记叙、说明、描写、议论、抒情等基本表达能力，并努力学习综合运用多种表达方式。能调动自己的语言积累，推敲、锤炼语言，表达力求准确、鲜明、生动。

6. 能独立修改自己的文章，结合所学语文知识，多写多改，养成切磋交流的习惯。乐于相互展示和评价写作成果。45 分钟能写 600 字左右的文章。课外练笔不少于 2 万字。

7. 增强人际交往能力，在口语交际中树立自信，尊重他人，说话文明，仪态大方，善于倾听，敏捷应对。

8. 注意口语的特点，能根据不同的交际场合和交际目的，恰当地进行表达。借助语调和语气、表情和手势，增强口语交际的效果。

9. 学会演讲，做到观点鲜明，材料充分、生动，有说服力和感染力，力求有个性和风度。在讨论或辩论中积极主动发言，恰当地应对和辩驳。朗诵文学作品，能准确把握作品内容，传达作品的思想内涵和感情倾向，具有一定的感染力。

在这里，“学会多角度地观察生活，丰富生活经历和情感体验，对自然、社会和人生有自己的感受和思考”“能考虑不同的目的要求，以负责的态度陈述自己的看法，表达真情实感，培育科学理性精神”等，这是“表达与交流”的总目标。而对写作目标所作的规定包含着写作基本技能和写作高级技能两个方面，其中写作基本技能是：“进一步提高叙述、说明、描写、议论、抒情等基本表达能力，并努力学习运用多种表达方式。能调动自己的语言积累，推敲、锤炼语言，表达力求准确、鲜明、生动”，“能独立修改自己的文章，结合所学语文知识，多写多改”等；写作高级技能包括：“观点明确，内容充实，感情真实健康；思路清晰连贯，能围绕中心选取材料，合理安排结构。在表达实践中发展形象思维和逻辑思维，发展创造性思维”，“力求有个性、有创意的表达，根据个人特长和兴趣自主写作。在生活和学习中多方面地积累素材，多想多写，做到有感而发”等。

选修课程设计了诗歌与散文、小说与戏剧、新闻与传记、语言文字应用、文化论著研读五个系列。各个系列均有具体的课程目标，其中也都有相关的写作目标。如：

尝试进行诗歌、散文的创作，组织文学社团，展示成果，交流体会。

以上属“诗歌与散文”系列。

学写小说、戏剧评论，力求表达出自己的独特感受和新颖见解。

尝试对感兴趣的古今中外小说、戏剧进行比较研究或专题研究。

留心观察社会生活，丰富人生体验，有意识地积累创作素材，尝试创作小说、剧本，相互交流。

以上属“小说与戏剧”系列。

广泛搜集资料，根据表达需要和体裁要求，对资料进行核实、筛选、提炼，尝试新闻、通讯的写作。

认识传记作品的基本特性。尝试人物传记的写作。

以上属“新闻与传记”系列。

注意在生活和跨学科的学习中学语文、用语文，在学习和运用的过程中提高语言文字应用能力。

能综合运用在语文与其他学科中获得的知识、能力和方法，读懂与自己学识程度相当的著作，运用多种方式展开交流和讨论。

能根据需要，按照相关格式和要求，写作应用文，力求准确、简明、得体。在学写应用文的过程中，培养对事负责、与人合作的精神和严谨细致的作风。

拓展运用语言文字交流的途径，学会用现代信息技术辅助交流，如使用计算机进行编辑、版面设计，制作个人网页和演示文稿。

以上属“语言文字应用”系列。

选读古今中外文化论著，拓宽文化视野和思维空间，培养科学精神，提高文化修养。以发展的眼光和开放的心态看待传统文化和外来文化，关注当代文化生活，能通过多种途径，开展文化专题研讨。思考人生价值和时代精神，增强使命感和责任感，努力形成自己的思想、行为准则。

学习运用科学的思想方法发现问题、分析问题和解决问题，在阅读过程中注重反思，探究论著中的疑点和难点，敢于提出自己的见解，并乐于和他人交流切磋，共同提高。

关注现实生活和社会的发展，对感兴趣的问题进行思考，参考有关论著，学习对当代社会生活中的问题和中外文化现象作出分析和解释，积极参与先进文化的传播和交流，提高自己的思考、交流能力和认识水平。

以上属“文化论著选读与专题研讨”。

这些内容，为具有不同需求的学生的写作学习提供具体的目标，为他们的个性发展提供了更大的空间。

## 第三节　写作学习的内容

写作是作者素养的综合体现。在写作过程中，任何一个层次的写作者都希望尽量表现自己深刻的思想、独到的见地、广博的知识、丰富的情感、优美的语言。当然，要在文章中展示自己各方面的素养，首先必须拥有这些素养，凡大学者、大作家，无不具有深厚而多方面的素养。因此，写作学习必然涉及思想品德修养、阅历、学识、审美素养、创新意识、写作技巧、语言能力等多方面的内容。

20 世纪 80 年代以前，教育界推行的基本是以写作知识为主的静态型的教学模式，在写作学习内容方面，强调通过学习有关主题、题材、结构、表达、语言、文风、修改、文体等“写作基本知识”来培养写作能力，对写作学习内容的研究也多集中于写作技巧、文体知识等方面，较少关注写作主体人格修养、审美意识、写作意识、写作思维、语言机制等深层结构的探索。而今，随着写作理论研究的发展，写作学习的观念也发生了很大的变化，人们开始从各个不同的角度来认识写作学习和写作学习的内容。如写作过程论强调采集、立意、构思、表达、修改等基本技能的学习，写作主体论注重写作学习者素养或智能结构的主体性建构，写作文化论则强调对写作文化的感悟和理解，等等。根据对写作目标的认识，我们认为，虽然不同的学习者在不同的学习阶段写作学习内容的侧重点会有所不同，但其主要内容应该包括语言与思维（思想）、写作知识与技巧、写作能力等方面。

## 一、语言与思维（思想）

写作是一种言语实践活动，是借助语言表达思想的活动，改造语言与思维（思想），是写作学习的根本目标，语言与思维（思想）的学习自然位于写作学习内容之首。由于上节已经涉及相关的内容，本节将不再进行详细的阐述。

语言的学习主要是积累、锤炼，培养语感。前面说过，语言与思维（思想）是密不可分的，语言素养体现在对语言的实际运用上，但它并不单纯是语言的问题，它与作者各方面素养息息相关，如思想境界、学识见解、个人经历、心理、感情等。学习语言的过程实际上就是思维（思想）训练的过程。语言积累包括内语言积累和外语言积累，积累内语言，主要是提高认识水平，陶冶情操，增长见识，铸就高尚人格等，没有内语言的积累，写出来的文章就会缺乏深度、力度，缺乏感染力或说服力，甚至出现谬误。外语言的积累，其核心是词汇的积累。没有丰富的语言积累，就难以准确表现事物，就难以根据具体情境因地制宜地充分发挥语言的各种功能，写出来的文章就可能语言乏味、面目可憎。

所谓语言的锤炼，就是对语言进行精心的选择与提炼，应力求做到规范、准确、简明、健康、生动、连贯、得体。

规范，是语言运用的最根本的要求。它包括词汇的规范和句子的规范。如不乱用外来语，不乱用方言土语，不生造词语；造句符合语法、逻辑规律，符合人们的语言习惯等。

准确，就是要以正确的语言表达方式、手段确切地表达意思。语言准确在形式上主要体现为两方面，一是正确选择词语，要想恰当、确切地选择好词语，大前提就是必须正确地理解词义。要注意从词语的轻重程度、适用对象、感情色彩、语体色彩等方面区分词义的差别。二是正确运用句式。句式按照功能分，可分为陈述句、疑问句、祈使句和感叹句；按照结构形态分，可分为主动句和被动句、肯定句和否定句、整句和散句、长句和短句；按照语言材料分，可分为白话句和文言句等。在句式的运用上，必须注意不同句式各自的要求和规律。

简明，就是简洁鲜明，要求言简意赅，以一当十。简洁就是用尽量少的文字，表达尽可能多的内容。要使语言简洁起来，首先应禁绝一切空话，还可以采用一些技巧。比如选用内涵丰富的语句，使用文言词语、成语、谚语、典故等经过千锤百炼后概括出来的现成语言材料等。鲜明一是意思要明白，不得含混，要让读者能看出你要说什么，不会产生歧义、别解等；二是态度要明朗，对问题要明确表态，观点鲜明，不应暧昧。亚里士多德说："谈到暴行时，你要用愤怒的口吻；谈到不虔诚或肮脏的行为时，你要用不高兴和慎重的口吻；对于喜事，要用欢乐的口吻；对于可悲的事，要用哀伤的口吻；其余以此类推。"① 要使语言的意思鲜明起来，除了内心要有明确的态度之外，又可以使用一些方式、技巧使之愈发突出，如近义词连用，它可以使情感的表述有层层推进的意味；又如反义词配合使用，二者相比照，可使情感更加显豁。

健康，就是要求尽力减少污言秽语，不用违背公德的不健康语言，限制语言垃圾。

生动，就是要求语言活泼新鲜，形象性突出，避免单调乏味、陈词泛滥。

连贯，就是连接贯通。这是从组合语段乃至语篇的角度提出的要求。要做到语句连贯，必须具备下列条件：一是围绕中心。围绕中心说相应的话，这是组合语段或语篇的首要条件。离开了这一点，无连贯可言。二是角度一致。这里的"角度"是指叙述的角度。一段话不论是长是短，都有一个叙述的角度。只有保持叙述角度一致，语句之间才能连贯。随意变化叙述角度，就会使文字不通顺。三是结构协调。这里所说的"结构协调"，既包括句子之间的结构协调，又包括一个句子内部的结构协调。

语言的得体是指根据语言环境使用语言，即根据交际的外部语境（各种情境条件）、内部语境（上下文）选用恰当的语句来表情达意。通俗地说，所谓得体就是根据需要说相应的话。得体，是语言表达的基本要求，也是最高要求。比如，公文语体表达要庄重、严谨、准确、简明；科技语体则讲求客观性、逻辑性；文艺语体则是追求形象性；而政论语体最大的特点是鼓动性和综合性；议论说明类文章语言要有说服力，记叙抒情类文章语言要有感染力，演讲语言要有煽动力，广告语言要有诱惑力等。

锤炼语言的过程，与对客体的认识、理解有关，与思维的广阔性和深刻性、思维的独立性和批判性、思维的灵活性和敏捷性等思维品质相关联。因此，锤炼语言的过程，也就是思想（思维）清晰化、明确化的过程。

此外，语言的学习与运用还要力求通过变异、模糊、婉曲、繁复、华丽、平淡等手段来追求"陌生化"，以达到创新的目的。

---

① 亚里士多德：《修辞学》，转引自伍蠡甫《西方文论选》，第9页，上海译文出版社，1979年版。

积累与锤炼语言，目的是培养语感。语感是指对语言文字敏锐地感知和迅速领悟的能力，是对语言文字直觉的、整体的把握。语感是一个人语言基础、生活体验、思想情趣和文学修养的综合体现，语感能力实质上是人的本质力量在语言客体上对象化的实现。它具有遣词造句的功能。人在说话或写文章时，有时需要反复推敲、斟酌，但更多的时候是想说（写）什么，就自然而然地说（写）出来了，而不是凭借语言知识，事先想好每句话的结构、语法成分，以及使用哪些修辞手法来说（写）的。这种自然而然的流露，是他平时对语言的感受、理解、积累的结果。在这种自然而的流露中，哪些词语不够恰当，哪一处不够顺畅，哪些地方表述得未能尽情尽意，都会自然而然地感受出来而加以调整或修改。这些都不能不归功于语感的遣词造句功能。

语感牵涉学习经验、生活经验、心理经验、情感经验，包含着理解能力、判断能力、联想能力等诸多因素。语感是靠长期反复实践得来的。任其自然，在长期接触语言材料的过程中潜移默化，语感也会提高；而有意识地加强科学的训练，能促使语感的进一步形成。

书面语言水平提高与思维能力的发展是紧密联系的。任何形式的写作都是思维的产物，在写作活动中，作者必须首先通过自身的观察体验从客观世界搜集、积累写作信息（素材）。在获取写作信息的过程中，作者的观察力、发现力、记忆力等都将引导他发掘出不被常人注意却蕴含着某种生活本质的信息。然后作者把外界获得的这些信息存储在大脑中，同时经过大脑对信息的加工处理——思考，形成认识和判断。这个认识和判断是否正确，又必须通过实践去检验。在写作实践中，作者又把新产生的信息反馈回大脑，再经过比较和修正，再来影响下一步的思维活动和实践活动。作者就是在这样循环往复一次比一次深入的思维进程中，深化对事物的理解，提炼出事物的本质，得出对事物认识的真知灼见。可见，写作是一种复杂的思维活动，思维是写作智能结构的支柱。写作能力的培养和提高必须首先立足于思维能力的培养和提高，写作方法的掌握和运用，也首先是思维方法的掌握和运用。

写作学习者要注意学习和掌握分析与综合、概括与抽象等基本思维方法，克服一些思维习惯（如因循性思维、功利性思维、封闭性思维等），训练思维的广阔性、深刻性、独立性、批判性、灵活性、敏捷性等品质，培养联想思维、想象思维、发散思维、求异思维、灵感思维、辩证思维、组合思维等创造性思维的能力。

## 二、写作知识与写作技巧

写作知识主要是指有关写作的理论知识，如文章学的知识、写作学的知识、文体论的知识、文学理论等，它们是对有关写作规律和原则的概括。理论来源于实践，但又引导着实践。因此，学习必要的写作理论知识，对于写作实践具有重要的指导意义。

写作技巧就是作者为表情达意而采取的有效艺术手段。学习掌握写作技巧，对于写作实践具有多方面的价值。首先，任何写作规律或原则都需要通过写作技巧来实现。写作理论所阐发的写作规律和原则，需要具体的写作技巧来支撑，没有具体的写作技巧，写作理论知识、写作规律或原则就无法体现为具体的文字。从写作过程来看，每个阶段都与技巧相关。可以说，写作技巧贯穿于写作过程的各个阶段、各个环节。其次，写作技巧往往与文章的思想内容有比较密切的关系，一种思想、一种观念、一种情绪，常常只能用特定的写作技巧来表现，否则就会给思想内容的表达带来不利影响。再次，写作技巧也是写作创新的重要因素。就技巧本身而言，它就是创新的主要对象。写作技巧与一个时期流行的写作时尚相关，技巧的不断翻新，既可以说是写作者对技巧创新的不懈追求，也可以说是写作者对一定时期的写作文化感知、领悟和体认的结果。就思想内容而言，一般说来，深刻的思想内容，如果有新异的技巧来辅佐，有利于引起人们的注意，效果会更加突出。此外，用什么样的技巧，怎样使用这些技巧，是与写作者主体的修养、写作经验、气质个性、习尚趣味以及对生活的独特感受方式结合在一起的，它是作者个性的体现方式之一，是作者艺术素养与写作能力的组成部分。

前人根据写作经验以及对文章的分析，归纳出很多写作技巧。例如写作准备阶段，作者需要掌握并运用如观察、体验、阅读、鉴别等方面的方法与技巧。其中观察的技巧就有定点观察法（包括鸟瞰法、类括法、脔尝法、凸聚法等）、移位观察法、比较观察法、多角度观察法等等。在写作阶段，更是需要运用立意、选材、构思、布局、谋篇、表达等方面的各种写作技巧。如布局技巧就有正反比照法、博引作论法、一字立骨法 、从一到多法 、移步换景法、欲擒故纵法、欲扬先抑法、喻托寄意法（即借景述怀、托物言志、喻物寄情的方法）、往复叠进法、举纲张目法、逻辑归类法、分条切割法、多线并进法、曲径通幽法、误会巧合法、意识流动法等等。在表达方面，不仅要掌握具体的诸如叙述、描写、说明、抒情、议论等各种表达方式和技巧，能够按文体特点和内容表达的需要选用最为合适的表达方式或方法，为提高文章的表现力、增强表达效果，还应该具备有效把握与处理贯穿在写作过程的各个阶段和构成文章的各个方面的有关辩证关系的艺术技巧。例如立意上的正与反、虚与实、隐与显、曲与直；选材上的点与面、多与少；文势上的断与续、疾与徐、弛与张、起与伏；表达上的疏与密、简与繁、动与静、浓与谈、粗与细、拙与巧；风格上的刚与柔、谐与庄；笔调上的哀与乐、冷与热；等等。此外，还有语言运用的方式与技巧，如选词、搭配、组接、修辞的使用等。对于写作学习者而言，要用心感受生活，遵照写作的特点和规律去体验和研究生活，拥有自己独特的发现和感受，探求用最有表现力的技法去反映生活和思想。应该向古今中外的作者学习，广泛研读各种文章，从中学习文章写作的基本法则和表现经验，增进知识，探究具体的写作方法与技巧。同时，还要认识到，技巧不仅是知识，更是一种写作表达的能力。要把知识转化为技能，唯一的途径是写作实践。

### 三、写作能力

写作学习的核心是写作能力的形成。但是在我国写作学界，对写作能力的认识存在分歧。在语文教育界，也有各种不同的说法。较为流行的就是将写作能力分为写作的一般能力（观察力、记忆力、思维力、联想力、想象力）和写作的专门能力（审题能力、立意能力、选材能力、构思能力、表达能力、修改能力）。这里，我们不想就写作能力的概念问题展开讨论。上面说过，我们认同现代认知心理学将写作能力归结为一种问题解决能力的观点，下面就谈谈认知心理学理论背景下的写作能力的具体内容。

世界著名的美国教育心理学家罗伯特·加涅在他的《学习的条件》一书中，将学习结果分为五种学习类型，即言语信息、智慧技能、动作技能、认知策略和态度。他认为与问题解决有关的学习类型包括以下三种：第一，智慧技能，这是指那些为了顺利解决问题所必备的概念、规则和原理。第二，有组织的言语信息，它们有助于问题解决者理解问题，并且能够对问题作适当的评估。第三，认知策略，它们能够使问题解决者选择适当的信息和技能，并决定在解决问题过程中怎样及何时使用它们。

按照认知心理学的知识分类学习理论，作为一种问题解决能力的写作能力当然也是一种由不同类型知识构成的学习结果。“不同类型的知识的习得、保持、提取或应用过程虽有某些共同特征，但我们不能忽视它们的不同特征。”① 写作能力的形成和发展是个体习得和运用写作内容知识（言语信息）、写作技能（动作技能和心智技能）和写作策略性知识等三类广义知识的结果。因此，写作学习关键在于弄清三类知识的学习规律。据此，我们认为，写作学习内容主要是这三项。

（一）写作内容知识

写作内容知识即言语信息，其本质属于陈述性知识的范畴，是指有关人所知道的事物状况及事物之间关系的、能够被人陈述和描述的知识，或者说是关于“世界是什么”的知识，包括名称、事实、事件、态度等。在某种程度上讲，写作内容知识所反映的是一种静态的（不变的）事实信息，信息的组织对人们来说是显而易见的，也就是说个体大脑中有明显的提取线索，如我们平时写作时所陈述的某些事实或现象、所描述的某些事件和人物、所阐明的某些观点和事理等。认知心理学家认为，写作内容知识主要由主题知识（如传递的具体信息）和读者知识（如读者对某个问题的看法）构成。其中，主题知识是写作内容知识中最重要的因素，主题知识主要有两类：一类是概念知识，指关于概念和图式的信息；一类是社会文化知识，指关于社会背景或情景的信息。储存在作者大脑中的主题知识有命题、表象和线性排序等表征形式，这些表征形式并非彼此孤立存在的，而是相互联系，相互作用，共同组成一个具有一定层次的知识结构——命题网络或图式。不同类别的主题知识组成不同类型的图式，如事件图式、人物角色图式、场景图式等。② 写作内容知识对写作活动有重要作用。作者在文章中所描写的人物和景物、所叙述的事件、所说明的事物和事理、所阐明的道理和所抒发的感情都是他们大脑中的主题知识通过语言文字转换和输出的结果。它直接决定作者是否“有米可炊”、有物可言。作者知道的东西越多，写出来的东西越充实。同时，具备了丰富写作内容知识的作者不仅比那些写作内容知识相对贫乏的作者在写作时有更多的信息可以提取，而且，提取的速度也更快。

写作内容知识是由命题和命题网络及它们的综合表征形式图式表征的。因而，写作内容知识的学习过程，就是这些表征的获得和完善的过程。在写作中，能够体现学生写作水平的标志是文本，而文本又是学生思想感情的外化形式，其内在本质是语言文字所包含的意义，这种意义在大脑中即为命题或图式。所以，

---

① 皮连生：《智育心理学》，第 103 页，人民教育出版社，2008 年版。

② 参见何更生《图式与阅读教学》，载《上海师范大学学报》，2000 年第 5 期。

对写作内容知识的学习来说，其主要任务是解决命题和图式的习得问题。

1. 命题的学习

写作过程实际上就是作者运用语言文字表达一定的思想观念和感情的过程，也是运用词语将记忆中的言语信息（命题）的意义提取出来的过程。要提取信息的意义，首先大脑中必须储备一定量的言语信息，因此，让学习者获得大量的言语信息的意义是提高学习者写作能力的前提。

命题学习，就是学习由若干概念所构成的复合意义。所以，命题学习要以概念学习为前提，以表征学习为基础。[①] 学习命题必须先获得组成命题的有关概念的意义。认知心理学研究表明，当人们学习一个新命题时，将要激活与所学命题有关的旧命题，人是通过旧命题来理解新命题的意义的，学习的最终结果是将新命题与知识网络中已有命题的有关单元储存在一起，整合成为一个新的命题网络。因此，命题意义的习得过程是新旧知识相互作用的过程，也是新的知识结构或命题网络的建构与形成的过程。就写作学习而言，命题学习就是在学习、工作、生活实践和阅读中获得大量的言语信息（命题）。

2. 图式的学习

现代心理学认为，主题知识并非零散地储存在人的长时记忆中，一些表象、命题和命题网络通常围绕某个主题组织成一定的知识单元，现代心理学称之为主题图式。图式将一些小的知识单元如命题、表象组织起来，使个体形成对一定的客体范畴、事件范畴及一类文本的一种定型或定格的知识表征。在写作过程中，作者的记忆中储存的这些图式有助于他们进行构思和表达。

认知心理学家们大量有关图式形成的研究结果表明，图式种类包括自然范畴图式、事件图式、人物角色图式和场景图式等，这些图式都是在比较和概括大量实例的基础上习得的。图式的实例大都来源于实际生活。学习者要在头脑中形成一定图式，必须学习两个以上的例子，并且有意识地寻找和抽象出不同例子之间的相同和相似之处。因此，写作学习者应注意观察和体验社会生活，丰富直接经

---

① 美国认知心理学家奥苏贝尔将陈述性知识学习分为三类：表征学习、概念学习和命题学习。表征学习是学习单一符号（多数是词）或一组符号的意义，或者说学习它们表征什么。因为每个单词表征着自然世界、社会世界以及观念世界中单一的物体、情境、概念或其他符号。概念是由在一定的文化中公认的某种符号或标记所代表的具有共同标准属性的对象、事件、情境或性质。例如“动物”“植物”“微生物”“细胞分裂”等就是人们所使用的文化中公认的概念。概念学习就是掌握同类事物共同的标准属性。

验，要精读博览，丰富间接经验，从而获取大量的主题知识与文本图式。

（二）写作技能

在心理学里，广义的技能可以分为动作技能（又称心因动作技能）和心智技能（又称智慧技能或智力技能）两类。前者需要身体的肌肉协调才能完成；后者则在头脑内部完成。两类技能的共同心理实质是程序性知识，其行为表现是回答“怎么办”的问题，写作技能同样也可以分为这两类技能。

写作的动作技能的本质是一套规则（或程序性知识）支配作者手指和手腕的肌肉协调。其表现形式是书写和打字；当然它不是一般机械的以单个的字或词为单位展开的书写和打字运动，而是以语句甚至语段为单位展开的“更具有智慧性的任务”① 的运动技能。写作动作技能在写作活动中具有很大作用，它直接影响到写作的质量和速度。如果“笔不随心”“手脑不协调”，就不可能写出满意的文章来。

写作智慧技能是指运用概念和规则进行布局谋篇和遣词造句以恰当表达自己思想感情的技能。在写作活动中，智慧技能具体落实到字词句段篇的表达之上，主要可分遣词技能、造句技能和谋篇技能等。遣词指根据一定的规则运用字词进行书面表达。要具备较强的遣词技能，必须在大脑中储备足够数量的词语，对字词的运用得体顺畅。作家秦牧认为：“脑子里储藏词汇的多少，和一个作家写作出来的东西，能够给人以‘立体感’呢，还是只能给人一种‘平面感’，关系很大。词语丰富了，写起东西来才能够生动活泼，挥洒自如，纤毫毕现，栩栩传神。词汇贫乏，就不可能达到这样的境界。”② 造句技能本质上是根据一定的语法规则和表达思想感情的需要（规则）而进行的词和词组的组合。作为一种写作技能的造句，不是一般意义上的对规则的运用，而是指经过反复练习达到自动化水平的对规则的运用，这就是人们通常所说的语感。同时，除了运用语法规则外，还要运用篇章结构规则，要服从文章整体表达的需要。鲁迅先生曾经指出“这语法的不精密，就在证明思路的不精密，换一句话，就是脑筋有些糊涂。”③ 这说明篇章构思与造句的关系。谋篇技能是指根据文章组织的若干规则对语句、语段进行安排布局的能力。具有谋篇技能的作者写作时能够将文章“一层一层、一段一段，

---

① 加涅著，皮连生等译：《学习的条件和教学论》，第224—225页，华东师范大学出版社，1999年版。

② 秦牧：《在自己脑子里建立一座语言仓库》，见《语林采英》，第28页，花城出版社，1983年版。

③ 鲁迅：《二心集·关于翻译的通信》，见《鲁迅全集》第4卷，第382页，人民文学出版社，1980年版。

安排得清清楚楚，有条不紊，该详的详，该略的略。前前后后，联系得紧密，照顾得周到”。[1] 写作智慧技能是作者顺利展开写作活动的基础和保证。写作学习者只有具备一定的写作智慧技能，写文章时才能得心应手，随心所欲。我国现代著名作家老舍先生说：“我们既然搞写作，就必须掌握语言技巧……一个画家不会用颜色，一个木匠不会用刨子，都是不可想象的。”[2]

要获得写作技能，一般要经过以下三个阶段：第一个阶段是认知阶段。在此阶段，学习者能对写作技能作出陈述性的解释（如某种写作概念或规则的意义），并且对写作技能使用的各项条件以及在这些条件下将要执行的相应行动形成最初的陈述性编码表征。第二阶段为联系阶段或转化阶段。该阶段主要是陈述性知识向程序性知识的转化阶段，使静态的陈述性知识变成动态的操作过程。第三阶段是自动化阶段。在这一阶段，整个程序得到进一步的完善与协调。随着个体对写作技能的精通，对写作行为的有意识的控制会越来越少，写作技能达到自动化运用的娴熟境地。在认知心理学家看来，本阶段实际上是一种辨别过程（个体在精通写作技能的过程中，会变得越来越善于识别各种条件以及它们之间的细微差别），构思、表达和修改等趋于自动化。人要想成为任何领域的专家，必须使自己的有关技能得以程序化和自动化。因此，写作技能的形成需要经过一定时间的努力练习。

（三）写作策略性知识

写作策略性知识是一种特殊的程序性知识，其实质是如何审题、如何构思、如何选材、如何剪裁、如何组材、如何遣词造句以及如何修改等规则支配作者写作过程中的认知和情感活动并提高作者的写作质量和效率。具体可分为以下两大类：其一，选择运用适当的写作方法或规则。写作方法种类很多，清人唐彪在《读书作文谱》中提出了“浅深虚实”“开阖”“离合相生”“衬贴”“跌宕”“推原”“照应”“关锁”“遥接”“抑扬”“顿挫”“顺逆”“穿插”“预伏”“牵上搭下”“一意推出三四层”等20余种写作方法。有人曾经在系统总结前人研究成果的基础上概括出审题法、立意法、聚材法、选材法、组材法、剪裁法、遣词法、修改法、顺叙法、倒叙法、插叙法、心理描写法、肖像描写法、行动描写法、景物描写法、场面描写法、定义说明法、分类说明法、举例说明法、比较说明法、

① 张志公：《怎样锻炼思路》，见《语文教学论集》，第222页，福建教育出版社，1985年版。

② 老舍：《出口成章·关于文学的语言问题》，第58页，人民文学出版社，1984年版。

引用说明法、立论法、驳论法、直接抒情法、间接抒情法等30余种常用的写作方法。[①] 如果学习者学会使用这些方法，并且能够有意识地运用这些方法来改进自己的文章，提高写作效率，这便说明他获得了写作策略性知识。其二，对自己写作能力、文章优缺点的意识和监控。作者在整个写作学习过程中都要受到策略性知识的监控，这种监控具体包括写作成败的归因，提高写作的效率，对写作任务难度的认知，对写作效果——作品质量的反思和自我评价等。对写作策略性知识有所意识的学习者在写作观念上注重写作计划的制订和执行；有自己一套写作方法模式，并能够随时调控、反思自己的写作方法模式。他们能够正确认知写作任务或问题的难度，在进行审题和构思时能够针对不同要求选取不同的表达方式和方法。反思和自我评价作品质量，总结经验教训，并能够不断校正自己的学习方法，并由此获得最佳的写作效率。

写作策略性知识渗透或贯穿在整个写作过程之中，对写作活动和作品的质量影响很大。研究表明，写作能力的差异往往是通过作者所用的写作策略的不同而体现的。在确定和执行写作目标方面，擅长写作的人通常运用交流思想的策略，能够根据某个主题取舍材料、布局谋篇和遣词造句。他们一般都采用通过广泛阅读获取写作素材的策略，特别值得一提的是他们都采纳剪辑报刊和随时记下思想的策略。他们写出的文章中心突出，详略得当，结构合理，语言流畅。而写作水平很一般的作者通常采用传达知识的策略，把自己记忆中与特定论题有关的内容和盘托出，不加以剪裁和整合，写出的文章往往“记流水账”。不善于写作者则采用避免错误的策略，他们把注意力集中于机械的东西，总是担心词和句子是否恰当，写出的文章流于简单化。一些著名作家在回顾自己的写作历程时也强调策略性知识的重要作用：现代文学家朱自清在谈到自己写作经验时说：“记得在中学的时候，偶然买到一本《姜园课蒙草》，一部彪蒙书室的《论说入门》，非常高兴。因为这两部书都指导写作的方法。那时国文教师对我们的帮助很少，大家只茫然地读，茫然地写；有了指点的方法的书，仿佛夜行有了电棒。”[②]现代著名作家兼语文教育家夏丏尊先生指出：“专一依赖法则固然是不中用，但法则究竟指示人以必由的途径，使人得到正规……法则对于

① 参见何更生《语文学法新编》，第134—196页，安徽教育出版社，1993年版。

② 朱自清：《文心序》，见刘国正等《中国近现代名家作文论》，第1099页，文心出版社，1992年版。

技术是必要而不充足的条件，真正凭着练习成功的，必是暗合于法则而不自知。”① 这些经验之谈都在一定程度上说明写作策略性知识对于一个成功的作者来说是必不可少的。

认知心理学家指出，和写作技能一样，写作策略性知识也是以产生式或产生式系统表征的，因而，写作策略性知识的获得过程从本质上讲也是陈述性知识向程序性知识转化的过程；但是，现代认知心理学又主张，作为一种特殊领域的策略性知识的写作策略性知识，其获得过程与作为一种特殊领域的基本技能的写作技能的获得过程有很大区别。

写作技能是写文章的手段或工具，而写作策略性知识则负责对何时何处使用这些手段或工具作出通盘的规划与组织。写作技能学习的最终结果是达到对写作规则运用的自动化境界。然而写作策略性知识的学习则不会达到自动化水平。因为，写作策略性知识的学习涉及如何构思、表达和修改，实际上就是如何策划解决问题的步骤，由于写作的要求即要解决的问题的要求各不相同（如不同文章的题目在题材、主题、材料、体裁、结构、表达方式、语言风格等方面要求是不一样的），所以作者在构思、表达和修改时采取的对策也应该随之而有所变化。这就使得个体对行动的抉择始终要加以有意识的监控。这种操作过程不可能达到自动化。与写作技能学习过程一样，写作策略性知识的学习过程也有三个阶段，其前两个阶段与写作技能学习相当，即经历构成写作策略的概念和规则等陈述性知识的获得阶段和陈述性知识向程序性知识的转化阶段。而第三阶段则与写作技能学习不同。写作策略性知识学习的第三阶段是反省认知阶段，主要是对写作过程和写作结果监控和评价。写作策略性知识的运用必须避免使决策性行为实现程序化和自动化。

---

① 同上，第 90 页。

# 第五章　写作学习的理念与原则

理念是行动的先导。在一定的理念指导下的实践才是有目的的实践。原则是行为遵循的准则。在一定的原则指导下的学习才是有效的学习。

本章介绍写作学习的基本理念和基本原则。

## 第一节　写作学习的基本理念

自2001年7月《全日制义务教育语文课程标准（实验稿）》颁布后，人们学习写作的理念发生了很大的变化。在“以人为本”“回归生活”“多元文化”“发展个性”“教育民主”等教育思想的影响下，许多教师、学生认识到“知识中心”“文体为本”“注重结果”“强调章法”“要求统一”等观念需要重新审视和更新。我们认为，写作学习先进的基本理念是：以人为本，快乐作文；回归生活，积累为主；真情实感，为情造文；追求个性，自由表达；淡化文体，注重语言；反复训练，写中学写。

### 一、以人为本，快乐作文

现代教育理论认为，任何教育教学活动都要“以人为本”，考虑学生的兴趣、感情、个性，不但要关注受教育者的“未来生活”，更要关心他们的“现在生活”。

过去我们的教育教学过于强调为学生“未来”着想，不考虑学生“即时”的感受，一味追求传授知识、培养能力、开发智力，而忽视学生情感、态度、价值观的养成，从而使学生感觉学习是痛苦的事，毫无快乐可言，因此学习总是“要我学”而不是“我要学”。

写作活动，不仅是一个运用思维的语言行为过程，也是一个充满情感的言语行为过程。写作的兴趣、写作的热情，对写作行为的过程、思维活动的“动力性”起推动作用。事实证明，有了写作兴趣，作文就不再是一件苦差事，而是一件快乐的事。

过去我们的作文教学，把写作看成一种纯粹的语文作业，就是老师出题，学生审题作文，毫无趣味可言，枯燥无比，学生丧失了作文的乐趣，产生了怕作文、恨作文的心理。孔子说：“知之者不如好之者，好之者不如乐之者。”培养学生写作兴趣，让学生快乐作文，对于作文教学而言，没有比这个更加重要的了。

每一个写作者总是有预期的目的去开始他的写作活动的。我们的教师要善于发现学生的这种预期目的，激发他们的写作动机和欲望，进而形成稳定的兴趣。爱因斯坦说：“兴趣是最好的老师。”让学生热爱写作，根治其“作文恐惧症”，转变原来着眼于单纯的“表达训练”的作文观，树立“快乐写作”的理念，全面发展学生的语文素养。

## 二、回归生活， 积累为主

新课程强调要“加强课程内容与学生生活以及现代社会和科技发展的联系，关注学生的学习兴趣和经验”。新课程倡导的是一种“回归生活”的教育观念。

“回归生活”首先意味着课程的内容不但要关注虚拟的“科学世界”，关注单一的、理论化的、体系化的书本知识，而且更要关注人类群体的生活经验，学生活生生的“生活世界”，赋予课程以生活的意义和价值。

语文学科从本质上说是“生活课程”，具有鲜明的“社会性”和“生活性”。《中学语文教学研究》一书指出：“语文就其本真状态而言，它不是客观意义上的、有待我们去把握的存在物，而是人之为人的生活世界。我们不是用语文来生活，我们就生活在语文中，语文就是我们生活之所在。我们把这种以语文为本体的生活存在称之为‘语文生活’。”①

① 王尚文：《中学语文教学研究》，第 21 页，高等教育出版社，2002 年版。

写作学习和生活更是有密切的联系。叶圣陶在《写作论》中说："我们要记着，作文这件事离不开生活，生活充实到什么程度，才会做成什么文字。所以，论到根本，除了不间断地向着求充实的路走去，更没有可靠的预备方法。"① 可以说，观察生活，获得材料，提高认识，升华思想是写作学习的先决条件，是提高作文教学质量的根本途径。

"厚积薄发""博而能一"是写作学习的基本规律。观察生活、积累学识，不但为作文奠定素材基础，而且也是一个人体验感悟、提升认识的基础。离开了生活，作文就成了无源之水、无本之木。刘勰在《文心雕龙·神思》中说："积学以储宝，酌理以富才，研阅以穷照，驯致以怿辞，然后使玄解之宰，寻声律而定墨，独照之匠，窥意象而运斤，此盖驭文之首术，谋篇之大端。"他的意思是说，积累学识用以作为写作的珍贵材料，明辨事理来丰富自己的才智，研究生活经历以吸取经验，按照事物的情态培养运用语言的技巧，然后，心营意造，寻求声律，安排文辞，根据想象中的意象进行创作，这就是驾驭文章写作的首要方法和布局谋篇的先决条件。在这里，刘勰总结了一个"铁律"：写作不单是技艺技巧，或单纯的语言表达，它更是"积累为主""厚积薄发"的过程。

### 三、真情实感，为情造文

由于受过去极"左"时代遗留下来的庸俗政治学、庸俗社会学、庸俗伦理学的写作教学观的影响，我们的《大纲》、我们的教师都要求学生作文"立意要高"，写作"主题要正确"，事实证明这是不切实际的，它迫使学生写作走上了说大话、抒假情的道路。

新颁布的《义务教育语文课程标准（2011 年版）》去掉了这些要求，取消了学生写作的"禁区"，明确提出："写作要有真情实感，力求表达自己对自然、社会、人生的感受、体验和思考。""引导学生表达真情实感，不说假话、空话、套话，避免为文造情。"这为学生作文走上"表达自己的意思"的道路指明了方向。

"为情造文"是文章的本义、正道。反之则从根本上违背了写作的宗旨。所

① 叶圣陶：《叶圣陶语文教育论集》，第 363 页，教育科学出版社，1980 年版。

以文章写作一定要抒写自己的真情实感。虚情假意，故作多情，矫揉造作，无病呻吟，不仅不感人，反而令人作呕。

1998 年由上海《萌芽》杂志社等发起的“新概念作文大赛”是写作表达“真情实感”理念的先导，“为情而造文”观念的实践。“新概念作文大赛”组委会《征文启事》中说：“新概念”旨在提倡：“新思维”——创造性、发散性思维，打破旧观念、旧规范的束缚，打破僵化保守，无拘无束；“新表达”——不受题材、体裁限制，使用属于自由的充满个性的语言，反对套话，反对千人一面，众口一词；“真体验”——真爱、真切、真诚、真挚地关注、感受、体察生活。这是“新时期”写作学习的“宣言”，是对传统作文教学的“宣战”，是“新作文教学”的进军“号角”。它为中小学生写作学习指明了道路：表达真情性、真感受，自由写作，放飞心灵！

## 四、追求个性， 自由表达

《普通高中语文课程标准（实验）》明确指出：学生写作“力求有个性、有创意地表达，根据个人特长和兴趣自主写作。在生活和学习中多方面地积累素材，多想多写，做到有感而发”。这两句话强调了写作中张扬个性的意识，主张根据个人特长和兴趣自主写作。事实上，写作本质是“个人情意”的表达，是一种个性化的精神创造。

在以“应试为本”的作文教学背景下，我们的教师有意识无意识地要求学生作文不要“出格”，在判断有个性和有创意的作文时，不自觉地产生了一种隐忧和担心，害怕学生作文会被“扣分”，影响“升学”。这种有形无形的“限制”和急功近利，无疑是阻碍学生写作“个性化”的大敌。为此，《义务教育语文课程标准（2011 年版）》要求我们的教师：“为学生的自由写作提供有利条件和广阔空间，减少对学生写作的束缚，鼓励自由表达和有创意地表达。”

1999 年开始在高考中出现的作文题型——话题作文，为写作学习“追求个性，自由表达”开辟了一条行之有效的道路。话题作文之所以成为近年高考流行的作文模式，是因为它有“三自”“三开放”的特点。“三自”是：题目自拟、立意自定、文体自选；“三开放”是：写作范围开放、写作文体开放、写作要求开放。话题作文由于降低了审题难度、淡化了文体要求、开放了写作内容，可为学生自由发挥、个性张扬提供空间，因而深受学生欢迎。因此可以说，话题作文是一种比较科学的写作学习“模型”。

## 五、淡化文体，注重语言

“文体中心”论的作文教学思想，是19世纪末20世纪初在西方国家形成并影响世界的作文教学观念。苏联传统的写作教学特别重视各种文体写作规范的教学与训练、模仿。这一理念深深影响着我国的中小学作文教学。

许多专家认为，首先，文体训练只能解决文章内容的语言技巧等表现形式问题，不能解决文章内容的来源问题。其次，传统的“文体中心”论作文教学主要偏重于培养学生的写作技能而忽视了学生的写作智力的发展，不可能从根本上提高写作的能力和文章的质量。再次，文章类型虽然可分为记叙文、描写文、议论文这几个大类，但其中又可包含若干小类，每一种小类的结构形式千变万化。如果只让学生死记硬背那些文体知识技能，而不发展他们的智力，他们就不能灵活运用，就没有真正的写作能力。①

事实也证明，过于强调文体教学，不从文章写作过程、语言表达和写作主体的写作素质与写作基本能力的角度进行教学、训练，是很难提高学生真正的写作水平和能力的。

由此，新颁布的《义务教育语文课程标准（2011年版）》倡导“淡化文体教学，强调语言学习”的新的写作教学思想，要求学生“能不拘形式地写”，教师要“尽可能减少对写作的束缚”，还要求学生“能具体明确、文从字顺地表达自己的意思”，“能调动自己的语言积累，推敲、锤炼语言，表达力求准确、鲜明、生动。”

孔子说：“言之无文，行而不远。”王国维说：“大家之作，其言情也必沁人心脾，其写意也必豁人耳目。其辞脱口而出，无矫揉妆束之态，以其所见者真，所知者深也。”如果学习写作时我们的学生能注重语言修养的习得，作文教学时我们的教师能以“语言”为中心，注重学生的语言积累、语感培养，那么写作教学效率将会大大提高。

## 六、反复训练，写中学写

写作学习是有目的、有计划的言语实践活动，并且是十分复杂的精神创造、

---

① 参见马正平《中学写作教学新思维》，第37页，中国人民大学出版社，2003年版。

生命成长的过程，非下苦功反复训练，不能达成目标。我们不能回避训练，我们更不能反对训练，因为不论从写作的特性，还是从写作教学的目标来看，都少不了实践，而任何实践活动都不能忽视基本技能的作用。

过去我们的语文教师为了应付作文考试，要学生无休止的、机械的、毫无价值地“写作”，这不但收效甚微，更可悲的是让学生“恐惧”作文，视写作为“痛苦”，败坏了“训练”的名声。我们不是不要“训练”，而是不要无趣的训练；我们不是不要“训练”，而是不要无度的训练；我们不是不要“训练”，而是不要无效的训练。

王文彦、蔡明主编的《语文课程与教学论》一书认为：“写作能力的提高依赖写作训练，影响写作能力的因素都是写作训练的内容，主要的有生活因素、思想因素、思维因素、语言因素、技能因素、文体因素、速度因素。写作教学的重点，就是运用一定的方法，进行以上各方面的训练。”① 这是言之成理的。

叶圣陶在《论写作教学》中也认为：“国文科写作教学的目的，在养成学生两种习惯：（一）有所积蓄，须尽量用文字发表；（二）每逢用文字发表，须尽量在技术上用工夫。”叶老虽然没有直接使用“训练”一词，但谁都明白，习惯的养成，是靠反复训练的。

2001 年 7 月颁布的《全日制义务教育语文课程标准（实验稿）》更是明确了训练的重要性：“写作知识的教学力求精要有用。应抓住取材、构思、起草、加工等环节，让学生在写作实践中学会写作。”只有“写”才会“写”，这是颠扑不破的真理。

## 第二节　写作学习的基本原则

所谓原则，即原理、法则，是人们所要遵循的准则、要求。原则是规律的反映，以原则指导行为，我们的写作学习就能避免“盲人瞎马”式的低效劳动。我们认为，写作学习要遵循五项基本原则：主体性原则，动力性原则，实践性原

① 王文彦、蔡明：《语文课程与教学论》，第 146 页，高等教育出版社，2002 年版。

则，开放性原则，创新性原则。

## 一、主体性原则

随着国际竞争的加剧和社会的飞速发展，社会对人才素质提出了更高的要求。培养人的主体意识和主体能力，发展人的个性，成为各国教育改革的主题。《学会生存》指出："未来的学校教育必须把教育的对象变成自己教育的主体。受教育的人必须成为教育他自己的人；别人的教育必须成为这个人自己的教育。"①这句话，十分明确地强调了学生的学习主体地位。本次"新课改"终极目标就是确立学生的主体地位、培养学生的主体意识和主体能力。

写作学习是"自主性"很强的复杂智力、情感劳动，没有学生"主体性"地位作为保障，难以提高写作能力。按照马克思主义观点，人的主体性是指人作为活动主体在同客体的相互作用过程中表现出来的功能性特征。也就是说，人的主体性是指人在认识和改造自然、社会和自身的过程中所表现出来的自主性、能动性和创造性。具体到写作学习，我们认为学生的主体性应该表现在以下三个方面：

①自主学习写作，就是学生自己能自觉确定写作学习的目标，选择学习方法，监控学习过程，评价学习结果。具体地说，学生自己学习写作的动机是自我驱动的，学习写作的内容是自己选择的，学习写作的策略是自主调节的，学习写作的时间是自我计划和管理的，学生能够主动营造有利于写作学习的物质和社会条件，并能对写作学习结果作出自我判断和评价。

②能动学习写作，就是学生自己能自觉、积极、主动地学习写作，而不是无奈地、被动地、消极地学习写作。主要表现在，学生能根据社会的要求、未来的需要自觉参与学习，并能以自己已有的知识经验、认知水平和情意结构去主动同化教师的教育影响，使新旧写作经验进行新的组合，从而实现自己写作整体素质的提高。另外，能动地学习写作还表现在对作文的目标、内容和方式的选择上，"写什么""怎么写"也是自控的、自主的、能动的。

③创造性地学习写作。创造性的实质是对现实、对自己的一种超越。学生学习写作要以"主体性"独立人格积极参与社会活动、教育活动，积累材料、升华感情，创作出高于自己过去的作品，这便是创造性的写作学习。

---

① 韦钰：《学会生存》，第200页，教育科学出版社，1996年版。

过去的作文教学远离了主体，如注重写作知识向写作技能的直线迁移，一味地模仿范文；着力于应试作文的套路训练，强调不切学生实际的高立意，忽视学生的真情实感，为文而造情；等等。我们必须改变这种做法。学生是写作学习的主体，是发展写作能力的主体，没有任何人可以代替学生的写作学习；教师的写作教学也要通过学生主体“内因”发挥作用。只有学生主体性品质得到培养，学生写作素养才能生成，学生精神生命才能发展，这就是“主体性”原则。

## 二、动力性原则

根据“动力学”教育观点，人的行为能力是一个功能系统。在这个功能系统中，信息的提供和生成就产生了“信息动力”，兴趣、意志力、事业心、成功感的生成就产生了心理动力，而思维模型或知识模型的生成就产生了操作动力。信息动力来源于心灵背景，这个心灵背景就是素质教育中所谓的“素质”；操作动力来源于“思维模型”，这个操作动力就是能力教育中所谓的“能力”“技能”；而作为心理动力的兴趣、意志、事业心，则是整个思维操作、实践技能的推动器。

我们这里所强调的“动力性”主要是指狭义上的——学生的“心理动力”。也就是说，学生学习写作，首先要有心理推动力，不然写作学习就是被动的、枯燥的、无效的行为。具体说，这种作文的心理推动力主要包括两个方面，一是作文的写作兴趣、热情，二是作文成功感、成就感。这两方面关系密切，写作有兴趣、有热情，作文就容易成功；反过来学生成功感、成就感的培养，又会促进学生作文兴趣、积极性的生成，从而形成良性循环。

在教师占据权威地位的教学活动中，学生很难感受到作文的快乐。加之传统作文教学，或者让学生“自悟体验”，或者片面强调“勤写多练”，对学生写作学习产生了负面影响，弱化了学生写作的兴趣，十分不利于学生写作水平的提高。

如何改变这一现状？我们认为，通过教师的引导，建立长效的“激励”机制，是有效的做法。所谓激励，是人在追求一定目标时按照意愿投入的程度和实现目标的动力。激励的意义在于可以激发动机，鼓励行为，形成动力。从这个角度上说，一套行之有效的激励机制，是事业成功的基础。

我们认为，在写作教学中，教师可以在以下几个环节上激发学生的作文热情，使学生作文从“要我学”变为“我要学”。

第一，从设计题目入手，激发学生的写作兴趣。我们可以设计新颖的、奇特的、富有启发性的、符合学生心理情趣的作文题，提高学生写作的兴趣。俗话说“一个好的标题，是写作成功的一半”，就是这个道理。

第二，创设作文情境，营造写作气氛，激发学生的写作兴趣。情境对于作文有着重要的作用。特定的情境，如问题情境、艺术情境、现实情境，能引发学生思考，让学生身临其境，触景生情，引发写作动机，产生写作欲望。

第三，在批改和评讲环节上，注意鼓励和赏识，呵护学生作文的亮点，激发学生的写作兴趣。鼓励、赏识，是对学生劳动结果的肯定。从本质上说，鼓励和赏识，是对学生人格和感情的尊重，有利于维护学生作文的积极性。

第四，作文结束了，要鼓励和帮助学生“广义”发表作品，强化学生的成功感、成就感，激发学生的写作兴趣。所谓“广义”发表不仅指正式、公开刊登或出版，张贴、油印、传阅、宣读、出手抄报、上黑板报、网络上传等都可以看成“发表”。人都有表现欲、发表欲，如果这一欲望得到正常满足，就会产生“成功感”“快乐感”，从而强化作文兴趣，提高写作能力。

第五，引导学生作文走“现实功利性”道路，发挥写作服务于社会、生活、现实的功能，激发学生的写作兴趣。学生作文在现实中的“应用”有利于学生潜能涌现，产生写作的兴趣和积极性。《普通高中语文课程标准（实验）》极力强调语文的“应用能力”，倡导写作的“实用化”，也说明了这一点。

### 三、实践性原则

实践性是现代教育的重要特征。通过实践使学生获得实践知识，培养实践能力，生成实践素养，是我们推行的素质教育的基本任务。《义务教育语文课程标准（2011 年版）》指出：“语文课程是实践性课程，应着重培养学生的语文实践能力，而培养这种能力的主要途径也应是语文实践。”语文教育的主要任务是培养学生的语文素养，语文素养是在不断的语文实践中提高和完善的。学生作为实践主体，其语文实践是语文素养培育的必由之路。

写作学习也是一样的，只有通过实践才能获得材料，只有通过实践才能培养技能。

①实践活动是写作材料获取、主题生成的唯一源泉。“语文教学生活化”“学生生活语文化”，近年已成人们的共识。一方面实践活动打通了学生语文学习的“源头活水”，另一方面也为语文服务于生活、应用于社会提供了契机。写作是典型的“言语实践活动”。写作材料的获取、主题的生成都有赖于生活，我们只有

通过观察生活、认识生活、体验生活，才能获得素材的积累、感情的升华、人生的感悟。这样写作才会有“题材”和“主题”。所以我们说实践是写作学习的唯一源泉。

②实践活动是写作能力、写作素养提高的重要途径。语文素养是以语文能力为核心的综合素质和修养。语文能力主要是指听、说、读、写的能力。写作能力是语文的重要能力，其发展和提高主要靠实践活动——训练来完成。写作学习从本质说是通过“训练”获得技能的过程。练笔实践必须贯穿于作文教学的全过程。

### 四、开放性原则

当代中国社会发生的重大变化之一就是进入到一个开放的时代，中华民族以更为开阔的心胸关注更为广阔的世界，同时努力促进自身的改变与发展，这使得整个社会经历着整体转型。在这样一个开放、转型的时代，我们的学校教育当然也要“转型”，走开放性的道路。教育家叶澜认为，现代学校的“开放”应有两个角度：“一个是向外的，对网络、媒体的开放，对社区、社会的开放，以及学校间、相关教育机构的相互开放；另一个是向内的，在管理上向师生的开放和教育教学活动中向学生发展的可能世界开放。”①

中国的教育一直较为封闭。学校教育以课堂教学为中心，忽视社会教育、家庭教育、生活教育。课堂教学以教师为中心，忽视作为主体的学生的存在；以教材为中心，忽视学生的实践活动。这样的教育导致了学生主体地位的丧失，创新精神的缺失，实践操作能力的萎缩。

“新课改”强调，现代的教育是“开放式”的教育，这种教育从横向看，包括学校教育、社会教育和家庭教育，三位一体。从纵向看，包括学前教育、学校教育、毕业后的教育，贯穿终身。“新课改”强调教学目标的开放，教学内容的开放，教学资源的开放，教学组织形式的开放，教学评价方式的开放。

语文教学、写作学习更是一样，具有鲜明的“开放性”特征。写作学习环境（学习空间）要开放，写作学习时间要开放，写作学习方式要开放，写作学习结果评价也要开放。

---

① 叶澜：《实现转型：世纪初中国学校变革的走向》，载《探索与争鸣》，2007 年第 7 期。

目前，在新一轮课程改革中积极提倡的综合实践活动课程、研究性学习形式为开放性写作学习提供了有效的平台。综合实践活动是基于学生的直接经验、密切联系学生自身生活和社会生活、体现对知识的综合运用的实践性课程。研究性学习是学生基于经验与兴趣，在教师指导下，从自然、社会和学生自身生活中选择和确定研究专题，主动地获取知识，应用知识，解决问题的探究性学习方式。它们都强调从课堂走出，走向社会、自然，走开放性的学习道路。近年流行的作文训练形式——话题作文，为开放性写作学习开创了新的路子。话题作文倡导“三开放”：写作范围开放——以话题为文，写作文体开放——淡化文体，写作要求开放——降低审题难度。话题作文由于有“开放性”的特征，所以成为当前高考作文题型的首选。

## 五、创新性原则

创新是人类的特征之一，是人类生存发展的手段。如果不会创新而只会重复，人类就不可能进步，就不可能有更好的生存条件和生活质量。

现代教育以培养创新人才为己任。创新人才培养的关键是创新思维的培养。所谓创新思维是一种具有开创意义的高智能活动，它与主体的意志、毅力与热情相结合就形成主体精神的特征，具有很强的开创性、突破性和新颖性。

根据心理学研究成果，人的创新思维主要表现在发散思维和聚合思维上。发散性思维又叫求异思维、开放思维，是一种不依常规、寻求变异、从多方面探索答案的思维形式。聚合思维也叫集中思维、求同思维，它是依据已有信息，对面临的问题找到一个正确答案的思维形式。

这两种思维正是写作思维的本体思维模式。一方面，写作需要抓住一个问题，或围绕一个中心，尽可能广泛地从头脑中探索与它有关的问题，这种联翩思维方法，便是发散思维的运用；另一方面，作者又要在发散思维（联翩思维）之后，经过聚合思维（集中思维），在许多项目的相互作用中“创造”出一个新的思考。因此，我们可以说写作创造的过程就是发散思维和聚合思维的整合过程，是二者协调的结果。创造性是发散思维和聚合思维高度统一的产物。

我们为什么在写作学习中强调创新思维的培养？这主要基于三方面的考虑：首先，应试教育使学生作文“千人一面、众口一腔”，套话连篇，毫无创新可言；其次，传统作文教学形成了一整套的“思维定式”，教师画地为牢，学生小心翼翼，作文没有自己的个性；再次，现代学生，特别是独生子女依赖性强，不能吃苦，能力素质不高，通过写作训练，可以强化学生独立自主的人格意识、刻苦自励的上进精神、不同凡俗的创造性思维。

写作学习，从本质上说，是具有创新性、创造性的。美国写作学家威廉·W.韦斯特在《提高写作技能》一书中指出："所有的写作都是创造性的……所有的写作都包括一种新的表达'起源、发展、形成'的过程。即使你们用的是'旧'的思想和第二手材料，你也为它们创造着一种新的而且是唯一的表达方式。你产生出一些完全新的东西，一些认真的、完全表达出你的性格和才能的东西。"①

我们认为，创新性的写作学习可以走"由模仿到创造"的道路。模仿、借鉴是提高写作技能的有效途径，是人类继承历史文化的重要手段。"模仿"好比一座桥梁，学生通过"仿作"到达独立写作的彼岸。由模仿到创造，模仿是手段，创造是目的；模仿是条件，创造是结果。

学习写作时，学生首先可以"模仿"，可以充分利用范文进行训练，从多方面熟悉和掌握范文的语言风格、表达方式，提高组词造句、布局谋篇的能力，为创造性地独立作文打好基础。然后，在模仿的基础上，摆脱模仿的痕迹，跳出模仿的圈子，进行独立操作，从内容到形式都有所创造，实现写作学习的最高发展。

① 转引自路德庆《普通写作学教程》，第 23 页，高等教育出版社，1995 年版。

# 第六章　写作学习的规律与要求

规律是事物内部各要素之间的必要联系，是事物内在本质的必然反映，是不以人的意志为转移的客观存在。写作学习规律是写作学习过程中各因素之间普遍的、必然的本质联系，是学习者必须要遵循的法则。学习写作的人如果遵循它，就能较快提高效率。总结前人经验和笔者研究，写作学习规律可以归纳为下列几条：人文共进律，知行合一律，主客互化律，博而能一律，学以致用律，从无到有律，法而无法律，先放后收律，等等。

要求是依据规律提出的基本准则，是原则的具体化。写作学习的要求是依据写作学习规律提出的，针对写作学习活动的基本规范，是写作学习原则的细化。我们认为，写作学习要遵循的要求有：内容与形式相结合，作文与读文相结合，作文训练与思维训练相结合，单项训练与综合训练相结合，命题作文与材料作文相结合，口头作文与书面作文相结合，写实与写虚相结合，勤学与多改相结合，等等。

## 第一节　写作学习的基本规律

列宁曾说："规律就是关系"，是"本质的关系或本质之间的关系"。[①] 这就告诉我们规律是事物内在各要素之间的本质联系，是事物发展过程中的必然趋

① 中共中央马克思恩格斯列宁斯大林著作编译局：《列宁全集》第 38 卷，第 161 页，人民出版社，1959 年版。

势。规律具有客观性、普遍性、必然性的特征。写作学习规律也一样，它是客观存在于写作学习过程中，是写作学习活动各要素之间不以人的意志为转移的、本质的、必然的联系和趋势。我们只能揭示、发现，而不能发明、创造它。

## 一、人文共进律

作文与做人有密切的关系，这是古今中外写作界的一个共识。中国有句俗话叫“文如其人”，意思是说具有什么样的人品，写出来的文章也就具有什么样的品格，做人达到什么样的境界，写出来的作品也就能达到什么样的境界。写作不仅仅是辞章、技艺的问题，更是作者素养本质的体现。正如鲁迅在《杂感录·四十三》中所说的：文艺创作“固然须有精熟的技工，但尤须有进步的思想与高尚的人格。他的创作表面上是一张画或一个雕像，其实是他的思想与人格的表现”。

学习写作就是学会做人的过程，“文道合一”“人文共进”是“立人”与“立文”之间本质、必然的联系。作文就是学生思想情感的文字表露，叶圣陶说“作文即做人”就是这个道理。《普通高中语文课程标准（实验）》也告诫我们的教师：“在写作教学中，教师应鼓励学生积极参与生活，体验人生，关注社会热点，激发写作欲望，引导学生表达真情实感，不说假话、空话、套话，避免为文造情。”

过去，由于受到应试教育的影响，我们的中小学写作教学有太多的“人文分离”现象，作文已异化成为应试的工具，作文成了“造假”的对象。有人说，中小学写作是“说假话，虚张声势；说大话，不着边际；说空话，胡编乱造；说套话，人云亦云”。因而造成了学生人格分裂或多重人格，阻碍了学生个性成长、精神发育，不利于“全面发展”教育目标的实现。

“新课程改革”倡导教育“以人为本”，注重人的“个性发展”，关注学生的“精神生活”，赋予教育以“生活意义和生命价值”。具体落实到写作学习，就是要求“以文载道”“以文立人”“人文共进”。我们要反对把作文教学只作“学会作文”的训练，我们要把“学会作文”与“学会做人”结合起来，在进行作文训练的同时，建构学生的整个精神生活，促进学生生命的成长。

中国语文报刊协会和人民教育出版社教材中心曾做过一个课题——做人与作文教学研究，在全国产生了较大的影响。该课题突破了“为作文而作文”的应试模式，唾弃了那种片面强调写作知识和写作技巧而忽视培养人与发展人的教学通病，一方面积极引导学生追求做人的真谛，把作文教学过程视为涵养道德情操、升华思想境界、提高文化品位的过程；另一方面又把作文能力的培养融入人的生存、享受和发展等生命需求之中，融入生命的知、情、意、行的成长之中，融入人的语言特质的铸炼之中。它的意义就在于“做人与作文”的统一、“立人与立文”的融合，值得我们思考和推广。

席云舒说得好：“能够坚守自己文化价值立场、并且有自我人格和自由独立思想的写作，是完善人生的一个重要的途径。它不仅能够使人摆脱虚无，而且能够使人的精神永存；不仅能够使其作品达到更高的境界，而且也能够实现自己的人生价值，并通过不断的自我塑造和自我完善，从而达到‘世事洞明’‘人情练达’的人生境界。”①

## 二、知行合一律

“知行合一”的思想，在我国古代哲学史上早就提出，具有朴素的唯物主义精神。孔子说：“行有余力，则以学文。”墨子说：“士虽有学，而行为本。”荀子说：“知之不若行之，学至于行而止矣。”朱熹说：“论先后，当以致知为先；论轻重，当以力行为重……致知力行不可偏。”王阳明说：“知之真切笃实处即是行，行之明觉精察处即是知，知行工夫不可离，只为后世学者分为两截用功，失却知行本体，故有合一并进之说。”

在这里我们所说的“知”“行”，主要是指写作学习过程中的理论知识学习和写作训练活动。“知行合一”，就是把学习写作理论与写作训练结合起来，通过多读、多练、多思，融会贯通写作的基本法则，掌握各种文体的基本体制与写作的大体要求，进而通变妙运，出巧创新，写出高质量的文章。

任何反映客观真理的理论都来自实践，同时又反过来指导人们的实践，从而使人们对客观事物的认识不断地向前发展。中小学的写作学习，是一种实践活动，它同样需要理论来指导；当然这指导写作学习的“知识理论”自然又是从写作实践中产生的。

课标指出：“写作知识的教学力求精要有用。应抓住取材、构思、起草、加工等环节，让学生在写作实践中学会写作。”这句话一方面强调，中小学写作教学要讲“写作知识”（当然要“精要有用”），它有引领、指导的作用；另一方

① 席云舒：《写作与做人》，http://www.xici.net/u91152/d468059.htm。

面又强调，中小学写作教学更应“让学生在写作实践中学会写作”。总之，写作知识是重要的，需要学习；写作实践是重要的，更需要训练。写作知识和写作实践本是统一的，应相互结合、彼此共进。在写作知识指导下进行写作实践活动，可少走弯路；在写作实践活动中总结经验、提升理论，丰富写作知识，提高写作者的素养，两者相辅相成。

当然，写作教学也要实事求是，一切从实际出发；写作教学还要因材施教，一切为学生着想。在写作实践活动中，我们一方面要自觉接受写作理论的指导，另一方面我们又要在写作实践活动中不断丰富或创新、改造写作理论。写作知识、写作理论是从作文教学、写作学习过程中总结出来的，具有普通的指导意义；但具体到一所学校、一名教师、一个学生，就要根据自身的情况灵活地运用以解决特殊的矛盾。总之，从自己的实际出发，实事求是，自觉运用写作的科学理论指导自己的实践，又不断创造，寻找适合自己特点、个性的写作模式，这样才能真正提高自己的写作水平。

## 三、主客互化律

主客互化律，又称“物我交融律”“物——意——文转化律”。它是指写作主体与写作客体相互转化、物与我彼此交融而成为文章的必然规律。具体地说，写作客体（即作为写作对象的客观事物）与写作主体（即有着自觉意识的写作者）的相互作用与有机融合，生成了一个“第三者”：既非“物”，又非“我”，亦即“物”与“我”合而为一者——文章。

写作客体与写作主体在写作学习中有不同的作用，周姬昌主编的《写作学高级教程》认为，写作客体在写作中有四大功能：①写作客体是触发写作者产生写作动机和欲望的诱因。②写作客体是写作者获取写作材料的源泉和从事精神劳动的对象。③写作客体是写作者表达主观意向和情思的凭借和依托。④写作客体是制约写作者精神劳动的一种客观“尺度”。写作主体在写作中也有四大功能：①写作主体为写作实践活动确定方向和目标。②写作主体赋予写作客体以生命和灵魂。③写作主体进行创造性的实际操作，将有关的写作客体弥纶成篇。④写作主体在写作实践活动中进行控制和调节，不断解决写作过程中出现的各种矛盾。[①]

---

① 周姬昌：《写作学高级教程》，第19—24页，武汉大学出版社，1989年版。

写作主体与写作客体在写作过程中相互“同化”，彼此“交融”，最后转化成文章（广义上讲，文章写成后又成为一种客体，即客观的存在物）。路德庆认为，这是一个“双重转化”“三级飞跃”的过程。文章写作首先要实现“感知飞跃”，这个飞跃就是由“物”到“意”的能动转化，即人们所称的“意化”过程，也即“内蕴飞跃”的结果；就是客观外物经过主体的观察、了解，映入作者的大脑，又经过大脑的思索、分析、综合，注入作者的理解、意念或情感，形成新的观念或意象。这就是写作过程的第一重转化。第二重转化，是把第一重转化的结果，即把经过“感知飞跃”和“内蕴飞跃”形成的观念或意象，把内蕴构建的文章蓝图，再进一步地加以整理和深化，使之更加深刻、完整、严密、精细，更有逻辑性、条理性，并用书面语言表述出来，使它成为血肉丰满、便于阅读和理解的文章。这就是由“意”到“文”的转化。①

总而言之，主客互化律即“物——意——文”的转化规律。由“物”到“意”的转化，通过思维作用，达到“意能称物”的要求。由“意”到“文”的转化，通过创新、加工，达到“辞能逮意”的效果。写作学习的过程就是从“物”到“意”再从“意”到“文”的双重转化，或“感知——内蕴——外化”三级飞跃的过程。

### 四、博而能一律

博而能一律，又称“多元因素统一律”，这与写作活动的“综合性”特点有紧密的联系。它是指写作主体在写作实践活动中，综合运用自身多方面的素质、修养和能力，去感知、运思、表达，最后构成文章的必然过程。

所谓“博”，是指写作主体积淀厚、素养高；所谓“一”，是指写作者能融会贯通、厚积薄发。“博”要求学习写作者有深厚的积累、良好的素养。一个人的素养是先天禀赋和后天努力的结果，只有综合素养好，文章才能写得好。唐代散文大家韩愈说：“将蕲至于古之立言者，则无望其速成，无诱于势利。养其根而俟其实，加其膏而希其光，根之茂者其实遂，膏之沃者其光晔。”（《昌黎先生集·答李翊书》）其意是说，写文章要从根本上着手，而不要求其速成，也不要受什么“势利”的诱惑。有了旺盛的根，自然会结出果实；有了又好又多的油

① 路德庆：《普通写作学教程》，第25—26页，高等教育出版社，1994年版。

脂，灯光自然明亮。

“一”要求学习写作者有综合能力，能整合“博”，形成“一”，做到“厚积而薄发”。换句话说，就是要求写作主体对自身所具有的多方面的素质、修养和积累进行归纳、集中、调动和支配，最后形成一篇文章。当代小说家茹志鹃说：“我在写每一篇东西的时候，哪怕是一篇短小的散文，我都在调动我的一切储备……是的，我在写每一篇东西的时候，我都翻箱倒柜，把所有的储藏，只要能用的都使用上来，哪怕并不是用在文字上。”（《漫谈我的创作经历》）这种“翻箱倒柜”“调动我的一切储备”“只要能用的都使用上来”的情况，正是写作主体在写作实践活动中对于“博”的一种综合，即“能一”的过程。

“博而能一律”与“厚积薄发律”“物我转化律”都有相近的意义，它们都强调积累、积淀的过程。唐代张璪论画时说画画“外师造化，中得心源”，这个观念对于写作学习也有启发。“外师造化”是指画家必须从大自然中汲取创作的原料，观其形，得其神，作为创作的根基。“中得心源”是指画家还要在绘画中注入自己的深刻感受和情意。“外师造化”与“中得心源”有机结合，即“物我合一”的境界，只有这样进入创作，才能创造不朽的艺术作品。文章写作学习过程也是一样，只有进行丰富的“生活积累”“文化积淀”，摄取大量的写作材料，提高自己的综合素养，再注入自己的体验、感悟、认知、情感、思想，达到外物与内心的交融，主体与客体的统一，才能写成优秀的文章。总之，文章的写作是内外诸多因素综合、交融和统一的结果。

“博而能一律”要求学习写作者必须具备多方面的素质、修养和能力。素质主要包括人生观、美学观、伦理、道德、文化水平、情感、意志、性格、气质、习惯、兴趣等。修养主要指生活阅历、思想品格、知识结构、艺术修养、语言修养等。能力包括观察、感受、理解、记忆、思维、想象、分析、推导、判断、表达等。

解剖文章的要素，我们也会发现“博而能一律”在写作中的体现。文章的“主题”，主要体现写作主体的政治素质、思想修养和思维、理解等方面的能力；文章的“材料”，主要体现写作主体的生活阅历、知识修养以及观察、感受、记忆等方面的能力；文章的“结构”“语言”和写作方法，则主要体现写作主体的文化素质、艺术和语言修养以及思维、想象、表达、判断等方面的能力；文章的风格特点，也体现了写作主体的性格、气质、兴趣、习惯等心理方面的素质。

综上所述，“博”是写作主体赖以综合、写作的基础，“一”是写作主体进行综合的过程和结果。有“博”才有“一”，“博”是“一”的基础，“一”是“博”的综合和结果。整个写作过程，实际上就是“博”与“一”相互矛盾与统一的过程，亦即在写作主体的支配下，由“博”到“一”的综合和创作的过程。

### 五、学以致用律

叶圣陶指出：“学生为什么要练习作文，对于这个问题，老师必须有正确的认识。练习作文是为了一辈子学习的需要，工作的需要，生活的需要，并不是为了应付升学考试，也不是为了当专业作家。如果说考试，人在一生中要遇到不知多少次的作文考试，写信，写通知，写计划，写总结，写报告等，全是作文考试。”① 在这里叶老明确了写作的“实用价值”。

我国一直有崇尚为文实用的传统。王充说：“为世用者，百篇无害；不为用者，一章无补。”（《论衡·自纪》）曹丕说：“盖文章，经国之大业，不朽之盛事。”（《典论·论文》）白居易说：“文章合为时而著，歌诗合为事而作。”（《白氏长庆集·与元九书》）顾炎武说：“文之不可绝于天地间者，曰明道也，纪政事也，察民隐也，乐道人之善也。若此者，有益于天下，有益于将来，多一篇，多一篇之益矣。”（《日知录》）所有这些都道出了一个真理：学以致用。

写作“学以致用”符合语文学科设立的目的、语文课程的性质。为什么要设立语文科？作为语文学科独立宣言的清代《学务纲要》明确指出：“其中国文学一科，并宜随时试课论说文字，及教以浅显书信记事文法，以资官私实用。”② 语文具有工具性和人文性的特点，工具性即强调语文的实用功能，语文是传授文化知识的工具，语文是载道明理的工具，语文是思想思维的工具，语文是表情达意的工具，语文是审美创美的工具，语文是生活工作的工具，语文是学习其他各门功课的工具。作文也是一样，它之所以能存在和发展，是因为它服务于社会，贡献于国家，有益于个人。

写作“学以致用”符合教育学、心理学原理。叶圣陶说，学生写作学习动机如何“激发”，“一使需之切”，“一使乐其业”。人是有需要的。根据马斯洛“需要层次”理论，人既有生理需要也有心理需要，既有实用需要又有审美需要。如

---

① 见顾黄初、李杏保《二十世纪前期中国语文教育论集·中学作文指导实例序》，第258页，四川教育出版社，1991年版。

② 见舒新城《中国近代教育史资料》上册，第205页，人民教育出版社，1985年版。

果写作学习能与生活结合，成为学生一种现实生活的需要，精神生活的需要，那么就能激发学生的写作欲望，变“要我写”成“我要写”，这样就能大大提高学习的效率。

“实用”是作文的本意、生命，作文不为实用，写作也就失去了意义和价值。正如王安石所说的：“所谓文者，务必有补于世而已矣……要之以适用为本。”（《临川集·上人书》）学生学习写作就是为了“实用”，包括升学之用、谋生之用、应世之用、实业之用、为政之用等。只有遵循为文“经世致用”的目的，才能激发学生学习写作的动机，促进学生自动写作、能动写作、创造性地写作。“文章天下公器”，如果我们的写作不为国家所用，不为社会所用，不为生活所用，不为工作所用，不为学习所用，学它又何干？张志公先生说：“学生毕业出来，应用文写不了。医案、广告、产品说明、新闻报道写不了，公文写不了，设计说明写不了，实验报告写不了，企业盈亏情况写不了，市场需求的调查报告写不了，合作经营的协议书写不了，请示写不了，合同定不了，如此等等，能适应市场经济的需要吗？”①

## 六、从无到有律②

从“无到有律”是“无限——有限律”“无向——有向律”“无序——有序律”“无形——有形律”的合称。它从“认识论”“传播学”“语言表达”“体式技巧”四个方面揭示了写作学习的基本规律。

### （一）无限——有限律

写作客体是无限的，这是指客观世界千差万别的事物、千变万化的现象以及每一个自身的复杂结构与无穷变化；写作载体是有限的，这是指语言材料所组成的文章，篇幅有限、容量有限。于是，写作主体在无限的写作客体与有限的写作载体之间，要以有限反映无限。这一对尖锐的矛盾，必然地反映在写作过程之中，并且成为写作学习的一条基本规律。

“有限”反映“无限”，必须首先化“无限”为“有限”。写作过程中的“炼意”，正是这种转化的关键。“无限”变“有限”，是思维的结晶，是认识的成果，又是语言的功能、写作的技巧。

---

① 张志公：《语文教学要同现代化建设接轨》，载《课程·教材·教法》，1994 年第 2 期。

② 参见吴伯威《基础写作教程》，第 33—37 页，山西教育出版社，1997 年版。

认识并把握“无限——有限律”，主要在于对反映对象的全面理解与深入开掘。在全面理解的基础上，经过比较和筛选，发现并把握反映事物本质的最佳角度，使“无限”变为“有限”，又以“有限”反映“无限”，这才是写作的最高技巧。

（二）无向——有向律

思想认识是无向的，这是指人们在孕育和形成某一思想认识过程中，是没有“为谁而想”的方向性问题的；思想交流是有向的，这是指人们在产生写作欲望和选择传播对象过程中，就出现“向谁说”的方向性问题了。于是，写作主体在思想认识的无向性与思想交流的有向性之间，要由“无向”转为“有向”。这同样一对矛盾，必然地反映在写作过程之中，成为写作学习的基本规律。

“无向”转为“有向”，用通俗的说法，就是“心中有读者”。文章写作是有目的的行为，它有明确的指向性，因此，写作主体心里要有“读者意识”。写作要反映时代的需要、适应社会的需要、切合读者的需要，所以写作学习过程中题材的选择、主题的确定、体式的运用、技法的变换、语言的表达等，都要“有向”，这是毫无疑问的。

（三）无序——有序律

内部言语（思维）是无序的，这是由内部言语的隐蔽性、模糊性与跳跃性所决定的；外部言语是有序的，这是因为外部言语，尤其是书面的文字符号，必须有序地组合和有序地排列。

写作主体的思维与语言的转化过程，必须经历一个无序向有序演变的过程。

思维活动是一种十分复杂的内部言语过程。人们在构思过程中，经常“思前想后”“翻来覆去”，但是一旦转化为外部言语，用语言文字表达思维成果时，就要有词序、句序、层次、段落、章节。于是，隐蔽变为明显，模糊变为清晰，跳跃变为连贯，无序变为有序，这是一条不变的规律。

（四）无形——有形律

思维结晶是无形的，这是指思维是一种无形的大脑功能，其结晶存放于脑海之中看不到，摸不着；写作成果是有形的，这是指文章是一种物化的生产成品，其成果出现在稿纸上有形，有义，甚至有声，有色。

写作主体思维结晶转化成为有完整体式，有形美、文美的写作载体，这是写作的根本任务，是传播的必需方式。

无序变有序，只是使表达达到清楚、有条理的需要；无形变有形，则是使传播达到生动、活泼的需要。所以无形变有形强调形式美。文章的标题美、结构美、语言美、格式美、文体美等方面的形式美，都可以激发阅读兴趣，增强传播的效果。

### 七、法而无法律

“法而无法律”是指写作主体自觉或不自觉地学习、借鉴具有相对稳定性的写作之法，并加以革新、创造，灵活运用于写作实践活动的必然过程。

“法”是指写作学习者首先要遵循、学习、模仿符合写作规律的一定方法、模式、体制。古人说：“天下之事，莫不有法。”（清·包世臣《艺舟双楫》）写作肯定亦有“法”，所谓“文有法”“文成而法立”也。如元人乔梦符云：“作乐府亦有法，曰凤头、猪肚、豹尾。”（见元·陶宗仪《南村辍耕录》）即为结构之法。又如今人谓议论文“三段论”（提出问题——分析问题——解决问题），即为构思之法。

“无法”，并不是对“法”的否定，而是指对“法”灵活运用和创新、发展。古人说“文有法，文无定法”。一方面，任何一名初学写作的人都要学习、模仿前人总结的文章体制、写作准则和写作技法。另一方面，写作学习者又要对前人之文法进行加工、改造、革新，以求发展、提高。例如《史记》对“春秋笔法”的继承与创新，就是一个典型的例子。

“法而无法”就是这样一种“通变”的过程。“法”是不变，“无法”是变。“不变”是法，“变”其实也是法，是“新法”。总之，“法”是“无法”的基础，“无法”是“法”的通变。正如古人说的“法寓于无法之中”，“无定之中有一定焉”，“无法之法，乃为至法”。

总而言之，我们学习写作，既需要一定的“法”，又需要突破一定的“法”。不了解和掌握一定的“法”，写作便不能“入门”；而不突破死板的“法”，那么又写不出好的文章、新的文章。我们应该辩证地对待“法”与“无法”。其实，客观地讲，写作实践活动的历史发展过程，就是“法而无法”的通变过程。从无法到有法，再到无法，整个写作发展的历史过程，正是这样一个循环往复的演化、变革的过程。

需要指出的是，我们常常提及的写作学习是由模仿到创造的过程（也被称之为“由仿到创律”），其实就是“法而无法律”。模仿就是学习前人之“法”，创造就是对前人之法的化用、融合、创新（“无法”）。现代文学家茅盾说：“模仿可以说是创造的第一步"，"又是学习的最初形式"。[1] 没有模仿就没有创造。只有模仿，不会创造，则必然走上"公式化""模式化"的道路。这是一条必然的、不变的规律。

### 八、先放后收律

"先放后收"是我国古代学者在长期写作实践中总结出来的学习写作的宝贵经验。南宋文学家谢枋得编写的《文章规范》最早出现这一提法。他将69篇文章以"放胆文""小心文"两类分编，从如何学习写作的角度阐述写作规律。他说："凡学文，初要胆大，终要小心。由粗入细，由俗入雅，由繁入简，由豪荡入纯粹。"因此，他主张先学放胆文："初学熟之，广开胸襟，发舒其志气，但见文之易，不见文之难，必能放言高论，笔端不窘束矣。"[2]

"先放"，即首先鼓励学生大胆地写，放手地写，以不挫伤其兴趣和信心，等有了一定的基础之后，再要求精练和严谨。清代学者王筠指出：初学文"即令作论，以写书为主，不许说空话，以放为主，越多越好。但于其虚字不顺者，少改易之"。"作诗文必须放，放之如野马，踶跳咆嗥，不受羁绊，久之必自厌而收束矣。"（《教童子法》）唐彪认为教师批改作文，也要"先放"："先生于弟子之文，改亦不佳者，宁置之。""盖不可改而强改，徒费精神，终不能亲切条畅，学生阅之，反增隔膜之见。""惟可改之处，宜细心笔削，令有点铁成金之妙，斯善矣。"（《父师善诱法》）

"后收"，即限定活动范围，让学生知其文法，通过严格训练，使其文章写得精粹，以至于"议论精明而断制，文势圆活而婉曲，有抑扬，有顿挫，有擒纵"。王筠举例说："诸城王木舟先生十四岁入学，文千余字；十八岁乡魁第四，文七百字；四十岁之文，不足六百字，此放极必收之验也。"

"先放后收"也是现代教育理论研究揭示的科学的写作学习规律。国内外早期作文实验表明：儿童有强烈的表达欲和大量的表达行为。90%的儿童认为自己会作文，讲故事、述见闻是"口头作文"，画符号、画画加拼音是"书面作文"。早期作文，儿童以自我为中心，对写作毫不畏惧，这种自信心和自得其乐，就是儿童写作积极性的源泉。正确的指导原则，就是"放"，鼓励他们放胆去说去画

① 茅盾：《茅盾文集》第10卷，第135页，人民文学出版社，1961年版。

② 转引自陈毛美、郑蓉芳《中学语文教材教法》，第206页，东北师范大学出版社，1997年版。

去写，千万不要早早给他们念“紧箍咒”。

## 第二节　写作学习的基本要求

“规律”是事物发展过程中必然存在的稳定的联系和趋势。规律是客观的、科学的，是不以人们的意志为转移的。“要求”是根据对规律的认识而制定的，希望能更有效“做事”的具体策略。要求具有主观性，提出要求的目的是使人们的行为更加符合“规律”，追求更高的效率。写作学习要求是对写作学习规律的体认，是写作学习原则的具体化。总结前人的经验和自己的研究，我们认为，在学习写作时，要做到以下要求：内容与形式相结合，作文与读文相结合，作文训练与思维训练相结合，单项训练与综合训练相结合，命题作文与材料作文相结合，口头作文与书面作文相结合，写实与写虚相结合，勤写与多改相结合。

### 一、内容与形式相结合

相对于写作学习而言，作文内容主要是指主题、材料，作文形式主要是指结构、语言、表达方式和文体等等。

主题，古人称“意”“主旨”或“主脑”，即现在所谓的“中心思想”，是一篇文章的统帅和灵魂。文章写作讲究学会“立意”，立意高远，其文必深。材料，又称资料，写作前收集的叫“素材”，写作时用于文章而表达主题的叫“题材”，是文章的物质基础。学习写作首先要学会“取材”“选材”，没有材料难以成就文章，故俗话说“巧妇难为无米之炊”。

结构是文章的内部组织和框架，相当于人体的“骨架”，它是支撑文章的钢构。学习写作必讲“构思”，即是对文章的安排，或称布局谋篇。语言是文章的表达符号，写作者追求“遣词造句”的通达、美感，即是对语言的基本要求。孔子说：“言之无文，行而不远。”表达方式是指语言的表述形式，主要包括记叙、描写、抒情、议论和说明五大类。不同的表达方式用于不同的文章写作，初学写作者必须分清。文体是文章的体式、体裁，是文章的类型和文种。什么样的文体适合什么样的内容要心中有数，始终有“文体意识”。

文章“六要素”，即主题、材料、结构、语言、表达方式和文体，对于写作学习都很重要，都要认真研习。主题、材料属“内容要素”，主要靠学习者平时多观察生活，多阅读文献，积累知识，提高认识，我们可称之为“文外功夫”，需要长期修炼，陆游说：“汝果欲学诗，工夫在诗外。”（《剑南诗篇》）结构、语言、表达方式和文体等属“形式要素”，也要靠学习者持之以恒，训练有素，要求写作主体“规矩备具能出于规矩之外，变化不测而亦不背于规矩也”。（吕本中《后村先生大全集·夏均文集序》）我们可以称此为“文内功夫”。

文外功夫是写作的基础和源泉，文内功夫是写作的手段和方法。不学“文外功夫”无以立意、定材，不学“文内功夫”难以构思、表达、定体。并且两者必须相结合，以求综合、通变，才成文章。

文外功夫与文内功夫的契合点，就是“练笔”。不在练笔上用工夫，则基础动摇，源泉枯竭，手段、方法也不能通变。唐彪说：“学人只喜多读文章，不喜多做文章，不知多读乃借人之工夫，多做乃切实求己工夫，其益相去远也。”（《读书作文谱》卷五）只有刻苦训练，才能掌握写作规律，提高写作能力。

### 二、作文与读文相结合

读文与作文有密切的关系。从语言学习的过程上看，读文是语言的习得过程，作文是语言的运用过程。读文在先，作文在后，读文是作文的基础；从提高写作能力角度来看，读文只是手段，作文是目的。作文必须依靠读文。虽然读文能力强，作文能力未必强；但读文能力不强，作文能力肯定不强。

读文是大量吸收知识、积累材料的过程，是作文内容的主要来源；读文还可以借鉴前人行文的方法技巧，触发灵感的火花。所以说，“读破书万卷，下笔如有神。”

读文是作文的基础。马克思写《资本论》，除了对当时的社会状况作了大量考察外，他还仔细钻研了大量的文字资料，摘抄重要书籍达1500多种，并且系统整理的笔记就有250多本。法国科幻小说作家儒勒·凡尔纳每研究一个科学问题，写一本科幻作品，总是事先收集大量资料。他去世后，人们在他书房中发现他亲自摘录的笔记竟达2.5万多本。

冰冻三尺，非一日之寒。骐骥千里，非一跃之功。要著书立说，写作文章，就必须从阅读前人文章开始，积累材料，并善于运用。

书籍是人类精神的产品。浩如烟海的文字资料，是取之不尽、用之不竭的文化宝库。我们从中不但可以获得大量的写作素材，还可借鉴技法，从模仿到创造，走出一条属于自己的写作之路。

作文与读文相结合有两条途径，一是与课外阅读相结合，一是与课内阅读相结合。为提高语文教学的效率，读文教学要兼顾作文教学。语文教师要对课文作一番涉及作文教学的研究，使阅读教学成为作文教学的基础。这就是我们平时所讲的“以读促写”“以读带写”。作文与课外阅读相结合则表现为“以写带读”“为写而读”，多数情况下阅读材料作为写作的对象，如为长篇小说写梗概，写读后感，写文学评论等。

目前在中小学流行的“读写结合”作文教学模式值得提倡。这种模式，往往以读为基础，写为中心，从读中学写，以写促读。例如学解题，练命题与拟题；学归纳中心，练表现主题；学分段与概括段旨，练拟写提纲和布局谋篇；学区别文章的主次，练详写和略写；学捕捉重点段落，练突出中心；学品评文章，练修改作文；学作者观察事物，练习写前观察；学遣词造句，练词语运用；学表达方式，练语言表述。

总之，读文与作文有必然的联系。读是写的基础，写是读的发展，两者相互作用，相互迁移，相互发展。

### 三、作文训练与思维训练相结合

语文是语言学科。语言是思维的载体，是思维的物质外壳；思维是语言的内核，是语言的内部形态。于是我们把思维称为“内部语言”，称语言为“外部语言”，从这个意义上说，语文学科又是思维学科。在语文教学中，思维的训练往往是通过语言训练来实现。但为了达到更好的语言训练目的，也可以通过训练思维来训练语言。语言训练与思维训练相结合是语文教学的重要原则。

作文是富有创造性的复杂的语言实践活动。作文训练同样要与思维训练相结合，才能达到最佳效果。

古人讲“心之官则思”。思维是人类大脑对客观事物的能动的反映，是人类特有的一种精神活动。思维能动地反映外物具有间接性和概括性。因此，人通过思维，可以认识没有直接作用于人脑的种种事物，也可以预见事物的发展变化。人借助思维，能从个别概括一般，从现象透视到本质，从现实推测过去，预见未来。所以，思维是认知、学习的重要手段。写作系统是由写作主体和写作客体组成的有机整体，思维是主体与客观沟通的唯一桥梁，因此思维也是写作学习的核心。思维品质的差异、思维能力的高下，直接影响写作能力和水平。

关于“思维”与“语言”的关系，叶圣陶谈得很多，很全。叶圣陶说：“语言和思维密切相关，语言说得好，在于思维正确。”“命题作文，不仅练笔，实为训练脑筋，就其某一事物详悉思之。”① 1946 年叶老就在《中学生》杂志 175 期中指出：“写文章就是说话，也就是想心思。”（《谈文章的修改》）1958 年他在《和教师谈写作》一文中又说，作文要“想清楚后再说”。想清楚了，“朦胧的思想”才能变成“清明的思想”，“零零碎碎不成片段的语言”，才能成为“有条有理组织完密的语言”。什么叫“想清楚”呢？叶老又指出：“为什么要写，该怎样写，哪些必要写，哪些用不着写，哪些写在前，哪些写在后，是不是还有什么缺漏，从读者方面想是不是够明白了……诸如此类的问题都有了确切的解答，这样才叫‘想清楚’。”

如何把语言（作文）和思维训练结合起来？语文教育家、北大附中教师章熊的“语言——思维”作文训练模式，为我们提供了成功的例子。他说：“语文教育教学的基本任务，应该是使学生思维清楚，语言准确。因此，对于中学语文教学来说，教师目前应该注意的还是学生语言发展和思维发展的联系。在培养和训练中，应该把语言和思维的训练放在首位。”他的做法是：从具体的语言活动过程中来训练思维，从而提高写作过程中的思维能力，最终产生真正的有意义的写作能力。例如，他在高一的“说明性练习”中的“语言和思维”训练，就设计了词语注释、程序说明、回答问题、类比与对比等项目。他力图在语言中训练学生的思维，使学生的写作思维得到潜移默化的发展。因此，我们可以说，这一“说明性练习”，不单是“说明文练习”，更是“说明思维”的练习。这样语言（作文）训练就与思维训练完美地结合在一起了。

作文的思维训练不仅要训练学生的“常规思维”（形象思维、抽象思维），更要训练学生的“非常规思维”（创造性思维）。形象思维训练主要指联想和想象的训练，抽象思维训练主要指逻辑思维（概括、判断、推理）和辩证思维（分析、综合、分类、比较、抽象、概括、系统化、具体化）的训练，非常规思维训练主要是指求异思维（发散思维）、逆向思维、多项思维（横向思维）、收敛思维（聚合思维）、立体思维（灵感思维）的训练。

---

① 叶圣陶：《叶圣陶语文教育论集》，第 673 页，教育科学出版社，1983 年版。

## 四、单项训练与综合训练相结合

写作学习是一个复杂的语言、思维发展过程。在写作学习过程中，一方面要进行分解式的局部的练习，另一方面又要进行完整式的综合的作文训练。

作文训练本身就是一个完整的母系统。这个“母系统”包含着语言文字训练、写作能力训练及心理能力训练等子系统。具体地说，主要包括三大类：①审题、立意、选材、构思、表达、修改的训练。②观察、思维、记忆、联想、想象的训练。③叙述、描写、抒情、议论、说明的训练。为了便于学生掌握各方面的能力，我们还可以把“子系统”再分点、分项进行训练，如描写训练可分成环境描写、人物描写训练；人物描写训练又可分为肖像、语言、动作、心理描写训练等。这种针对学生写作能力某一方面的局部训练十分有效，它可以使写作变得具体、细致，便于学生操作、学习。

需要指出的是，我们平时还讲“片段练习”，它是着眼于文章结构的某一部分的训练，如作文开头训练、结尾训练，虽然它与“单项训”有一定区别，但由于它们都是针对作文局部、片段的练习，因此我们也可以归纳到单项作文训练中，以示相对于整篇的作文训练。

语文教师常青的“分格作文教学法”是单项作文训练成功的案例。“分格作文”从学习、辨析声音、动作、形态、味道、颜色、情感等“六部件”入手，让学生逐步掌握“五大格”：写人格、记事格、景物格、章法格、形式格。并辅以观察能力格、析微能力格、想象能力格、表达能力格的训练，循序渐进地提高学生的写作水平。

整篇的作文训练又叫“综合作文训练”，也就是中小学常讲的“大作文”。大作文的形式很多，归纳一下，主要包括下列几类：①命题作文：教师出题，学生按题意写作的训练方式。②材料作文：教师给学生提供适当的材料，让学生按要求进行写作训练的方式，广义上的材料作文，包括缩写、续写、仿写、改写、扩写、补写、译写等。③话题作文：老师提供话题，让学生自由发挥的作文训练形式。④情境作文：教师设计并提供一种生活中的具体情境，让学生运用想象、推理，设身处地进行发挥的作文形式。⑤自由作文：不由教师出题、给材料，由学生自主拟题、选材的作文训练。另外，近年出现的想象作文、活动作文、生活作文、研究性作文、申论等，只要是整篇作文训练，我们都可以纳入“综合作文训练”之中。

单项作文训练可以培养学生写作的某一种能力，综合作文训练可以培养学生写作整篇的能力。两者各有长短，学习写作时可以兼顾，把它们有机地结合在一起，相辅相成，有效地提高写作水平。

### 五、命题作文与材料作文相结合

命题作文是古老的作文训练方式，至今仍有生命力，在中小学作文训练中经常使用，在高考命题中也经常出现。

命题作文是一种由教师命题、学生根据题意和要求独立作文的训练样式。命题作文的好处在于：所有学生同作一题，便于教师按要求统一指导，统一批改，统一讲评，可以有计划、有秩序地训练学生作文能力。再者，学好命题作文，到社会后容易适应“遵命写作”，便于发挥自己的写作才能。

命题作文训练关键在于“命题”。作文命题形式很多，按文体分，有记叙文命题（状物型、叙事型、记人型、写景型、抒情型等）、议论文命题（论点型、论题型、关系型、引申型、批驳型等）、说明文命题（解说事物型、剖析事理型、阐明意象型等）、应用文命题、文学作品命题等。

语文教师要想让学生不“畏惧命题作文”，使写作训练取得较好的效果，命题就要做到：①注意整体设计，要有目的性和计划性。②符合学生心理特点，要有趣味性和启发性。③强调题目的实用价值，要有时代性和应需性。

命题作文当然也有许多缺点，如对学生限制多，学生往往不想写或没有东西写，不利于学生主动性、积极性和创造性的发挥。正因为如此，近年学生写作训练往往是材料作文、话题作文。

材料作文也叫“条件作文”或“限制性命题作文”。它是在教师提供材料的基础上，学生按照一定要求进行的写作训练方式。材料作文的形式很多，包括：①给文字材料作文，如编写、扩写、读后感、写给材料议论文等；②给图表材料作文，如据图表叙述、据图表说明、据图表议论、据图表抒情等；③给影视材料作文，如写梗概、写感想、写评论、写续篇等；④给音响材料作文，如听记、听感、听评等；⑤给实物材料作文，如实物写生等。

从广义上说，话题作文、情景作文、想象作文、生活作文、申论等都属于材料作文，因为这些作文形式也是给“材料”的作文训练。近几年特别流行的“话题作文”，是“开放式”的材料作文，它写作范围开放，写作文体开放，写作要求开放，更利于学生自由发挥，因此深受中小学生和高考界的青睐。

学生学习写作只作命题作文，不利于自由表达、张扬个性。只作材料作文或话题作文，不利于“先放后收”，不利即时应用于社会。要全面提高自己的写作水平，一方面我们要训练材料作文，先求“放”。另一方面我们又要训练命题作文，以求“收”。先放后收，收放自如，写作一定能上一个新台阶。

## 六、口头作文与书面作文相结合

口头作文与书面作文相结合，简称“说文”与“作文”相结合，是循序渐进提高学生写作水平的主要途径。

课标把写作教学分为三个阶段：写话、习作、写作。明确要求：“对写话有兴趣，写自己想说的话，写想象中的事物，写出自己对周围事物的认识和感想。”

学习写作从学习“写话”开始，这是一条规律，是写作学习的入门路径。我国著名语文教育家袁微子认为：从说话直接过渡到写话，完全可走出一条用自己的话表达自己的思想的道路来。他甚至认为，完全不必走“模仿”之路。他强调：没有“由仿到作”的框框束缚，成效更快，转入书面语言不必绕“仿”的弯子，否则有意栽培反而扼杀儿童的才能。这话虽然有点绝对，但他提出的关于“写作应走写话之路”的主张，已得到语文界普遍的认同。

口头作文与书面作文虽然不一样，但它们在表达上有许多共同点，如都讲究言之有物，条理清楚，语言规范。所以口头作文与书面作文可以有机结合，彼此促进，共同提高。

口头作文的形式很多，可以进行单项训练，也可以进行综合练习，可以命题，也可以自由拟题，可以列入计划，也可以自由进行，如复述课文、讲解故事、诗歌朗读、讲演比赛、展开辩论、经验交流等。

由“想文”到“说文”再到“作文”，是复杂的言语转换过程，即由内部言语过渡到口头言语，再到书面言语的过程。这一过程并非完全一样，不是“会想”就“会说”，“会说”就“会写”，它需要通过循序渐进地进行“言语转换”训练，才能完成。特别是要完成“口头言语”转换为“书面言语”有一定的难度，因为要落笔成文，就必须考虑字的写法、词语搭配、句段组织、过渡照应、开头结尾等具体问题，需要扎扎实实的文字功夫，所以我们要求学生动脑动手写成文章，并且要反复训练，才能熟能生巧，转换自如。在“说文”向“作文”转换过程中，我们应强调两点：一是“我手写我口”，将合乎语法而又生动活泼的口语如实写下来，不必硬套所谓书面语，走“原生态”创作道路。二是“说写合一，说写并进”。说文后可以立即作文，作文时又可“自言自语”，“念念有词”，作文后还可“说文”——朗读、介绍、复述、演讲，实行说文作文相互统一，两者相辅相成，彼此促进。文学家茅盾先生的密友秦德君在《青春丛刊》第30期谈茅盾的创作特点时写道：“茅盾的思，喜欢先讲，直到成熟，然动起笔来就快。”这句话反映了从想文到说文再到作文的转换过程，这一经验值得我们学习。

## 七、写实与写虚相结合

“写实”是指写作取向“现实”，真实反映生活，描写现实世界，表现社会现象，传达个人实际。“写虚”是指作文取向“虚空”，通过联想、想象、幻想，甚至梦境，反映“虚拟生活”，表现虚幻世界。写实主要反映作者的观察能力、记忆能力；写虚主要体现作者的联想力和想象力。

在长期的写作教学实践中，古今中外，对作文的“写实”“写虚”有不同的看法。有的教育家、教师重视“写实”，认为作文必须反映现实，记录生活，故训练写作从“写实”开始。有的教育家、教师重视“写虚”，认为儿童富于幻想，愿意抒写自己“所想”的东西，所以写作从“写虚”开始。

重“写实”、先实后虚的，我国最典型。例如刘朏朏、高原的“观察——分析——表达”三级训练模式。他们的做法是：第一步训练培养学生观察力（一般观察训练——深入观察训练）；第二步训练培养学生分析能力（分析初步训练——分析入门训练）；第三步训练培养学生表达能力（语感训练——章法训练）。观察是该体系的基础、分析是核心、表达是结果。可以看出，这是一种非常典型的“写实”训练模式。

又如，我们国家还特别重视“应需性作文”训练。所谓应需性作文，即在日常生活、工作和学习中所必须应用的简明、通俗、实用的文字，如笔记、日记、书信、广告、讲话稿等。应需性作文训练，不是为“练”而写，而是应生活、工作、学习之需，不受时间和空间的限制，突出了写作的“实用价值”。

重“写虚”、先虚后实的，英国最典型。英国的学生，从小学一直到中学都强调写“故事文”。他们认为，写故事，虚构情节，一可唤起学生作文积极性，因为儿童最喜欢用自己的“幻想”去解读世界；二可为学生提供自由想象的机会，切合儿童心理需求；三也能为写作提供丰富的内容。“写故事”的目的是通过写有趣的虚构的故事，引导学生认识什么叫作文，使他们感到作文的乐趣，逐渐习惯写作文，这是符合教育学、心理学原理的。

"写虚"还可以训练学生的联想力和想象力。这也是作文教学的一个重要任务。爱因斯坦说："想象比知识更重要，因为知识是有限的，而想象力概括世界上的一切，推动着世界进步，并且是知识进化的主要源泉。"对于写作，想象力同样重要，没有想象就不可能有写作，更不可能有创造性写作，因为一个想象联想丰富的人，才可以把外部世界涂上一层迷人的虚幻的色彩，从而进行创造。想象是创新的基础，加强想象、虚构的训练，有助于培养学生的创新精神和创造能力。

"新课改"后，我国语文界逐渐开始重视"想象作文"训练，从目前的实践效果来看，十分令人向往。想象作文训练主要有七种方式：①关联式想象作文，如"春雨断想"。②再造式想象作文，如看图作文。③扩展式想象作文，如扩写"自相矛盾"的故事。④延伸式想象作文，如续写"项链"。⑤假想式想象作文，如"假如我是一名市长"。⑥寓意式想象作文，如寓言、童话、故事等。⑦科幻式想象作文，如1999年高考作文题"假如记忆可以移植"。[①]

综上所述，写实、写虚各有利弊。写作学习不应讲重实轻虚、重虚轻实或先实后虚、先虚后实，而应该虚实结合、虚实合一，彼此促进，共同发展，整体提高学生的写作水平。

### 八、勤写与多改相结合

勤写苦练，一直备受我们的重视，事实也证明，写作学习非下苦功进行反复训练，否则不可能提高写作水平。

但是我们一直忽视"多改"，这可能也是我们写作教学低效的一个原因。新颁布的《义务教育语文课程标准（2011年版）》关于写作教学改革有一个很大的亮点就是"注重写作过程，强调学生自我修改"，指出："修改自己的习作，并主动与他人交换修改"，"重视引导学生在自我修改和相互修改的过程中提高写作能力"。在"评价建议"中还明确要求教师"重视对作文修改的评价。要考查学生对作文内容、文字表达的修改，也要关注学生修改作文的态度、过程和方法。要引导学生通过自改和互改，取长补短，促进相互了解和合作，共同提高写作水平"。

---

① 参见王文彦、蔡明《语文课程与教学论》，第171—172页，高等教育出版社，2002年版。

在西方的母语教学中，不管是写作理论上还是作文教学实践上，都普遍重视学生作文的“自我修改”。在他们看来，“修改”是一个重新认识、重新发现、重新创造的过程，是作者基于对题目、读者和目的等“修辞环境”的清醒体认，运用批判思维来对内容和形式重新认识、发现和创造，还包括对文体、样式以及遣词造句的熟练把握。甚至，西方写作理论家、教师还把“修改”置于写作教学的中心地位，“可以说，写作就是重写或修改。”①

其实，我国古代和现代的作家也十分重视写作的“修改”。唐代诗人白居易在诗中说：“旧句时时改，无妨说性情。”宋代文学家欧阳修改文章是“书而缚之屋壁，出入观省之”。所以朱熹称赞“欧公文亦多是修改到妙处”。曹雪芹写《红楼梦》也是“披阅十载，增删五次”。鲁迅先生在谈自己的写作经验时曾说：“写完后至少看两遍，竭力将可有可无的字、句、段删去，毫不可惜。”② 毛泽东后来说：“鲁迅说‘至少看两遍’，至多呢？他没有说，我看重要的文章不妨看它十遍八遍，认真地加以删改，然后发表。文章是客观事物的反映，而事物是曲折复杂的，必须反复研究，才能反映恰当；在这里粗心大意，就是不懂得作文章的起码知识。”③

可以说，经过认真修改，不但文章质量会得到提高，而且我们认识事物、分析事物的能力也会得到锻炼，这是写作主体素养得以提高的关键。

写作教学已很重视“勤写”了，我们还要指导“多改”，自我多改，把两者结合起来，这样才能更快地提高教学效率，提高写作水平。

---

① 祈寿华：《西方写作理论、教学与实践》，第176页，上海教育出版社，2000年版。
② 鲁迅：《答北斗社杂志问》，见《北斗》卷二，第一期，1932年。
③ 毛泽东：《反对党八股》，见《毛泽东选集》卷三，人民出版社，1991年版。

# 第七章　写作训练的内容与模式

叶圣陶说："写作系技能，不宜视作知识，宜于实践中练习。"这就告诉我们，写作是一种技能，技能就要靠训练才能熟能生巧。那么，写作怎样进行规范、有效的训练？我们认为，首先应该解决两个问题，一是训练什么，即训练内容问题；二是如何训练，即训练模式问题。

分解写作学习目标、内容和过程，我们认为写作应该进行积累训练；思维训练；语言训练；技能训练；文体训练和速度训练。

本章我们还向大家简要评介我国传统的写作训练模式、新的写作训练模式和国外有代表性的写作训练模式。

## 第一节　写作训练的主要内容

众所周知，写作能力的提高依赖写作训练，训练是提高写作素养的必然途径。一切影响写作能力提高的因素，都应该纳入写作学习训练的过程。积累训练、思维训练、语言训练、技能训练、文体训练和速度训练等六项训练是最基本的写作训练。

### 一、积累训练

宋代文学家苏东坡说"博观而约取，厚积而薄发"。写作的基础首先应该是积累，没有积累，作文便成了"无源之水""无本之木"。写作者也就"巧妇难为无米之炊"了。

积累包括许多方面，如知识积累、材料积累、语言积累、思想情感积累等。写作者怎样才能有“取之不尽，用之不竭”的积累呢？我们认为，一是靠博览群书，二是靠观察和感受生活。

（一）博览群书

古人说“开卷有益”。人类经过几千年的文明，图书文献资料可以说浩如烟海，用“学海无涯”来形容绝不为过。中华民族的文化精髓从《尚书》《诗经》，到唐诗、宋词、元曲，到明清“四大名著”，到“鲁郭茅巴老曹”，数不胜数。外国经典，从古希腊罗马神话，到莎士比亚、巴尔扎克，到托尔斯泰、泰戈尔、海明威，举不胜举。它们都是我们的精神食粮，都是我们写作学习首先要阅读、积累的文化。

汉代思想家王充说：“人不博览者，不闻古今，不见事类，不知然否，犹目盲耳聋鼻痈者也。”正因为他一生“博通众流百家之言”，所以才能写出传世名著《论衡》。纵观古今中外作家，哪一个不是“读书破万卷”，才“下笔如有神”的？我们的学生正青春年少，精力充沛，记忆力好，当然应该珍惜好时光，博览群书，拓宽知识面，为写作甚至为终生发展奠定根基，打下“精神底子”。

《义务教育语文课程标准（2011 年版）》明确指出：“培养学生广泛的阅读兴趣，扩大阅读面，增加阅读量，提高阅读品位。提倡少做题，多读书，好读书，读好书，读整本书。”这是十分正确的，它为我们指明了中小学语文教学、写作学习的方向。

另外，需要指出是，随着时代的发展，我们不但要阅读“印刷读物”，我们还要阅读“电子读物”（屏幕阅读、网上阅读），利用先进的现代信息技术，广泛收集资料，成为一个知识丰富，“下笔千言，倚马可待”的人。

（二）观察与感受生活

细心观察生活，用心感受生活，是摄取写作材料的重要渠道。学习写作者，必须注意培养和提高自己的观察能力和感受能力。

观察是写作主体有意识、有目的地感知自然和社会现象的活动，是作者对观察对象的感受、认识和评价。不管是搞自然科学研究还是社会科学研究，不管是进行记叙性文体写作还是进行议论性文体写作，观察都是必不可少的环节。达尔文对一种植物进行了 16 年的观察，终于写就《论昆虫植物》一书。茅盾说：“为初学者设想，凡技巧上诸问题（包括所谓‘炼字’在内）固然不可不下番苦功夫，但尤其不能不下苦功的，是在观察力的养成。”① 因此，要写好作文，就“要练习我们的眼睛，善于观察人的动作、态度和表情。练习我们的耳朵善于听取别人的讲话和语句、声调和他特殊用语”。（艾芜《练习写小说先从哪里开始》）只有长期坚持观察，我们才能养成从平凡的生活中发现不平凡“题材”的观察力，也只有这样，我们才能写出“不平凡”的作品。

感受是与观察紧密联系的。不管是在自身实践中观察，还是从第三者的角度观察，都要伴随思维、情感。我们可以把前者叫做“切身感受”，后者叫做“感同身受”。感受是人接触现实生活受到影响而引起的思维活动。因此，感受除了运用感觉器官之外，还要用思维器官，进行分析、比较、综合，从而产生某种感触、体会、情绪、认识。感受对写作极为重要。当代文学家魏巍说：“你感受得深了，写出来也就必然有那么一股子劲，人家读了，也就感受得深。”② 因此可以说，感受积蓄得愈丰富、愈深刻就愈有光泽，写出东西来就愈能文情并茂。“登山则情满于山，观海则意溢于海”，可矣。

## 二、思维训练

写作的训练必须围绕思维训练效果才好，这是现代写作学研究的结论。人的思维不只是一种天赋的能力，这种能力必须加以发展和锻炼。写作训练立足于开发主体的思维能力是符合人的认知规律的，可以说，加强思维训练是提高写作能力与水平的根本出路。

思维与写作有着密切的关系。思维以语言为主要载体和媒介，写作以思维为前提。思维是写作的“前言语”，写作是思维的“后言语”，两者一内一外，一前一后，密不可分。从写作过程看，思维至少有四个作用。第一，思维帮助作者生成“写作心境”，也就是说作者通过“思维”，主体才形成一种弥漫于心的写作情绪和冲动。第二，思维沟通感知和表达。鲁迅说：“静观默察，烂熟于心，凝思结想，一挥而就。”这句话实际上说明了写作需要经历的三个阶段：感知、思考、表达。其中“思考”是感知和表达的桥梁、纽带。第三，思维是文章孕育的“母腹”，作者通过“思维”写作材料，于是“孕育”成文章。第四，思维还决定文章的质量。也就是说写作之前思维成熟，写出来的作品就成熟，如果没有“想”

① 茅盾：《茅盾论创作》，上海文艺出版社，1980 年版。
② 魏巍：《我怎样写〈谁是最可爱的人〉》，载《人民日报》，1951 年 8 月 19 日。

好就匆匆写作，文章必然“畸形”，甚至“夭折”。

从以上分析可知思维对于写作的重要性。因此，为了写好文章，写作学习必须要训练思维。思维训练可分形象思维训练、抽象思维训练和创造性思维训练。形象思维训练主要是训练作者的联想和想象能力，抽象思维训练主要是训练作者分析、综合、分类、比较、抽象、概括、判断和推理等方面的能力，创造性思维训练主要是训练作者发散思维、聚合思维、逆向思维、变形思维和灵感思维的能力。

写作学习中的思维训练主要目标是培养写作主体认识世界、理解生活的能力。这是写作主体审题、立意、构思和表达的基础。写作主体对生活思考、理解得越全面越深刻，写出来的文章就越有意义和价值。我们要学会深入思考生活的习惯，对生活的认识不能只停留在表层，要由表及里，透过现象看到本质，这样我们写的文章就不会泛泛而谈，没有深度。

我们还要学会全面地、辩证地认识生活的方法。世间任何现象的发生，都有一定的因果；任何事物的存在，都同其他事物存在着联系。在思考问题、写作文章时就要由果析因，揭示事物存在的普遍意义及事物间的本质联系，这样我们写出的文章就不会思路混乱而没有逻辑。

我们还要学会用发展变化的观点认识事物、理解生活和看待世界。写文章评价一个人或一种现象是否有进步意义，就要分析、判断该事物目前的存在状况及今后的发展趋势，这样我们写的文章观点就不会错误、立意就不会落后，我们的文章就更具有启迪意义。

### 三、语言训练

马克思说：“语言是思想的直接实现。”① 斯大林说：“语言是工具、武器，人们利用它来互相交际，交流思想，达到相互了解。”② 这就明确告诉我们，语言是思想思维的工具，我们的思想情感需要通过语言才能“外化”，变为可以感知的东西；语言又是文章的表现工具，我们的写作过程，就是运用书面语言表达、交流的过程，没有语言就没有了交流，也就没有了文章。

---

① 马克思、恩格斯：《德意志意识形态》，见《马克思恩格斯全集》第3卷，第525页，人民出版社，1985年版。

② 斯大林：《马克思主义和语言学问题》，第20页，人民出版社，1962年版。

写作是一项复杂的语言转换过程。任何人写文章，都得先想（内部言语）再写（外部言语）。实际上这个过程就是把无形的内部言语转换成有形的外部言语的过程。由想到写这个过程并不是轻而易举的，它需要进行长期有效的训练。

写作能力是作者多方面的修养和多种能力的综合体现，它包括观察能力、想象能力、思维能力和语言运用能力等。而运用语言的能力，是写作能力的主要能力，决定着文章的成败优劣。我们写文章，丰富的材料，深刻的主题，精巧的结构，都必须通过语言才能表现出来。否则再好的"文章"，也只是作者头脑中的东西，而无法成为人们阅读欣赏的对象。

训练语言首先要学习语言。语言学习是写作基础性的准备工作。语言是写作的基本工具和第一要素。任何人要从事文章写作，都必须学习语言，积累词汇，掌握语法，懂得语言表达的方式方法。语言表达能力与文章写作能力成正比。那么，从哪儿学习语言？毛泽东同志说：语言学习"第一，要向人民群众学习语言"，"第二，要从外国语言中吸收我们所需要的成分"，"第三，我们还要学习古人语言中有生命的东西"①。那么，又如何学习语言呢？我们认为，①要多听人们说话；②要多读优秀的文学作品和经典著作；③要多记好的词汇、句式；④要结合听、读、记，多思、多想；⑤要多用，即多说、多写。初学写作者要在学习语言上多下苦功，持之以恒。现代文学家郭沫若说："胸藏万汇凭吞吐，笔有千钧任翕张。"就是这个道理。

学习语言，积累语言，当然更重要的是"运用语言"。运用语言，首先要做到规范。所谓规范就是语言使用遵循约定俗成的规则，符合语法、讲究逻辑。其次要做到准确。所谓准确，就是语言能正确无误地表达写作者的思想意图，就是语言能正确无误地表达客观事物。在写作过程中，语言准确在形式上主要体现为两个方面，一是正确选择词语，二是正确运用句式。再次要做到简练。所谓简练，就是语言简洁、精练，能用最少的文字，表达最丰富的内涵。写作过程中表现为，不说废话空话，用语不啰唆，文章干净利落。最后要做到生动。所谓生动，就是语言形象、具体、鲜活，并富有音乐美。

语言能力的提高，依赖于写作实践。为了提高语言表达水平，要进行正规的

① 毛泽东：《反对党八股》，见《毛泽东选集》卷三，人民出版社，1991 年版。

写作训练，练习写作整篇的作文，更加要注意平时非正规的练习，如写日记、记笔记、笔录谈话、摘编文献、改写、扩写、缩写……我们还可以进行一些遣词、造句的微观训练，如词语的选用、句式的变换、修辞格的运用等。

## 四、技能训练

吕叔湘先生说："语文的使用是一种技能，一种习惯，只有通过正确的模仿和反复的实践才能养成。"① 这就告诉我们，写作技能生成需要坚持正确的模仿和长期的训练。写作技能训练主要包括两个方面的内容，一是作文能力训练，二是作文技法训练。

（一）作文能力训练

1. 审题能力训练

"审题"就是看清题目，了解要求，理解含义，为作文把好方向。审题是作文写作的第一步。

①审范围。题目有时间、地点、数量、人称和对象等方面信息，要看清楚。②审题眼。题目的中心词是什么，重点词是什么，有什么限制条件，有什么附加条件，更要分辨清楚。如"校园春来早"，"校园"是范围，"春"是写作对象，"早"才是重点词、中心词。③审文体。有的标题有文体信息或文体标志，有的题目没有。有文体信息或标志的，要按文体要求写作。如"小议成才"一般写议论文，"山乡记趣"一般写记叙文。④审要求。即明确这次作文的字数、体裁等限制性要求。材料作文、话题作文等还要看清材料内容，理解材料含义。

2. 立意能力训练

"意"即文章的主题、中心思想，是文章的统帅、灵魂。李渔说："古人作文一篇，定有一篇主脑。主脑非他，即作者之言之本意也。"（清・李渔《闲情偶寄・立主脑》）

①立意要正确。即主题要能准确反映客观事物，要能切合文题含义，要能准确表达作者意图。②立意要集中。即一文一感一中心，"意多乱文"，不能"多中心""无中心"，或偏题、跑题、离题。③立意要深刻。即主题能揭示客观事物的本质、发展规律，能反映生活哲理，给人以启迪。④立意要新颖。即主题能言前

① 吕叔湘：《关于语文教学的两点基本认识》，载《文字改革》，1963 年第 4 期。

人所未言者，言前人所未言尽者，或能纠正前人所言之有误者，有独到见解，有新思维、新角度。

3. 选材能力训练

材料是文章用于表达主题的“物质基础”，是文章内容的重要组成部分。写作过程即为“占有材料”“鉴别材料”“选择材料”“使用材料”的过程。“选择材料”是写作的重要步骤，它是依据主题需要对材料进行取舍的环节。

①选材要真实。材料真实，文章观点才能立稳脚跟。材料虚假，文章没有说服力。文学作品所使用的材料也要符合“艺术真实”的条件。②选材要典型。材料于文章，不是越多越好，而是越精越好。占有材料多多益善，选择材料要“以少胜多”，富有代表性。③选材要新颖。“吃别人嚼过的馍馍没味道”，只有材料生动、新颖，文章才能吸引人、感动人。但对“旧材料”，我们可以“出新”，可以改变角度，巧妙活用。④选材要围绕中心。这是选材最重要的要求。选材是手段，表现主题才是目的，作文选材一定要紧紧围绕中心，尽量不用与主题无关的材料。

4. 构思能力训练

构思就是写作之前对作品的内容和形式所作的精心考虑和筹措。构思的结果就是文章的“结构”，结构最能反映文章的艺术水平，所以说构思最能反映作者的艺术修养。

①构思要巧妙。构思是对文章的组织安排，开头结尾、过渡照应、线索顺序等都要有精巧的布局，要巧妙诱人。②构思要完美。文章的结构要完整，文章的各部分要统一，文章的内部逻辑要严密，文章的脉络要顺畅，文章的思路要清晰，所以写作之前的构思就要周密、仔细，尽量追求构思的完美性。③构思要新颖。“想”前人未想，“思”前人未思，匠心独运，别具一格，尽显结构艺术之魅力。④构思要有变化。构思有变化，结构才能多样化，文章才富有艺术魅力。

5. 表达能力训练

表达能力训练包含两个方面，一是表达方式训练，即记叙、描写、抒情、议论、说明等表达方式训练。一是语言表达训练，即遣词造句的训练。训练内容涉及词语的锤炼与推敲、句子的变化与选择，修辞格的开发与运用等。

6. 修改能力训练

有人说“文章是改出来的”，这话一点也没错。修改是作文的重要环节，是提高文章水平的重要手段，是培养写作能力的重要途径。《义务教育语文课程标准（2011 年版）》要求学生："根据表达的需要，借助语感和语文常识，修改自己的作文，做到文从字顺。"

修改分大改、小改。大改，如调整结构，修正观点，增删材料；小改，如推敲标题，润色语言，检查标点，规范格式等。

（二）作文技法训练

技巧技法不是可有可无的。它是写作能力和写作艺术的重要组成部分。"文成而后法定"，写作技法、技巧是人们在长期的写作实践活动中创造并积累下来且行之有效的、对后世人学习写作有启发、有帮助的规律、方式、方法、技能和艺术的总称，大到记叙、描写、抒情、议论、说明，小到悬念、伏笔、急转、铺垫、抑扬、蓄势，等等，无不关系到作文的优劣、高低、雅俗。

在写作学习中，我们可以进行有意识的技法、技巧训练，以提高自己的写作艺术水准。

## 五、文体训练

"文体"是文章的体制、体式、体裁，标志着该文章的文种、分类。写作训练有时虽可"淡化文体"，写文章却不可没有"文体意识"，如果缺少"文体意识"，写出来的文章必然不伦不类。

根据目前我们国家的习惯分法，所有的文章可归纳为两大类，一是一般文章，二是文学作品。一般文章服务于生活世界，以写实为主，具有实用价值；文学作品服务于精神世界，以虚构为主，具有审美价值。一般文章又可分为记叙文、议论文、说明文和应用文等四类；文学作品也可分为小说、散文、诗歌和戏剧等四类。

不同的文体有不同的文体特性，初学写作可以抓住"文体特征"，按典型文体作法写作，容易入门。

记叙文有六要素，时间、地点、人物、事件、原因和结果。写作记叙文要分清要素，写得具体、生动，这样的文章能以情感人。议论文有三要素，论点、论据和论证。写作议论文要论点正确、论据充分、论证严密，这样的文章能以理服人。说明文有四要素，说明对象、说明内容、说明顺序和说明方法。写作说明文要抓住事物特征，用平实通俗的语言简要介绍，这样的文章能授人以知。应用文也有三要素，事项、文种和格式。写作应用文要根据不同文种

（体裁）的不同格式规范书写，内容分点分项有条理地排列，这样的文章能教人以用。

小说有三要素，环境、人物和情节。写作小说要在典型的环境中塑造典型的人物形象，故事生动、情节曲折，这样的作品能给人愉悦。诗歌有四要素，意象、意境、感情和韵律。写作诗歌要感情饱满、意境深远、语言精美、富有节奏，这样的作品能给人美感。散文有三要素，“我”、“形”和“神”。写作散文以“我”为主，以小见大，做到“形散而神不散”，这样的作品能抒写个性，表达“真我”。戏剧有三要素，剧本、演员和舞台。剧本也有三要素，对白、动作和冲突。写作剧本要讲“三一律”（时间地点集中、人物集中、情节场面集中），追求剧情强烈的“矛盾冲突”，这样的作品能扣人心弦。

另外，需要指出的是，虽然我们把文章分成两大类八小类，但实际上还是粗粗划分，如果细细分来，那么各小类中还可分成许多小类，如散文中有小品、游记、特写、漫谈、杂感等。这些小类文体写法各不一样，都有自己的“文体特征”，都需要我们分别认识。而且文章分类是模糊的，没有明显的界线，在各类文体间还有许多交叉着的“边缘文体”，如骈文、赋、散文诗、杂文、报告文学、诗剧等，也需要我们仔细学习。

## 六、速度训练

写作当然要讲质量，但写作还要讲数量和速度。《义务教育语文课程标准（2011 年版）》要求小学高年级学生“习作要有一定的速度。课内习作每学年 16 次左右”，要求初中学生“作文每学年一般不少于 14 次，其他练笔不少于 1 万字。45 分钟能完成不少于 500 字的习作”。《普通高中语文课程标准（实验）》要求高中生“45 分钟能写 600 字左右的文章。课外练笔不少于 2 万字”。

做这样的规定并不是没有道理的。我们都知道写作是为了应工作、学习和生活的需要，如果没有写作速度的保证，就会影响我们正常的工作、学习和生活。更何况考试都有时间的限制，如果作文速度不快，就会影响做其他题目，从而影响整个语文考试成绩。所以作文“速度问题”本质上也是个效率问题、质量问题。

“快速作文能力”训练要从常规入手，要强化训练学生的审题速度、立意速度、选材速度、构思速度和行文速度。特别是要训练学生“布局谋篇”的速度和书写的速度，这样才能真正做到意到笔随，一挥而就。

## 第二节　写作训练的基本模式

“模式”是我们现在常用的一个概念。《现代汉语词典》的解释是：“某种事物的标准形式或使人可以照着做的标准样式。”

在古代汉语中，“模式”一词与现代意义大致相同。《说文解字》说：“模，法也。”“式，法也。”“法，刑（型）也。”可见“模式”即法式、标准、规范、模范、式样。在英语中，“模式”写作 model，也是模型、模范、典型、式样的意思，与现代汉语含义接近。

随着当代理论界对“模式”研究的深入，“模式”定义也随之深化、扩大。如有指“反复出现的、以一定格式排列的事物”，有指“以特征特定方式组合的有规律的系统”。著名教育模式研究专家查有梁则认为：“模式是一种重要的科学操作与科学思维的方法。它是为解决特定的问题，在一定的抽象、简化、假设条件下，再现原型客体的某种特征；它是作为中介，从而更好地认识和改造原型客体、构建新型客体的一种科学方法。”①

我们可概括地认为，“模式”即简化的标准样式，即理论与实践的操作中介。“模式”具体到写作学习上、作文教学上，它应该可以指值得遵循的、具有推广可能性的，并且具有操作程序的“套路”“招式”或“范式”。

对于“模式”我们要辩证地看待，一方面我们需要“模式”，以便按“法”指导学生按“式”模仿学习；另一方面我们又要突破“模式”，打破“公式化”“程式化”的套路，创新发展，以便写出更加新颖的文章。

本节评介中外典型的写作训练模式，以帮助同学们找到写作入门的路径。

### 一、我国传统写作训练模式

新中国成立后，经过长期的作文教学探索，我国中小学写作训练形成了基本固定的模式。它步骤清楚，操作性强，效果明显。我国传统写作训练的基本模式

---

① 查有梁：《教育建模》，第 12 页，广西教育出版社，1998 年版。

是："典型文章示范——写作知识讲解——学生限时作文——教师批改讲评"。

①典型文章示范。叶圣陶说"课文无非是例子"。课文作为典型的"案例"可以为学生提供最直接、最有效的"示范"。除此，教师精选的时文、教师写的"下水作文"、学生自己的佳作也可以成为学生写作的"范例"。

②写作知识讲解。作文指导课上，教师为指导学生写作，给学生讲授必要的写作理论、作文知识。如写作基本规律、写作技法技巧、文章文体特征、表达方式方法等，为学生作文引路。

③学生限时作文。作文课一般为两节连排，除了例文分析、作文知识讲解外，学生根据教师的命题、要求，限时在课堂上即时完成写作任务。一般是45分钟完成一篇完整的作文。

④教师批改讲评。教师收到学生当堂写成的作文后，或全批全改，或轮流批改，或抽批抽改，或典型批改。并写好评语，作好记录，下次作文课进行全班讲评。

这样按部就班、循环往复，非常便于语文教师日常规范操作，有较好的效果，深受中小学师生欢迎。

## 二、我国其他写作训练模式

新中国成立后，特别是改革开放以来，我国的中小学语文教师进行了许多有益的尝试、有效的改革，形成了许多富有个性的、行之有效的写作训练模式，值得推广。下面有选择性地作简要评介。

### （一）"观察——分析——表达"训练模式①

这是刘朏朏、高原提出并于1977年在北京月坛中学实验和推广的"作文三段训练模式"。针对初中作文训练，一年级着重培养观察力，写观察日记与观察笔记，侧重练习记叙、描写；二年级着重培养分析能力，写分析笔记，侧重练习议论、说明；三年级着重练习语言运用与文章结构。在这个模式中，观察是基础，分析是核心，表达是结果。

这一模式符合写作"物——意——文"转化规律，是写作规律"双重转化""三级飞跃"的具体运用，比较符合学生的写作学习规律。

① 刘朏朏、高原：《作文三段训练体系简介》，载《北京师范大学学报》，1986年第6期。

（二）“语言与思维结合”训练模式①

这是北大附中语文教师章熊提出并成功实验的作文教学、写作训练模式。章熊认为，各种不同的文体在语言上要求有所不同，而思维的条理性是相同的，作文学习应该是语言训练和思维训练的结合。他认为，写作训练应该包括五个方面：①语言练习（长短句变化、语感的培养等）；②形式逻辑训练（语言清晰性、语言连贯性、思维条理性的练习）；③想象与联想、综合与概括的训练；④写作技巧的局部练习（如说明性练习、观点与材料的处理等）；⑤阅读与分析练习。

这种训练体系的特点是通过语言基本功的训练，开阔学生视野，培养思维能力。这一模式符合心理学、语言学的基本原理，语言与思维对应，以语言表达思维，以思维寻求语言，语言思维同步共进，能有效地提高写作能力。

（三）“分格作文”训练模式②

这是黑龙江省常青老师设计并推广的作文训练模式，他称之为“写作基本训练分格教学法”。这一模式要求学生先进行“分格训练”，后进行“综合训练”，使学生“于无法之中求得法，有法之后求其变化”。分格训练的所谓“格”，是单一的基本训练单位，相当于人们常说的“片段练习”“单项训练”的片段或项目。常青把表现五味（声、色、味、形、触感）和七情（喜、怒、哀、惧、爱、恶、欲）的基本写作能力划分为265个格，每一格配以范文，由易到难，由简而繁，逐格训练，循序渐进地提高学生作文能力。如有写人格、记事格、景物格、章法格、形式格。写人格又分外貌格、动作格、内心格、对话格。对话格可以这样训练：人+话；人+动作+话；人+动作+表情+话；人+心理活动+表情+动作+话。

这一模式符合写作“循序渐进律”、单项训练与综合训练相结合的写作教学原则。学生经“化整为零”“化零为整”训练后，写作水平自然可以提高。

（四）“读写结合”训练模式③

越来越多的语文教师从教改中体会到，读写结合是提高学生语文能力的有效方法。读写结合写作训练模式是建立在“读”与“写”两种学习情境的相互沟通、良性迁移的基础上的。读与写有其相对应的共同要素，如阅读中的解题与作文的审题、拟题相对应，阅读中的归纳、概括中心与作文中的立意、表现中心思

① 参见毕养赛《中学语文教学引论》，第309页，浙江教育出版社，1988年版。
② 参见周进芳《中学作文教学研究》，第194页，华中科技大学出版社，2002年版。
③ 参见毕养赛《中学语文教学引论》，第301页，浙江教育出版社，1988年版。

想相对应，分段、概括段意或立小标题与编写作文提纲相对应，区分课文主次与作文安排详略相对应，阅读中的捕捉中心段（重点段）与作文突出中心、安排中心段相对应，品评课文与如何遣词造句及自改作文相对应，学习课文作者如何观察事物与作文前学习观察方法相对应……正是因为有了这一系列的对应，读与写才能相互沟通，才能彼此结合。

请看“三个阶段九种做法”读写结合型作文训练模式：①课前阶段：第一种做法——编写课文提纲；第二种做法——试写同题作文；第三种做法——讨论写法。②课中阶段：第四种做法——复述课文；第五种做法——片段练习；第六种做法——对比写作。③课后阶段：第七种做法——读后仿写；第八种做法——读后改写；第九种做法——扩写或续写原文。

这种写作训练模式，以读为基础，读写结合，符合“厚积薄发律”“由仿到创律”，符合“读文与作文相结合”的写作原则，有利学生积累材料、学习方法，有利于学生写作素养的提高。

（五）“文体中心”训练模式

20 世纪初，以美国现代修辞学家希尔为代表的英美学者“文体学”传入中国，我国近百年的作文教学基本上以“文体为序”，以“文体为中心”。这种写作教学模式其结构基本上是先记叙文后说明文，再议论文，三个层次。并对应于初中、高中作文教学。初一以记叙文为主，初二以说明文为主，初三以议论文为主；高一以复杂的记叙文为主，高二以复杂的说明文为主，高三以复杂的议论文为主。

“文体中心”论的作文训练模式着重培养学生对每种文体特征、文体模式的把握能力，通过训练掌握每种文体的写作知识、写作方法，从而形成记叙文、说明文、议论文的文体写作规范。

这一训练模式多年以来为我国中小学所采用，在我国有普遍的影响。其优点是学生写作“文体意识”强，作文也容易“入门”，效果明显；但“文体中心”训练模式对我国作文教学消极影响也很大，整个中学语文教学基本上围绕这些“虚拟”的文体知识转，淡化了学生写作整体素养的提高，不利于学生的全面发展。

（六）“快速作文”训练模式①

这是湖南省中学语文特级教师杨初春创造的。这一训练模式应“升学教育”

① 参见杨初春《实用快速作文法》，漓江出版社，1992 年版。

之需，以“作文速度”为中心，在全国有广泛的影响。杨初春把快速作文训练体系概括为“五步四法两课型”。“五步”即基础训练（如兴趣、积累、语言）、思维训练、技巧训练、速度训练、综合训练。“四法”即写作限期限时法、指导先“实”后“虚”法、评阅浏览自改法、训练分步达标法。“两课型”即写作实践型和理论指导型。

这一训练模式符合现代社会快节奏的要求，又符合“为考而教，为考而学”的应试之需，所以较受学生欢迎。其实，写作能力是一个人整体素养的体现，要“快速作文”必须从提高写作主体素养入手，“博而能一”“厚积薄发”就是这个道理。

（七）“重视过程”训练模式

我国古代作文教学以“熏陶——自悟”为主，可以称“熏陶式”作文教学法；现代作文教学以“模仿——创造”为主，可以称“模仿式”作文教学法。在语文教学改革实践过程中，许多有远见的老师意识到作文教学效率低下，是不重视“写作过程”，如果重视“过程训练”，必能快速提高学生写作能力，于是出现了许多“重视过程”的作文教学方法。

①“文体为纬，过程为经”训练模式。这个模式以北京景山学校周蕴玉老师和上海于漪老师为代表。他们的做法是：以各种文体的写作特点为纬线，以写作的一般能力——审题、立意、选材、布局谋篇、语言运用等为经线，精选典范作品为例文，按照单元要求设计训练方案，组成一个读写结合、分阶段、有层次的训练序列。

②“文体/过程”双轨训练模式。这是中央教科所实验教材《作文》（1—6册）所设计的写作训练体系。这套作文教材以记叙文、说明文、议论文的写作训练来安排初中第一、第二、第三学年的作文基本训练。同时又以“作文过程”——列提纲、写初稿、修改、打开思路、收集积累作文材料、语言和文风、审题和构思等——来组成初中作文的另一训练线索，故可称“文体/过程”平行双轨训练模式。

③“三线并行”写作训练模式。这是扬州师范学院20世纪80年代编写的《中学作文教学设计》所创设的一种写作训练体系。所谓“三线并行”是指写作内容——写作手法——写作过程三线索并列安排。第一条线索是“写什么”的由简到繁的序列——单纯的一事、一人、一景、一物、一番情、一种理和复杂的一事多人、一人多事、多人多事、由物及人等。另外两条线索是关于“怎么写”

的：一条是写作手法（结构手法、表达手法等），一条是写作过程（立意、选材、结构、布局、表达、修改和思维能力）。

“重视过程”的写作训练模式超越了写作训练“熏陶模式”“模仿模式”，形成了以“过程为中心”的训练模式；它是对“文体中心”作文教学思想的反思，为新课程改革提出“淡化文体，重视过程”开了先声。

（八）活动作文①

“活动作文”训练模式，又称“现场演示”作文教学法和题型作文教学法。是上海大学李白坚教授提出的写作训练模式。“现场演示作文教学法”是因为李白坚在2000年第1期《写作》杂志上介绍的称呼。他介绍说，“演示作文教学法”是一种以小学五、六年级及初中一年级学生为教学对象，以在作文课上设计可记叙的生动、活泼、有趣的游戏演示活动为作文内容，通过游戏演示活动，激发学生情绪，诱导学生在轻松愉快的氛围中完成从思维到文字的转化，并大规模提高思维创造力及写作水平的作文教学法。

说它是“题型作文教学法”，是因为李白坚的作文教学是一个“大作文”训练体系，包括小学、初中、高中三个阶段。其中小学部分称“快乐大作文”，初中部分称“趣味大作文”，高中部分称“创新大作文”。在教学方法上，小学的“快乐大作文”运用的是“现场演示”作文教学法，而在初中和高中的训练则运用“题型作文”教学法。所谓“题型”，就是“题目类型”，相当于“问题”“话题”，是复合性、开放性、活动性的概念。题型作文向生活汲取素材，更依靠课堂现实活动创设情境。题型作文本质上可以理解为“活动写作，写作活动”式的作文。

“活动作文”模式的价值在于“训练大于知识”，“训练先于知识”，“活动大于技法”，“活动先于技法”，“实践大于理论”，“实践先于理论”。这一模式符合“趣味性”教学原则，符合“活动课程原理”，为“动力学”作文教学法开了先河。

（九）“新概念作文”②

1998年由上海《萌芽》杂志社等发起的“新概念作文大赛”催生了21世纪新的写作训练模式。“新概念作文大赛”组委会《征文启事》中说：“新概念”提倡“二新一真”：“新思维”——创造性、发散性思维，打破旧观念、旧规范的

① 参见李白坚《大作文》，上海交通大学出版社，2001年版。

② 参见周进芳《中学作文教学研究》，第225页，华中科技大学出版社，2002年版。

束缚，打破僵化保守，无拘无束；“新表达”——不受题材、体裁限制，使用自由的充满个性的语言，反对套话，反对千人一面，众口一词；“真体验”——真爱、真切、真诚、真挚地关注、感受、体察生活。

这一模式是“新时期”作文教学改革的“先声”，是对传统作文教学的“扬弃”。它为中小学生写作学习探索出了一条新路：表达真情性、真感受，自由写作，放飞心灵！

（十）“绿色作文”①

由于应试教育对作文的污染，使作文教学陷入了“一切为了考试”的泥潭。我国中小学师生为了“分数”往往绞尽脑汁、千方百计地寻求应试作文的套路，“一凑、二抄、三套”成了学生作文的捷径；到处充斥着千人一面、千部一腔、千篇一律的现代八股文。作文成了没有“精神”、没有“生命”、没有“灵魂”、徒有躯壳的文章，吉林省特级教师赵谦翔称这样的作文为死不死活不活、黑不黑白不白的“灰色作文”。针对这种情况，他提出了追求情感真诚、思想真实、个性真切的“绿色作文”的口号。要求作文为做人而写，伴人生而写，以做人促进作文，以作文升华做人，使作文成为完善人生的健身器。

这一作文模式提倡作文与做人相结合，符合新课程改革的“人文并进”的教育理念，符合人类教育的终极目标，有利于学生的全面发展。

（十一）“社会生活化”写作学习模式②

“社会生活化”写作学习模式，又称“放——收——放”作文训练模式，是吉林省榆树市秀水镇第二中学特级教师李元昌创立的作文教学法。他认为，教育就是为了培养未来的劳动者，所以语文能力，特别是作文能力，必须同社会生活结合在一起。社会生活是学生作文的物质基础。李元昌的做法是这样的：放——收——放。第一个“放”，是引导学生走向生活，解决作文的材料。学生的家庭生活、学校生活、社会生活都是作文材料的来源，这不但包括“第一手材料”，也包括学校“读书”获得的“第二手材料”。主要做法是让学生写观察日记、读书笔记。“收”是运用材料，化生活为作文。这一步骤包括学生审题、立意、选材、表达和各种文体写作训练。第二个“放”至关重要，他认为学生为文不是为了应考，更重要的是为了适应生活，改造社会。于是他要求学生“参与生活，以

---

① 参见王鹏伟《中学语文作文教学研究》，第254页，东北师范大学出版社，2003年版。

② 参见同上，第23页。

社会为作文的实践基地”。他鼓励学生利用课余时间到社会搞调查，访谈，去了解情况，挖掘材料。他倡导学生写实用文、应用文，为农民写信，写广告，拟合同，甚至代人写新闻稿、起诉状。他的时间安排大致是：初一解决材料问题，即“放”；初二上半年训练各种文体写作，即“收”；初二下半年和初三转为社会实践应用，即“再放”。

这一写作学习模式与“绿色作文”有异曲同工之妙，注重作文与生活相统一，强调作文与做人相结合，有利于学生全面发展。

（十二）“DCC”作文和“非构思作文”模式①

这是四川师范大学教授马正平提出的作文教学模式。所谓DCC是指“动力学”“操作化”“成功感”。1999年8月四川人民出版社出版了《DCC作文导写导练》。它的基本原则是“以学生活动为主体，学生自学为基础，教师为导写教练，思维训练为主线”。它的做法可概括为“四块十环”（六导四自）：课前自学（趣导、诱导与法导、例导、启导），演练学写（激导、范导、自写），改中学写（自改），课外活动（自发、自积）。这一训练模式是为了达成写作者基本素质的提高和写作思维操作模型的建立，以此推动学生作文能力的发展。

“非构思作文”是从DCC作文开始起步的。其总体框架仍然以“动力学、操作化、成功感”作为基本的动力学教育理念。它的基本体例是：①课堂训练（心灵共振：题目激趣激思；金色鼠标：作文知识点击；创新之路：思维建模与解模；独立实践：作文实践；与你同行：作文自改）。②课后积淀（成功之光：作文广义发表；心灵充电：课后积累练笔；文苑甘露：逸闻趣事；文苑新枝：优秀作文选萃）。这一模式最终是进入“非构思”的自组织、自生长的写作状态、境界。也就是说，学生作文的过程不再是“审题、立意、选材、结构、谋篇、表达”的静态化、不真实的写作过程，而是非构思的、非提纲的、自生长、自组织的“即兴写作”过程。

这一模式以兴趣为先导，以积累为基础，以思维为核心，以“非构思”为目标，让学生“学会思维，学会语言，学会写作”，把“创新思维”“创新作文”的教学训练落到实处，是目前较为先进的写作教学理念，值得推广。

为了拓宽视野，学习不同的写作模式，下面再介绍两种台湾和香港的写作训

① 参见马正平《中学写作教学新思维》，中国人民大学出版社，2003年版。

练模式。

（十三）“范文——作文”训练模式[1]

台湾语文界也流行“范文——作文”以读带写、读写结合的训练模式。如台湾《国文》中的作文题目，有许多是以读带写、读写结合的。《春》（朱自清）——作文“一年之计在于春”；《观巴黎油画院记》（薛福成）——作文“《观巴黎油画院记》读后感”；《小白鸽》（张秀亚）——作文“写一种小动物”或“写一个爱护动物的故事”；《乡居情趣》（钟梅音）——作文“记一次乡村旅行”；《核舟记》（魏学洢）——作文“教室素描”。这种训练便于教师操作，也利于学生“由仿到创”。关键是要选好“范文”，并要加强指导。

（十四）“命题——写作提示”训练模式[2]

香港语文界也多用“命题——写作提示”这种引导式写作训练模式。如《中国语文》第一册课文《我的母教》后有一个作文题：“母教——家庭教育的基础”。编者提示学生：选材、组材时“可采取以下论据：我国一向重视母教，由于贤母的教导，历代产生了不少名人，如孟母三迁其居，欧阳修母画荻教子……”；写作时可以联系以下实际：“今香港社会风气恶劣，提倡推行母教尤其显得重要。”这种指导，不是死板的规定，而是用提示引发学生的思维活动，使学生在选材、组材方面能很快进入正确的轨道。

## 三、国外写作训练模式

由于文化背景不同，每一个国家的教育家、教师对写作的看法也不同。由于“写作观”不一样，所以形成的写作训练方式也不一样。但是任何一个国家都要进行“作文教学”，因此都得把“写作理论”实践化——变成可操作的“模式”，以便语文教师的掌握和学生写作能力的发展。下面介绍不同国家几种不同的模式，以作参考。

（一）“作品范例——作文示范——写作知识——预备活动——正式作文”多级训练模式[3]

这是美国流行的写作训练模式，它的创立者是威廉·W. 韦斯特。他在

---

① 参见杨为珍《写作》，第 392 页，华东师范大学出版社，1990 年版。

② 参见同上，第 391 页。

③ 参见同上，第 393 页。

《提高写作技能》一书中，按照由简到繁、从易入难的序列进行各种文体训练；根据分解与综合相结合的原则，依次进行“作品范例分析”“学生作文示例”“写作知识讲授”“预备活动（各种练习）”“正式作文”等内容的教学和训练。

这种写作训练模式的特点在于，“除了在写作要求上有着由简单到复杂、由易到难的序列以外，写作技巧的知识、修辞与逻辑的知识都有适当的分工，编排在不同的章节内。这些内容的排列，打破了过去知识体系的系统性，力求按照学生的认识规律，重新组合成便于实践的训练步骤。”

（二）“启发性导言——范文分析——写法指导”训练模式①

这是日本流行的写作训练模式。它的特点是：在每次作文训练中，一般都包括“启发性导言”“范文”和“范文分析”“写作方法指导”等几个部分。作文的体裁主要是：生活文（写人记事）、意见文（就某些问题发表自己的看法）、感想文（读书感想和对某些社会问题的感触）、报告文（与理工科学习有关的调查报告、观察报告、实验报告、研究报告）等。

在整个作文教学中，重视解决三个方面的问题：第一，要有写作的动机，想写；第二，要有写作的生活素材，有东西可写；第三，有表达能力，能够写出来。并把这三个方面的问题视为写作教学的基础，这是十分有道理的，值得我们学习。另外，日本语文界认为写作训练的基本途径有两条：作文与阅读联结；作文与生活联结。这也是非常正确的，值得我们借鉴。

（三）“基本写作能力——特殊写作能力”训练模式②

这是苏联中小学流行的写作训练模式。这个模式由两部分组成。一部分是“写作能力”训练，训练分写作一般能力（审题的能力、表现中心思想的能力、搜集材料的能力、系统整理材料的能力、语言表达的能力、修改文章的能力）和特殊能力（选择文章体裁的写作能力）。一部分是“文体写作”训练，即特殊写作能力的训练，主要包括记叙文（记叙能力）、描写文（描写能力）、议论文（议论能力）写作训练。

这种模式把写作一般能力与写作特殊能力（文体写作能力）结合在起来，先“一般”后“特殊”，阶段分明，重点突出，由简到繁，由易到难，遵循了“循序

① 参见同上，第392页。

② 参见同上，第394页。

渐进”原则，有利于学生写作水平的逐步提高。

（四）“写虚——写实”训练模式

这是英国流行的写作训练模式。英国人认为，学生绝不会写好自己不感兴趣的东西，而学生最喜欢的就是用自己的“想象”去解读外部世界，所以学生最想写的东西应该是“虚构故事”，因此写作教学要从“写虚”开始。其基本线路是：故事文——生活文——记叙与描写文——论说文。

这个模式最大的特点就是从写虚构的故事入门，唤起学生写作的积极性，使学生能以兴奋和喜悦的心情，用自己丰富的想象去完成自己的作文。这一训练模式符合儿童心理学、教育心理学基本原理，是一种较为科学的写作训练模式。

（五）“词汇——句子和合成用语——作文”训练模式

这是法国流行的写作训练模式。法语教育与许多国家的语文教育有所不同。法国特别强调语言学习。这里所讲的“语言学习”主要是指法语的词汇学习和句子、合成用语的训练。因此，法国的作文教学过程是从阅读背诵开始的，接着学习词汇和语法，然后练习表达（说话和作文）。最常见的写作训练步骤是：①词汇学习（常用词汇、重叠法、反复法、专用词语及其确切的使用、对偶句、借喻——隐喻——比喻、抽象用语）。②句子和合成用语学习（句子种类、句子构成、合成词语的多样化、复句和同格句、句子的多样化）。③作文学习（主题、内容的探究、文章的构成）。写作学习也分阶段，小学、初中、高中侧重不同。小学——由一句话到数句话的作文，初中——由几段话组成作文，高中——真正的作文。

法国这种写作教学模式是以培养法语表达能力为出发点，以词汇和语法学习为中心，口头作文与书面表达并重的模式。这种模式从对文章的直观理解入手，通过对词句的分析学习，掌握素材方面的知识，最后把这种知识汇总起来，集中反映到作文中去。它保持理解（听、读）与表达（说、写）的一贯性，使语文基础知识学习与作文学习结合起来，保证了写作的规范性和基础性，也是一种行之有效的写作训练模式。

以上介绍了我国和外国的数个写作训练模式，但这只是“冰山一角”，并且随着社会的发展、写作教学研究的深入，还将出现许多新的模式，这一点是不容置疑的。我们一方面想通过评介国内外典型的写作训练模式为教师、学生提供可借鉴的东西；另一方面，我们也想表达“文有法，文无定法”“教亦多术矣，运用在乎人”的辩证思想，希望我们的教师、学生在学习模仿技法、模式的同时，能寻找到、创造出适合自己的写作训练和作文教学模型、式样，“由仿到创”“法而无法”“循序渐进”地提高自己的写作水平和教学能力。

# 第八章　写作学习的一般过程

写作是一种复杂的创造性的精神劳动，与人的素养有密切关系，写作者的写作素养、写作能力的高低直接影响写作活动的进行和作品的质量，可以说，它是作者素养和能力的综合体现。学习写作必须立足于根本，只有提高写作主体素养和能力，才能从根本上提高写作水平。因此，写作学习的过程也就是写作学习者的写作素养、写作能力的提高过程。

由于写作学习者个体的差异，每个人学习写作的起点与过程也各不相同，写作理论界对于写作主体素养、智能的构成因素、生成机制等问题的认识也存在着分歧，当前有关写作学习过程的论述并不一致。本章将结合相关研究成果来探讨写作学习的一般过程。

## 第一节　写作心理过程与写作学习过程

写作是以书面语言表达观念的过程，是一种复杂的智慧技能。写作知识和写作技巧的学习是必要的，但它们只是写作能力形成和发展的外部原因，这些外部原因归根结底要通过内部的心理因素才能发挥作用。如果不从这个“根本”上努力，写作学习便会事倍功半，甚至劳而无功。因此，弄清写作的心理过程，是提高写作能力的关键。

对于写作心理的研究，以往国内较多停留于写作心理构成因素的研究：观察、记忆、想象、思维以及动机、兴趣、情感、意志和性格对写作的影响。实际上，写作心理能力指的是人们从事写作活动时表现出的心理特征，主要指写作过程中感知、观察、记忆、思维、想象等智力因素同言语能力等语文特殊能力的糅合、叠加，双方面彼此联系，互相制约，综合表现。在20世纪60年代现代认知心理学兴起之后，现代认知派对写作研究产生了革命性的影响，其中，写作心理过程的研究越来越受重视，如图式理论、弗劳尔和海斯提出的写作模型、苏联著名神经心理学家鲁利亚提出的写作心理转换理论等。这些研究所揭示的写作心理过程及原理，对于写作学习具有重要的意义。

## 一、图式理论与写作知识结构的建构

图式理论是认知心理学家用来解释心理过程的一种理论。所谓“图式”是指每个人的已有知识在大脑中的储存方式，是大脑为了便于信息储存和处理将新事物和已有知识与经历有机地组织起来的一种知识表征形式，是相互关联的知识构成的完整信息系统。按照图式理论，所有的知识都组成一定的单元，这种单元就是图式。包括在这种单元之中的东西，除了知识本身以外，还有关于这些知识如何被运用的信息。图式理论的主要观点是，人们对新事物的理解和认知在一定程度上依赖大脑中已经形成的图式。人们头脑中储存着各式各样的图式，包括事物、事件、场景、活动等，如电脑、黑板、长颈鹿、奥运会、商场、生日宴会等。人们在理解新事物时，需要将新事物与已知的概念、过去的经历，即背景知识，联系起来。对新事物的理解和解释取决于头脑中已经存在的图式，输入的信息必须与这些图式吻合。也就是说，图式是人脑中存在的知识整体以及有关某一领域的专门知识，即一种“知识结构块”，它由许多相似的事件或相似的信息构成。而一旦某种图式形成，交际信息的处理便倾向于通过该图式进行。图式是认知的基础，对于新信息的组织、加工都具有重要意义。

图式基本功能是：①构建。美国认知心理学家古德曼认为，学习是构建内在心理表征的过程，学习者并不是把知识从外界搬到记忆之中，而是以已有的知识经验为基础，通过与外界的相互作用来构建新的理解。进言之，人们对客观事物的理解是利用图式从客观事物中抽取出其特点、本质或者基本的东西，并构建起它们之间的联系。②推论。人们可以利用图式变量间的内在联系，推测出那些隐含的或未知的信息，它们对知识的获得或理解起着重要作用。③搜索。利用图式形成目标，或作出预测，从而积极主动地寻找更多的有关信息。人在阅读过程中会形成各种“思维组块”，汇成有效的认知结构。当他面临问题时，就在已有认知结构中搜索与解决问题有关的思维组块，借以分析、比较、综合，达成知识的沟通和应用，实现问题的解决。（4）整合。人们把新输入的信息纳入图式的框架中，与相应变量联系起来，使变量具体化，融为一体。

认知心理学家一般把图式分为两大类：内容图式（content schemata）和形式图式（formal schemata）。内容图式是指有关事物、事件内容的知识图式，它包括文化知识、语用知识和专业知识；而形式图式是指有关语法结构的知识或有关不同类型原文的知识，它包括文字符号、语音、词汇、句法和语义结构等方面的知识。写作需要充实的内容与适当的形式有机结合，即需要两种图式。

本顿和卡瓦拉把可以利用于写作的图式知识分为两类：题目图式知识和语段图式知识。题目图式知识指学习者具有的与写作题目相关的具体知识。学习者拥有的关于题目的知识越多，他的写作计划过程就越自动化，生成和提取观点的速度就越快。语段图式知识是作者具有的关于如何写作的知识，它包括各种语段形式的图式、用具体例子来说明这些图式的程序和策略以及相应的句子生成程序。语段知识与学习者写作的连贯性、语法的熟练性、围绕中心思想写作的能力等都密切相关。充足的语段知识能够使表达迅速而准确①。

写作图式理论认为，写作图式是写作认识系统的起点和核心。它围绕着主题组织知识的网络结构，其中包含写作的陈述性知识（实用文体知识和文学体裁知识），也包含程序性知识（审题、立意、选材、布局谋篇、运用表达方式、运用书面语言和表达速度方面的知识），同时还包含写作的策略知识（计划、监控、调节和修正）。由于存在写作图式，学习者就可以从自己的写作心理图式中提取写作需要的信息，利用写作的心理图式中已有的写作知识进行写作，并利用写作心理图式中已有的策略知识对自己的写作过程进行监控。另外，已有的写作心理图式有助于学生理解新学习的写作知识，并将其纳入写作的心理图式中，从而使写作的心理图式更加合理和完善，进而构建新的写作知识。这里还要有个同化、顺应和平衡的过程。同化是对原有写作心理知识进行过滤、改造将其纳入已有的写作心理图式的过程，顺应是对原有的写作心理图式加以修改或重建以适应环境的过程，平衡则是对同化与顺应的协调和平衡。同化引起写作心理图式量的变化，顺应引起写作心理图式质的变化，而平衡则调节同化与顺应之间的关系，从而使写作的心理结构不断发展和完善。同化、顺应和平衡共同完成对写作心理图

① 参见何更生《现代认知心理学的写作观及其教学含义》，载《华东师范大学学报》教育科学版，2001 年第 4 期。

式进行建构、完善与发展的任务。这个理论对于写作学习者如何有针对性地丰富写作知识提供了一个理论指导，有利于发挥写作学习者的主动性、积极性，进而自主构建知识。

这一理论提示我们，在具体的写作学习过程中，我们要注意以下几点：

①写作图式包含写作的陈述性知识、程序性知识和策略知识，写作学习过程是利用写作心理图式中已有的知识通过同化、顺应和平衡来构建新的写作知识，使写作的心理结构不断丰富、发展和完善的过程，应处理好写作的陈述性知识、程序性知识和写作的策略知识的关系。在写作学习过程中，既要注重实用文体知识和文学体裁知识等陈述性知识和审题、立意、选材、布局谋篇、运用表达方式、运用书面语言和表达速度等程序性知识的学习，也要注重写作的策略知识（计划、监控、调节和修正）的掌握，形成良好的写作认知结构。

②写作学习过程就是写作图式不断丰富的过程，就是写作学习者主体自主构建知识的过程。学习者应该在生活实践中通过各种方式积累、养气、修德、练才，培养良好的思维品质和思维能力，形成优化的文化心理和美好的人品，从而丰富写作图式，逐步完成主体心灵背景的建构。

③写作图式的自主构建过程离不开对生活独特的个性化感受。写作图式的自主构建，来源于生活，来源于主体对生活的独特感受。学习写作应经常去感受、思考生活，通过对生活和阅读的吸收、内化、沉淀来积累、丰富写作图式。忽视生活，没有对生活的独特感受，没有对生活进行分析，没有融入个人的情感，是写不好文章的。写作学习忽视了生活，就不可能有自己丰富而独特的感受，自然也就不能更好地丰富自己的写作图式了。

## 二、写作的认知模型与写作学习过程

认知心理学认为，写作过程是一种复杂的认知活动，作者在大脑长期记忆系统里提取写作资料及写作策略，以解决写作过程里不断涌现的困难及障碍，需要执行多个大脑程序，在这样一个复杂的认知加工过程中，借助一些模型可以更好地去揭示写作过程的脑程序。为此，写作研究者提出了一些写作模型。了解写作模型，有助于学习者更好地认识写作过程的大脑运行机制，根据自己在写作过程里遇到的实际情况，有针对性地开展写作学习，提高写作能力。在此，我们结合弗劳尔和海斯提出的写作模型进行探讨。

弗劳尔和海斯写作过程的认知模型认为：写作是一个问题解决的过程，这个过程由任务环境（task environment）、作者的长时记忆（long-term memory）和作者的工作记忆（working memory）三个主要部分组成，每一部分又包括若干成分，见图①：

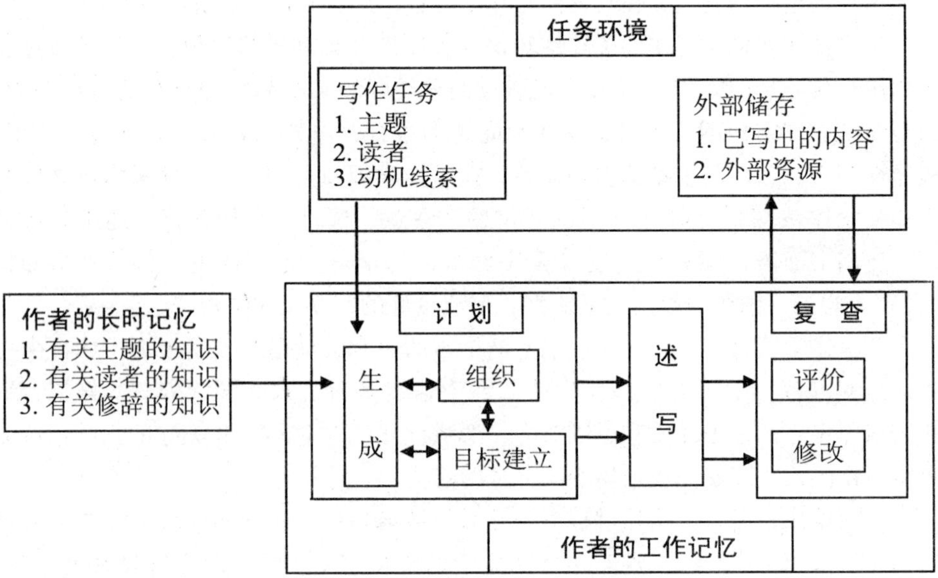


（一）任务环境

任务环境包括写作任务（writing assignment），以及可供利用的外部资料。如已写的内容、写作参考书、文摘卡等，因为这些资料是保存在写作者头脑之外的，所以又称为外部储存（external storage）。

1. 写作任务

写作任务包括：写作的主题是什么，读者是谁，写作的动机是什么。写作任务是对外部条件的界定，这些外部条件为作者对写作任务的初步表征提供了一个框架。

2. 外部储存

外部储存包括已写在纸上或直接写在电脑上的已经完成的写作内容。这些内容能提示作者保持前后的逻辑一致性。此外写作参考书、文摘卡等，能提示作者

① 有关“写作的认知模型”的内容转引自董蓓菲《语文教育心理学》，第216—220页，上海教育出版社，2006年版。

组织未完成的部分。作者通过查看和翻阅已写出的文章内容及外部参考资料，寻找自己所需要的信息，而不必把这些信息全部放在脑中。从而大大减少了记忆负担。上述这些均为外显内容。

（二）长时记忆

认知心理学家认为，知识以短时记忆和长时记忆两种方式储存在脑中。短时记忆指信息保持时间在一分钟以内；长时记忆是指信息保持一分钟以上，甚至终生。

弗劳尔和海斯认为，与写作有关的三类知识储存在长时记忆中。它们是有关主题的知识，有关读者的知识，有关修辞的知识。储存在作者长时记忆中的知识，是可用语言直接描述的一种陈述性知识，因此又可以把这部分长时记忆称作“陈述性长时记忆”。长时记忆中的有关知识对写作的成功有重要意义。

（三）工作记忆

弗劳尔和海斯认为，工作记忆经历三个过程：计划（planning）、述写（translating）和复查（reviewing）。

1. 计划

计划是述写前的准备工作，包括建立目标、生成和组织三个部分。

①建立目标是指作者对自己提出写作要求或订出计划。这样的目标可以是长期的努力目标，如写一篇得“优”的文章；也可以是短期的目标，如第二段需要有个过渡段。在整个写作过程中，随时可能建立目标。

②生成是指在头脑中形成写作时将要使用的观念和内容。形成的观念可能来自长时记忆，也可能来自外部环境。

③组织是指对文章进行布局。在写作开始要组织，在整个写作过程中，作者要不时地对新的段落、句子进行组织布局。一旦目标观念有变化，也会影响到布局。

“计划”过程中的建立目标、生成和组织不是一次性完成的，而是在写作的全过程中反反复复地相互作用。

2. 述写

工作记忆的第二个过程的实质就是把观念转化为一篇文章。述写开始于对写作任务的心理表征，这些表征可能是一个或一系列的目标以及达成此目标的计划，或者仅仅就是一个观念。其结果是写在纸上或计算机屏幕上的文章。

述写对作者工作记忆容量的要求很高。作者一般要在记忆中激活写作目标与计划，形成有关文章内容的一些观念，并回忆前面已写出的内容等。但是当书写、标点和语法方面的技能变成自动化或接近自动化时，作者工作记忆的负担则大大减少，可以把更多的记忆空间用于“计划”“复查”等活动。

3. 复查

复查是指将写好的文章与心中的标准作比较，进行必要的修改。它包括两个子过程：评价和修改。复查常发生在文章完成之后，但有时也发生在写作过程中。

弗劳尔和海斯认为工作记忆是一个动态的过程，储存的是完成某项工作的程序性知识，不一定能用语言描述出来。因此，工作记忆也称“程序性记忆”。这些程序性知识不是线性地从计划到述写再到复查一次性完成的，而是存在复杂的相互作用。

弗劳尔和海斯提出的写作过程的认知模型提示我们：

构成写作活动的主要因素有写作任务、关于主题的陈述性知识、关于写作的程序性知识（写作技能和写作策略）。对于写作主体来说，写作任务属于外部因素，关于主题的陈述性知识和关于写作的程序性知识属于内部因素。

客观事物和事理向文章的转化并不是直接完成的，它需要一定的中介，而这个中介是潜在的、内隐的、复杂的。写作不仅仅表现为字与词的组合，而且在文章的背后有作者长时间的构思和观点组织，即使在下笔成文的同时，作者的头脑也在计划、组织和检查，整个写作过程里，作者需要调用存储在长时记忆里的知识（关于主题、读者、体裁风格和语言的知识）。写作学习非常需要长时记忆的支持。而且，不同作者有关主题、读者及写作体例（如组织结构、语法、标点）等方面的知识（长时记忆）也不同。如果作者对有关主题的知识掌握较多的话，写作涉及该主题任务时所需的心理努力就越少，其文章就会很少有与主题无关的论述。从这点上来说，作者已有知识上的差异影响着写作的质量。所以，写作也非常需要知识的积累，并且随着一次次写作任务的完成，作者也应该注意有意识地扩展自己的知识积累。

写作过程不是一种平面的、线性的过程，而是一个渐进的、立体的、循环上升的过程，是一个以言语为中介、以思维为核心的多种心理因素积极参与的、有目标的、复杂的活动过程。写作不仅需要知识的参与，也需要作者情感与意志的介入，更需要思维活动贯穿始终。同时，写作过程也包括了与任务环境之间的互动过程，而不是一个单纯运用策略的过程。无数次写作过程完成的同时，作者长时记忆系统里的知识也会得到扩大和稳固，而情感、意志也得到了磨砺，思维能力也得到了发展。因此需要在写作实践中学习写作，使各种因素在协同互动中相互影响、相互促进，从而实现写作水平的提高。

写作过程包括了与环境（目标、他人与社会等）之间的协同互动，写作环境的相关因素对于写作具有重要影响。言语产出是人的有目的的活动。人表达自己的思想是为了影响他人，从而达到一定的目的。出于想与他人交流的愿望，写文章就是说自己想说的话，这才是写作的本来面目。写作学习可以从写话入手，从写身边熟悉的事物入手，有利于写出自己感兴趣的内容，引出充沛的情感，高昂的情绪。因为对于愈熟悉的事物，作者愈能清楚知道写作活动的最后成品是什么模样，愈能建立写作兴趣和信心，愈能给写作提供支持、动力和素材。

写作技能的获得过程具有流动发展的特点，这也是它区别于阅读的特点。阅读可以说是一个自动化的过程，自动化的过程就是成为惯例的过程，是接受过程，很少需要工作记忆的资源。而流动性写作过程是需要思考并可以进行在线修改的。写作时，作者需要不停地判断，解决写作时出现的障碍。这主要与工作记忆（写作的程序性，即写作技能和写作策略）有关。在写作的过程中，计划和复查过程是有控制的，需要消耗大量的认知资源，基本归为策略，包括确立目标的策略、生成观念的策略、组织观念的策略（包括篇章的组织、段落的组织、段落内句与句之间的连贯）、评价的策略、修改的策略。而述写过程是可以达到自动化的，基本归为基本技能，包括书写、遣词造句、修辞、加标点等技能。如写作过程中的构思、观点的产生、材料与结构的组织，主要与工作记忆中的加工功能有关；以书写为主的转译过程主要与工作记忆中的储存功能有关，等等。对于一些熟练的写作者来说，他往往不需要花费很大的精力考虑文章的篇章结构以及段落结构，表现出一定程度上的自动化，而书写、遣词造句、加标点等技能则可以达到自动化。可见，对于写作学习者而言，写作的程序性（写作技能和写作策略）学习至关重要，认知加工自动化后更容易写出高质量的文章。我们应该依据基本技能自动化和策略性知识的获得规律进行学习。

总之，写作学习是一项最具创造性的学习活动，而创造恰是量变到质变的结果，所以我们在进行写作学习时，既要注重短时记忆（即工作记忆）的锻炼，又要注意长时记忆的培养，也就是在写前积累和写后回顾阶段进行主题、读者和修辞知识的储备，这样能提高短时记忆里的构思和转译环节自动化加工水平，从而达到提高写作学习效率的目的。

## 三、写作心理转换理论与写作学习过程

写作心理转换理论[①]认为，写作是把思维活动转变为语言表达的心理过程。在这一心理过程中，除了思维和表达两大因素外，还存在着一个极为重要而又常常被人们忽视的因素，即转换。写作的关键就在于写作进程中的心理转换过程。

写作心理转换理论的发展经历了一个较长的过程，该研究成果依次为一级转换理论、二级转换理论和我国学者刘淼在此基础上构建的三级转换理论。[②]

一级转换理论认为，写作是把思维活动转变为语言表达的心理过程，在这一心理过程中，经历了一个从思维到表达的转换，即用句法规则将非线性、无逻辑与自足的思维转换为线性、有逻辑且具交际性的表达。

一级转换的理论框架可以表示为：

$$\text{思维}\xrightarrow{\text{转换}}\text{表达}$$

苏联心理学家 A. 科瓦廖夫提出了写作过程的双重变换特性。他认为写作中，首先是从思维活动转换为"知觉的显示或现实的形象"，再从"知觉的显示或现实的形象"转换成语言表达。这其中经历了两级转换。

基于写作过程双重变换特性的理论，由苏联著名神经心理学家鲁利亚提出。在写作中，要顺利完成把思维转换为"扩展性话语"这一过程，作者至少要在思维内部进行两次转换，即由思维转换为内部言语，再由内部言语转换为"呈线性序列"的外部言语。这两次转换，都离不开作为中间环节的"内部言语"，它是第一次转换的终点，又是第二次转换的起点。这就是写作二级转换理论。其基本框架可以表示为：

$$\text{思维}\xrightarrow{\text{一级转换}}\text{内部言语}\xrightarrow{\text{二级转换}}\text{表达}$$

三级理论认为：第一级转换，是从思维到内部言语的转换。第二级转换，是内部言语到外部言语表达的转换。经过一级转换之后，内部言语通过工作记忆暂时储存，在进入二级转换之前，还要经过一个表达通道开关。当运用口头言语表

---

① 以下有关"写作心理转换理论"的内容转引自董蓓菲《语文教育心理学》，第 220—226 页，上海教育出版社，2006 年版。

② 参见刘淼《作文心理学》，第 39—45 页，高等教育出版社，2001 年版。

达时，书面言语通道关闭，口头言语通道接通，则内部言语经二级转换后进入口头言语表达；运用书面言语表达时亦然。需要注意的是，在二级转换中口头言语表达与书面言语表达是不完全相同的过程，但是有相当部分的重叠。第三级转换，是专指外部书面表达的转换过程。二级转换与三级转换之间有一个过滤器，它的作用是将二级转换的结果进行筛选，加工充分、质量好、能直接用于书面言语表达的部分被放行；其余的则进入三级转换，即进入再加工器，进行增删、更换、修饰等加工，合格之后进入外部书面言语表达；有关内容、结构、表达方式等方面需要加工的部分，则返回到内部言语，直至思维。整个加工过程都在自我监控下进行。其基本框架可以表示为：①

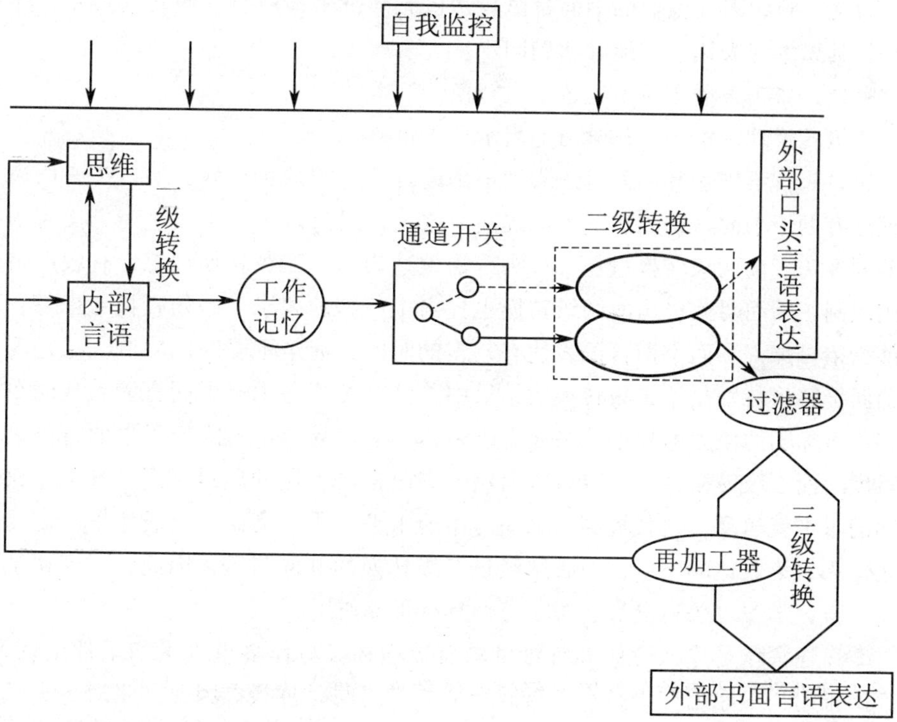


三级转换是外部书面言语表达的重要转换过程，但并非必要过程。当人们的言语表达能力达到相当水平，就不再需要经过三级转换过程。也就是说，所有二

① 见同上，第 44 页。

级转换的结果都顺利通过过滤器的检验而无须进行再加工。因此，从内部言语到外部书面言语表达的转换有三种可能：

①对于低年级学生而言，由于他们书面言语表达能力较低，再加工的能力有限，从而使过滤器的检验水平受到限制，检验标准降低，放行度加大，因此少有三级转换过程，或三级转换过程常常不够完善。结果表现为，书面写作与口头写作水平无显著差异，书面写作常常是口头写作的记录形式。

②对于中、高年级学生而言，他们已具备了一定的书面言语表达能力，但尚未达到心口如一的程度，因此三级转换过程比较充分，常常表现为书面言语表达更为精细。

③对于作家而言，他们已具备了很高的言语表达能力，往往能够做到心口如一、言文一致，因此他们的书面言语表达也无须过多地经过三级转换过程，除书写外，其思维与表达常常能够达到同步。

另外，口头言语表达不经过三级转换。

三级转换理论给予写作学习的启示在于：

①口头言语表达和书面言语表达虽是语言表达的两种形式，但口头言语表达的训练有助于书面言语表达能力的提高。这一是因为口头言语表达与书面言语表达共同经历了前两级转换过程。口头言语表达为一、二级转换训练，有较严格的时间限制，因而对其经历的两级转换也提出了更高的要求：必须直接考虑好，而不能指望再加工。而书面言语表达有较多的时间，甚至不受时间限制。二是因为在前两级转换特别是第二级转换的结果中，可以直接运用于书面言语表达的东西越多，再加工的压力就越小，书面言语表达就越容易，这就降低了书面言语表达的难度。而二级转换结果可以直接运用于书面言语表达的质量越高，其书面言语表达的水平就越高，这就提高了书面写作的水平。所以书面言语表达不一定要先经过口头言语表达的阶段，但必须经过二级转换的共同过程。因此，对于初学写作者而言，学习口头言语表达对于写作具有重要作用。

②口述写作是降低写作训练难度的有效途径。写作多重水平加工理论认为，写作困难的根本原因在于高水平与低水平加工的同时进行，因此主张避免高低水平同时加工以降低写作难度。在写作三级转换模式中，思维是高水平加工，表达为低水平加工。而就表达而言，二级转换为初级水平加工，三级转换则为高级水平加工。要降低难度，则要将两级转换区分开来训练。直接进行书面言语表达训练因未将两级转换区分训练而难度大，仅仅训练口头言语表达虽然将两级转换区分开来，但对书面言语表达作用有限。口述写作训练既符合区分训练的要求，又

能对书面言语表达产生重大影响，而成为最佳方法。

## 第二节　写作能力发展与写作学习的过程

写作能力是一种书面语言表达能力。在心理学界，一般将人的语言发展分为四个时期。幼儿在一周岁左右开始说出“妈”“爸”之前，是语言发展的第一时期。我们称之为“无言语表达时期”。这一时期的最显著特点是没有言语表达能力。从幼儿开始会说“妈”“爸”等最初的词语到六七岁上小学以前，是语言发展的第二时期，可称之为“口语全面发展时期”。这是儿童口语理解和表达能力继续迅速发展的时期。这一阶段结束时，儿童已经基本上具备了日常口语能力。从六七岁上小学到十六七岁中学毕业，语言发展进入第三个时期。这一时期的主要发展在于书面语言，可称之为“书面语言发展时期”。十六七岁以后为语言发展的最后时期，可称之为“继续发展时期”。这是语言能力成熟的时期。在某些方面继续发展，这种发展不像以前几个阶段那样显著。在其后一个阶段也会出现言语能力的减退，甚至发生障碍。写作能力作为一种书面语言表达能力，是在习得口头言语的基础上，通过特定的教学训练、生活环境的影响以及自己的加工，逐步形成和不断发展的。其发展主要在语言发展的第三个时期。而在这个时期，由于中小学生年龄心理的发展，写作能力的发展也表现出不同的特点。我们学习写作应该依据不同阶段写作能力发展的特征来进行。

### 一、写作能力发展的阶段

小学阶段，学生的学习动机有了一定的社会意义，学习习惯逐步养成，学习兴趣趋向稳定和有选择性。注意与记忆能力大大发展，由无意记忆、形象记忆发展成为有意记忆和意义记忆。机械记忆转向有选择的记忆。由以形象思维为主，逐渐向逻辑思维过渡。感知能力的触动性和模糊性发展为具有目的性、精确性，并能分清主次。自我意识、道德意识、道德习惯行为、自尊心等有进一步发展，情感丰富而激动，并溢于言表，自我控制能力较差。在写作方面，口头言语有了新的发展，开始注意考虑如何组织自己的言语，使之具有连贯性和逻辑性。在口头言语形式上，也从对话言语向独白言语过渡。书面言语成了专门学习的对象。

从口述作文过渡到书面作文，从机械模仿转变到先想后做，从写片段发展到写较完整的篇章。由于观察力、想象力不断提高，能写出有一定情节的事或刻画人物。开始注意积累词汇，对新鲜词尤感兴趣。

中学阶段，学生的学习兴趣更为广泛，并有更大的分化性、选择性和自觉性。开始探讨抽象的理论性问题，参与社会和历史问题的争论以及各种科技活动。感知的灵敏度大大提高，知觉的有意性、目的性、理解性和概括性更加发展，开始出现逻辑性知觉。有意注意进一步发展，而且比较稳定和集中。注意力的分配和转移能力也大大增强。意义记忆能力和抽象记忆能力发展迅速。抽象逻辑思维日益占主要地位，言语能力的发展比小学生更具有独立性、自觉性、连贯性和逻辑性。情感的稳定性、深刻性以及理智感、道德感、美感等高级情感更为发达。意志的自觉性、坚持性和自制力等比小学生有明显提高。思维的独立性和批判性有了显著的发展，有成人感，对人的内心世界发生了兴趣，开始要求并自觉地评价别人及自己的个性品质和内心体验。同时道德信念和道德理想初步形成，世界观开始萌芽。但是容易产生片面性和表面性等缺点。在写作上，随着自我意识的逐渐增强，他们有自己的独立思考方式和表达愿望，心理状态已由“开放期”转入“闭锁期”，希望摆脱教师的束缚，独立地构思、表达。

有关写作能力的发展阶段，中外研究者的研究成果不少。我国学者朱作仁等认为，写作能力的发展可划分为五个阶段，各阶段的表现特征分述如下①：

| 分　　期 | 年　　段 | 表现特征 |
|---|---|---|
| 写话期 | 小学低年级 | 作文起步阶段，在识字、写字、说话和初步阅读的基础上，从口述到笔录，连词造句，开始会写句子，并连句成段（表达一个完整意思的句群）；写作内容比较浅显，表达的意思十分简单。 |
| 过渡期 | 小学中年级 | 会写一个场景、一个人的肖像或一件简单的事等，篇幅加长，懂得写文章的难度；出现个别差异，有了不会写文章的学生。基本完成从口述向笔述，从句、段向篇的过渡，开始注意文章的构思。转变的趋势表现为从不切题到切题，从不能分清段落到分清段落，从简单句到比较复杂的复句等。 |

① 参见朱作仁、李志强《论学生写作能力的结构要素及其发展阶段》，载《教育评论》，1987 年第 4 期。

续表

| 分期 | 年段 | 表现特征 |
| --- | --- | --- |
| 初级写作期 | 小学高年级 | 写作范围扩大，联想合理，能分别运用记叙、描写、说明等表达方法；注意围绕中心选材、组材，思路日趋有条理；从自然的开头、结尾向多样化的开头、结尾发展；从平铺直叙、不善于表达思想感情向初步借物抒情发展，有一定的文字表现力；初步掌握记叙文写作的一般要求和写作方法。 |
| 中级写作期 | 初中至高中一年级 | 能运用形象思维和抽象思维对写作素材加以提炼和概括，确立明确的中心思想；运用五种表达方式（记叙、描写、说明、议论、抒情）；注意运用修辞手法；词汇、句式、章法的储备日益丰富；运用语言材料比较熟练，文学表现力加强，有布局谋篇的能力。 |
| 熟练写作期 | 高中阶段乃至以后 | 能处理内容复杂的材料（如人物多、场景转换多、头绪繁、事件容量大、论说较详等），综合而熟练地运用多种表达方式（夹叙夹议、议论中的抒情、抒情中的议论等）；文章立意有一定的深度；结构完整，逻辑严密；语汇丰富；写作速度快；文章较有文采，并出现创作的倾向。 |

林崇德等人还研究发现①：小学低年级是写作的准备阶段，三年级是口述向复述过渡，四年级是阅读向写作过渡的开始；小学高年级，尽管学生能开始独立写作，但多是处于第二阶段；而中学生的写作能力，正是在第二阶段的基础上，逐步向第三阶段发展，并逐步地以第三阶段的独立写作占主导地位。研究结果还表明，不论是小学还是中学，学生的写作能力总是按上述三个阶段发展的。从小学三四年级起，有一个明显的从阅读向写作的大致过程，即有一个从模仿到独立写作（仿写）的过程。但中小学生表现形式和水平有高有低，有简有繁，所以会显出差异和等级来。同时，写作能力发展有一个概括化的过程，写作水平的高低，在一定程度上取决于中小学生的概括能力。不管什么文体，写作时，其题材、结构、审题、选材，或布局、扩论、论证、说理等，都要通过书面语言条理化地、生动地表达事物（包括时间、地点、人物、事件等）的内在联系来体现，这里有一个综合、提炼的过程，即概括能力发展的过程。中小学生作文的体裁和方式也随着年级升高而多样化，这方面的个体差异相当大，甚至于在同一个年级

① 参见林崇德《学习与发展——中小学生心理能力发展与培养》，北京师范大学出版社，2002 年版。

里，学生之间的写作能力差异超过两三个年级的间隔，这种差异自初中三年级之后更为明显。最后，中小学阶段写作能力发展有着关键期和成熟期。小学四年级、初二是两个转折点，高中二年级初趋于定型，这种关键期、成熟期的出现，与思维能力发展是一致的。不过，写作能力的成熟期不如一般心理能力成熟期那么稳定，仍具有较大的可塑性。所以，确切地说，高中阶段如具备了一定的写作能力，正是进一步发展的良好基础。①

目前，国内心理学界根据有关研究成果，一般将写作能力的发展可划分为准备、过渡以及独立写作等三个阶段②：

①准备阶段（口述阶段）。儿童进入小学后，在学习识字写字和阅读课文的同时，开始为写作准备；主要练习口述，如口头造句、看图说话、复述、讲故事等。

②过渡阶段。包括两种途径的过渡。一是口述向笔述过渡，也就是口头语言过渡到书面语言，练习方式有造句、看图写话等。二是阅读向写作过渡，练习方式有模仿作文、缩写、改写等。

③独立写作阶段。独立思考，立意，选材，构思布局，写出文章。

## 二、写作能力的发展阶段对写作学习过程的启示

写作学习过程就是写作心理能力发展的过程。写作能力发展的阶段性提示我们，写作学习过程应该按写作能力的发展阶段来进行。

### （一）从说话到写话，跨过写作学习的第一道坎

说话（口头语言表达）是书面语言表达的基础，“说”是内部言语向书面言语过渡的桥梁，学习写作应从口语的训练开始。因为言语的发展，口头言语先于书面言语，对于母语学习而言，一般学习者在没有学习书面语言之前，都会说话，都掌握了相当数量的口头语言。说话是没有什么困难的。为书面写话提供了基础。要使口头言语过渡到书面言语、说和写能够一致，还得经过一番口语的训练。

从思维和言语的关系看，表达的心理基础是思维。只有想得明白，考虑周到，才能表达得连贯而有条理。“说”可以检查思考的结果，起到组织言语的作用，同时又促进积极思考，有利于书面言语的提高。为此，练习说话，应懂得先

① 参见朱晓斌：《写作教学心理学》，第210—212页，浙江大学出版社，2007年版。

② 参见同上，第213页。

想一想再说、再写，逐步养成“打腹稿”的思维习惯。有位教师说：“学生会想才能会说，会说才能会写。”这个体会是符合写作能力发展规律的。

此外，掌握丰富而确切的词汇，是说话能力的基础。要在识字和阅读中充分扩大、丰富自己的词汇，使大量消极词汇迅速转变为能够运用的积极词汇，从而提高说话的表达水平。系统连贯地表达是说话能力发展的关键。应十分重视口语表达语句完整，合乎语法规范，说话要围绕中心，分清层次，清楚流利地表达思想。

写话，就是把说的话写下来，有较大的随意性。可以不计数量，不管多少，写三句五句行，写一两句也行；不管内容，写这个行，写那个也行；不求规范，写不完整句子行，有错别字也无妨。总之，只要写就好，只要乐意写就好，只要有兴趣写就好，甚至，只要动了笔就好。重点在于激发初学写作者写话的兴趣。

当然，写话和说话有很大差别。尽管不少人说，作文是用笔说话，说话是用嘴作文，好像作文和说话差不多。其实，这只是为了消除对写作的畏难情绪，树立写作的信心。实际上，从“说话”到“写作”，从“口头语言”到“书面语言”，中间有一道坎子。要跨过这道坎子，并不是一件容易的事情。“写话”，就是为了完成这个过程，帮助学习者跨过这道坎子。

写话训练，应该写自己想说的话，写想象中的事物，写身边的事物。可以通过编童话，看图说话写话等方式进行。写时还可用上学过的生字，培养用词造句的能力。看图说话写话是培养观察能力、思维能力、想象能力的有效手段。可以从看一幅图到连续看几幅图，从看图说一句话到说几句话，再到说一段连贯的话，逐步过渡到根据图画内容编故事等。

（二）积累，以获得丰富的写作知识

写作必须有丰富的写作知识储备，这是发展写作能力的基础。写作知识主要是指陈述性知识，即由主题知识和读者知识构成；而主题知识直接决定学生“写什么”或写出的文章是否言之有物。在大脑中，主题知识通常是以图式的形式表征的，而某类图式的获得又是学习者学习两个以上的图式实例的结果。因此，若要掌握写作内容知识，就必须要接触大量的图式实例；与写作内容知识有关的图式实例非常广泛，就其来源看，可以概括为两大类：一是来自社会实际生活的图式，一是来自书面文字等材料的图式。所以，学习写作应注意①：

① 参见何更生《现代心理学的写作能力观及其教学含义》，载《华东师范大学学报》教育科学版，2001 年第 4 期。

①接触社会生活，丰富自己的直接经验。储存在人的长时记忆中的、与写作关系最密切的图式种类主要有自然范畴图式、事件图式、人物角色图式和场景图式。这几种图式的实例皆来源于社会生活，学习者应该通过多种方式接触生活，亲身观察、感受、体验有关的人、物、景，使这些外在的形象能顺利进入大脑，变成写作所需的图式。如走出校门，走向社会，参观、旅游、参加劳动，接触各式各样的人物，观察人的外貌、衣着、神态、语言、行动和心理，观察事物的起因、发展、变化和结果，观察四周的环境、房间的陈设、建筑物的位置、结构，观察景物的四季变化、朝暮变化、阴晴雨雪的变化等。通过观察丰富图式，提高对生活的认知能力。

②广泛阅读，丰富间接经验。关于阅读对写作的促进作用，前人已有过精辟的论述，如“能读千赋，则能为之”（汉代扬雄），“读书破万卷，下笔如有神”（唐代杜甫），“劳于读书，逸于写作”（元代程端礼）。阅读除了可以使作者学到审物度事、构思立意、布局谋篇和语言修辞等方向的知识和技巧，获得丰富的语汇、一定的语言知识、文体知识和写作方法知识之外，也能使写作者获得大量的与写作相关的生活知识、社会知识和科学文化知识。所以，阅读是获取写作内容知识的重要途径，是形成写作能力的重要条件。学习者应该通过阅读、记忆、背诵、摘抄词语佳句等渠道来丰富自己的知识，增加自己的储备，为自己打下良好的基础以利于写作能力的发展。

（三）模仿

模仿，即按照所读过的范文习作。这对初学写作是必要的，在写作的初学阶段是提高写作能力的一种有效手段，可帮助学生获得最初的写作知识及模式。

美国著名心理学家阿尔伯特·班杜拉倡导的社会学习论认为，模仿是一种社会心理现象，它以各种方式成为团体、集体中人际关系的内容之一。人在学习语言和各种技能的过程中，以及艺术习作的最初阶段，都要借助模仿为“阶梯”，吸收模仿对象的相似因素和有用经验，作为自己进一步发挥创造性的基础。儿童学习语言，获得语言能力，大部分是在非强化条件下进行的观察和模仿中进行的。社会语言范型对儿童言语发展有重大的影响，如果没有语言范型，儿童就不可能获得语汇和语法结构。心理语言学家对语言习得行为进行各种各样的解释时，也基本上都承认，模仿是儿童提高语言能力的一种手段，尽管不是唯一手段。学生，尤其是儿童，具有很强的模仿本能。由于知识经验贫乏，少年儿童在学习语言和各种技能的过程中，都要借助模仿为“阶梯”。模仿对于儿童，正如独立创造对于成人那样重要。模仿发展的趋势是从无意识到有意识，从自发到自觉，从把模仿本身作为目的到把模仿作为达到目的的手段，从模仿榜样的外部特征到模仿其内部特征、实质性内容，随着年龄的增长和知识经验的丰富，模仿的自觉性、独立性和创造性逐步增强。

任何学习，开始时都离不开模仿。模仿学习是人类不可缺少的学习方法，是学习技能的捷径。模仿是学习写作的心理需要。朱熹指出："古人作文作诗，多是模仿前人之作。盖学之既久，自然纯熟。"（《朱子语类·论文上》卷一三九）就模仿与创造的关系来说，模仿是创造的基础，没有模仿就没有创造；而在创造中也难免带有模仿的痕迹。从模仿到创造，即使作家也不能例外。如鲁迅著名作品《狂人日记》就是模仿果戈理的作品，从题目到格式都是一样的。作为榜样的范文，能示范性地把文章的结构格式以及如何遣词造句、谋篇布局的方法直观地呈现在学习者面前，可给学习者提供最直接、最形象的"写什么、怎样写"的指导。对他们来说，这样做比任何解释都来得清楚。正如皮亚杰所指出的："模仿能产生表象，因而从任何外部动作中分离开来，有利于保持动作的内部轮廓，成为日后形成思维的准备。"① 因此，学习者在模仿写作中形成一种"内部轮廓"，就为他以后的作文构思提供了材料和模式的准备。同时，范文能帮助学习者习作时扩充知识，开拓思路，丰富想象，而且学习者可以学习范文观察事物、分析问题的方法。经过对范文的模仿和借鉴，学习者学会独立地观察和思考周围的生活现象，独立地构思谋篇，选用最合适的表达方式，写出观点鲜明、结构完整、语言通畅的文章来。从仿写过渡到创作，就减少了他们动笔的难度，使学习者写作水平在短时间内获得较大的提高，同时也可以提高写作兴趣和积极性，消除怕写作的不良心理。

模仿是多方面的，或仿范文的构思立意，或仿范文的布局谋篇，或仿范文的表达方式，或仿范文的语言运用。可从整体上进行模仿，也可模仿某一侧面。在模仿中应根据范文特点、自己的实际，选准选好模仿的角度，以利写作能力的进一步提高。

当然，说模仿能提高写作水平是有条件的，并不是任何范文都适合于每位写作学习者。范文能否发挥作用，有赖于范文的难易程度是否符合学习者已有的知

---

①［瑞士］J. 皮亚杰，B. 英海尔德：《儿童心理学》中译本，第65页，商务印书馆，1986年版。

识基础和心理水平。同时，使用范文要尽可能与观察相结合。而且学习者应切记，模仿、借鉴只是写作能力发展中的一座桥梁，仿写绝不是“重复”，更不是“抄袭”，仿写中要有创造。要能够从模仿中跳出来，把学到的东西“内化”，即结合自己生活实际中所获得的材料，灵活运用范文的手法，来构思自己的文章，逐步演变成自己的写作技巧。只有做到师名家而不袭名家，师名家之意而不师名家之辞，在模仿中逐步增加创造的成分，才能通过模仿达到独立创造的彼岸。

（四）练笔，学习写作技能和策略

独立创造是写作能力成熟的标志，但写作能力的发展，不是靠由说到写、从仿到作一个过程就能完成的，它必须通过多次反复实践才能完成。因此要提高自己的写作能力，必须多练多写。清代唐彪的《读书作文谱》说：“谚云：‘读十篇不如做一篇。’盖常做则机关熟，题虽甚难，为之亦易；不常做，则理路生，题虽甚易，为之则难。”清人姚鼐也在《惜抱轩尺牍·与陈硕士书》中说：“学文之法无他，多读多写。”强调多读多写，是我国古代写作学习的一条重要经验。心理学认为，人的各种能力，只有在不断的操作和实践中才能逐步形成。写作能力，作为一种比较复杂的心智技能，就更是如此。

现代认知心理学家们对影响写作过程的基本因素进行了广泛的研究，这些因素包括写作语境、写前阶段、计划阶段、写作开始、口头作文、修改、沉思、写作材料的刺激等。他们认为写作是一个解决问题的过程。在此过程中，陈述性知识的认知策略和程序性知识的认知策略各自有着不同的作用。“问题”是给定的信息和目标之间某些需要加以克服的情境。解决问题的过程一般涉及问题表征，设计解题计划，执行解题计划和对解题过程进行监控等。问题能否被清晰、正确地表征，主要取决于学习者认知结构中是否储存了相应的问题类型知识。新问题一旦被纳入学习者原有的问题类型知识（或问题图式）中，问题立即被理解。而问题的计划和监控等主要依赖程序性知识（策略）。

独立的创造性写作主要包括构思、转译和修改三个过程。构思是指形成文章的整体性思考或下一步所要写内容的局部思考，也是从长时记忆和作业环境中去寻找信息，并运用这些信息形成写作提纲，以引导写作的完成。构思过程主要有三个子过程：观念产生（从长时记忆中提取与写作题目有关的信息，确定表达什么），观念组织（利用“观念产生”过程所提取的信息，形成写作计划，以确定如何表达），目标设定（指建立一般标准来引导写作计划的执行）。观念产出过程主要依赖有关写作题目的陈述性知识。而观念组织和目标设定，都依赖程序性知识（策略）。转译则是在写作提纲（构思）的指导下，从记忆系统中取得材料，并使其转化为书面句子形式的过程，即把内在的心理表征转变成外在的言语符号。当观念组织转换成文字时，会进行精加工，以致写作者的工作记忆容量达到极限。熟练的写作者在诸如书写、标点、格式等方面达到了自动化，因而在工作记忆中会腾出更多的空间用于文章的意义加工。而不熟练的写作者则会在书写、标点、格式等方面花费更多的精力。修改包括复阅和校订两个过程。修改过程需要找出初稿中的问题，包括内容、组织、字、词、句等方面，主要涉及陈述性知识、一般写作技能和写作策略（程序性知识）等方面知识的运用。熟练的写作者往往先对文章的整体和结构进行检查，然后再考虑局部性修改。而不熟练的写作者往往随机地修改文章内容。因此，在文章修改中，程序性知识（修改策略）是较为重要的。

从上述写作过程看，独立写作需要熟练地运用自动化的写作程序性知识和写作策略。

写作程序性知识即写作技能，是由陈述性知识转化而来的；而陈述性知识转化为程序性知识的重要途径就是进行一定量和质的练习。主要方法有：

①通过片段练习或专题练习来掌握写作的各种技巧。当人准备运用一项复杂的认知技能的时候，如果对构成该技能的子技能尚未把握、达到自动化，要成功、顺利地运用整个技能是不可能的。

②通过篇章练习或综合练习，促进写作诸技能的组合和程序化。学习者要想具备较高的写作技能，必须使大量的写作子技能程序化，使相关的若干个子技能组合起来，形成概括性较大的更高层次技能。篇章练习或综合练习就是一种“广泛”的练习。因为，从知识表征来看，篇章知识的表征是包括大量小的产生式系统的，而篇章写作往往涉及布局谋篇和遣词造句所包含的多种子技能。围绕一个主题或根据一种体裁进行篇章写作练习，可以有效地把诸多有联系的子技能组合起来，形成一定的操作步骤，并逐步达到自动化。例如，应用文写作练习涉及材料的搜集、剪裁与组织、结构的安排和语言的表达等多种子技能。经过一定数量的有关这种文体的写作训练之后，这些子技能会贯穿起来，达到技能运用的自动化。总之，要想具备基本的写作技能，不进行基本篇章的综合练习是难以奏效的。

写作策略是指学习者对写作活动及其因素进行计划、检查、评价和调控，以获得效率最佳的活动方式。这是一种比各种具体学习方法层次更高的，起调节和控制作用的活动方法和规则，它规定了写作时写什么和不写什么，先写什么和后写什么，用什么方式写，写到什么程度，写作的时间分配等。写作策略是针对写作过程的学习策略，也是调控内部学习的方式和技巧，具有学习策略的特征。

写作策略是写作心理能力结构的重要组成部分，是写作者为了完成写作学习目标而进行的有意识的、积极主动的心理活动调控对策。因此，写作策略的学习是写作学习的重要组成部分，它包括学习者有目的、有计划地掌握写作知识、运用写作技巧、培养写作能力最终使学习者掌握写作的方法。因此，在写作学习中，结合进行一定的写作策略训练是提高写作水平的一个重要途径。

此外，写作与思维的关系是非常密切的，任何形式的写作都是思维的产物，写作训练也必然伴随着思维训练。一个人的写作能力、写作水平，不仅与他所掌握的词语数量、句型结构知识有关，更取决于作者的观察能力、情感态度、思维品质和价值取向等多种内在因素。写作活动要求高度发挥写作者的思维创造性、敏捷性、灵活性与批判性。写作不仅反映文字表达能力，同时还反映了思维水平。因此，在进行写作训练时，要加强思维训练。

从说到写，从仿到作，从写片段到整篇练习，写作学习过程应该按写作能力发展的阶段循序渐进。需要强调的是：写作心理能力的发展经过“准备”“过渡”和“独立写作”三个阶段，这三个阶段几乎贯穿于中小学的每个年级段。并不是说，“准备”“过渡”和“独立写作”三个阶段机械地对应于中小学的某个年级段。如在小学低年级，学生已开始写片段的训练，这是一种简单的“独立写作”。而复杂的议论文写作，直至高中段还在采取“仿写”的方法，这又回到了“过渡”的阶段。

## 第三节　写作学习过程是学习者写作主体素养的建构过程

在我国，写作理论研究在20世纪80年代以来经历了一个重点转移的过程。

20世纪70年代末，写作课教材中知识体系的基本框架为：绪论、材料、主题、结构、表达、语言、修改和文风。这种知识体系偏重的是文章理论知识。持这种观点的人认为，只要学习了写作理论知识就可以提高写作能力。进入80年代后，一些人认为光是理论知识对提高写作没有多大帮助，主张进行写作技能训练，尤其是文体技法训练。于是，写作理论研究从以写作理论知识体系为中心转向以文体技法训练为中心。

无论是文章知识体系还是文体技能训练体系，焦点都是放在已经写好的文章上，即都是围绕文本的。20 世纪 80 年代中期，人们开始把注意力转移到写作的过程上来。有人提出双重转化的观点。双重转化的观点认为，写作过程中首先是现实向认识主体即作者头脑的转化，形成观念、情感，然后观念和情感再向文字表述转化。过程主义认为提高写作能力必须从写作过程入手。写作理论研究从文本主义转向过程主义。

20 世纪 80 年代末，由写作过程论转向写作主体论。写作主体论认为，过程技能的训练不能真正提高写作能力。因此，除了研究写作行为过程的规律外，还要研究写作主体如何在生活实践中，通过各种方式积累学识，修身养性，培养良好的思维品质和博大深厚的情感，为写作积累深厚的底蕴。

20 世纪 90 年代后期，由写作主体论转向写作文化论。写作文化论认为，优化了写作主体还无法解决写什么好的问题。写什么好取决于某一时代、特定社会对于写作的价值取向、评判标准——这些决定了什么样的文章是好的，是符合时代与社会要求的，对写作活动起着一个导向作用。

与之相应，写作学习观念也由强调学习静态的文章构成要素如主题、题材、结构、表达、语言、文风等知识内容转向强调掌握采集、构思、表达、修改等基本操作过程，再转向注重写作学习者素养或智能结构的主体性建构以及对写作文化的感悟和理解。写作主体论认为，写作学习过程不是静态的有关文章构成的陈述性知识的学习或机械的写作过程的技术操练，应该是写作学习者主体素养的养成过程。

写作主体即写作的行为主体，也就是写作者。写作是写作主体在内在需要驱动下而产生动机、确定目标，在写作主体价值体系的牵引下，借助语言文字灵活驾驭表达空间，进行一系列的信息处理加工，最终达成实现。写作主体是写作活动的发动者，也是写作活动的策划者、执行者，是写作活动的主宰。写作主体的品质素养决定文章的优劣成败。

有人说写不出好作品的原因是缺乏生活经验。实际上，写作活动成败的关键不是写作主体生活经验的多少，而是写作主体的修养、能力、学识、思维、情感、审美、经验、体验等各种因素形成的一种合力的大小，这是写作活动真正的成败关键。法捷耶夫说：“作家的才力、修养、智力发展的趋向、气质、意志以及其他个人特征，在选择材料时都起着重大作用。”① 其实又岂止是选择材料时？从材料的选择和加工到主题的提炼和深化，从结构的设计与安排到语言的推敲与把握，整个写作过程中的任何一个环节，都是写作主体的智力因素和非智力因素综合协调作用的结果。

我们认为，写作主体的能力，是由写作主体在特定的写作情境中所拥有的普遍的精神品质与写作思维、操作技术以及具有“写”的主体可能性的动力系统构成的“动力——能力”大系统。② 写作能力的动力系统，在其心理的基础层面上，包括写作意志和写作动机。前者指主体从事写作活动的自信心及坚忍不拔的意志品质，后者不仅是指某一篇文章的具体写作动机，而且是一般意义上的写作兴趣、爱好、思维定式和写作母题、地域情结等超心理学的方面。整个写作主体的动力系统，是通过作为写作主体的个体对于信念、思维、技术等进行调整控制的心理机制获得其个体实现的。写作主体的“动力——能力”大系统，它是沿如下四个层面展开的：

A. 知识——信息的结构性基础（主体的信息知识、经验知识、写作技巧知识等）。

B. 智力——智能的主体控制机制（这是纯心理层，包括观察力、记忆力、应变力、想象力等）。

C. 个体文化的主体性建构（人格修养、写作素养、个体创新意识等）。

D. 操作技术的个体养成（立意、采集、构思、表达、修改等）。

显然 A 层是基石，B 层为中介，C 层为内化，是动力系统，D 层是完成表达的外化。③

因此，写作主体应具备的素养主要有两个方面的内容：一是基础性、关键性的因素，即以人格修养为核心的写作主体的综合素养，包括人格修养、阅历、学识、审美素养、个体创新意识等；二是作为写作主体的特殊性因素，包括写作意

---

① 法捷耶夫：《和初学写作者谈谈我的文学经验》，见《苏联作家谈创作经验》，第 48 页，中国青年出版社，1959 年版。

② 参见金秋蓉《学生写作主体性初探》，第 8 页，中国优秀硕士学位论文库，福建师范大学，硕士学位论文，2003 年。

③ 参见陈兆荣《写作主体：关于作者的本位话语》，载《写作》1999 年第 12 期。

识（读者意识、主题意识和文体意识）、写作智能结构等。要提高主体的写作能力和水平，必须先从全面提升主体的综合素养入手。

联系对写作主体应具备的素养的认识，我们认为，写作学习的过程——学习者写作主体素养的建构过程，一是要培养主体意识，建构写作主体的人格心灵背景；二是要培养写作意识，训练写作思维，发展写作能力。写作主体素养建构的渠道，一种是通过有意识有目标有计划的学习和体验获得提升，另一种是在日常生活中通过自然而然的感受和积累，无意识地、潜移默化地获得提升。

# 第九章　常用文体写作学习

通常，我们把文章分为两大类，一类是一般文章，二类是文学作品。一般文章服务于生活世界，以写实为主，具有实用价值。一般文章可分为记叙文、议论文、说明文和应用文等四小类。文学作品服务于精神世界，以虚构为主，具有较高的审美价值。文学作品也可分为四小类，即小说、散文、诗歌和戏剧等。学习各种文体需抓住其“文体特征”和“文章图式”。

## 第一节　实用文体写作学习

实用文体又称生活文章，主要是指记叙文、议论文、说明文和应用文。这类文章反映现实、服务于生活、工作和学习。写作时要意图明确、内容清楚、语言通俗。

下面主要介绍记叙文和议论文的写作学习。

### 一、记叙文写作学习

记叙文是以记人、叙事、写景、状物为主要内容，以叙述和描写为主要手段来反映生活的文章。它是生活中最常用的文体，诸如新闻、通讯、故事、游记、日记、传记、访问记、回忆录，甚至叙事性很强、带有纪实性的散文、小说等也可纳入记叙文体。

记叙文在中小学语文课文中篇目多、比例大、范围广、体式多样、学习时间长，是中小学写作学习的基础和重点。

（一）学习处理要素

记叙文有六要素，即时间、地点、人物和事件的起因、经过和结果。记叙文的要素一般应是齐全的，特别是真人实事的文章，如消息，这类文章属“完整性叙述”文体。也有六要素不完整的，只有其中的几个要素，属“不完整叙述”文体。两者有所不同，写作时要学会灵活处理。

（二）学习转换人称

叙述的角度、视点叫“人称”，是记叙文学习的又一重要内容。一般而言我们只承认有第一人称（“我”字叙事，限知叙述）和第三人称（“他”字叙事，全知叙述）。但我们也得知道有“第二人称”代词的使用，并且叙事的人称可以根据需要而进行转换。如《祝福》中开头用第一人称，中间转入第三人称，结尾又回到第一人称，是典型的例子。

（三）学习安排线索

线索是记叙文的内在“脉络”，是贯穿于全文的“道具”。古人云：“一线在人，错综复杂材料惟吾所施。”可见其重要性。从性质上说，线索可分为主观线索（感情、认识、思想线索）和客观线索（事件、人物、物件线索）两种。从形式上看，线索有单线和复线（双线、多线）之分。双线有明暗双线、虚实双线、主次双线，如《包身工》是典型的虚实双线。

（四）学习梳理顺序

顺序是指文章材料的先后安排。记叙文顺序有时间顺序，如《从百草园到三味书屋》；空间顺序，如《雨中登泰山》；认识线索，如《荔枝蜜》。在写作过程中要仔细安排。

（五）学习使用表达

记叙文是以记叙（叙述）和描写为主要表达方式的实用文体。叙述是指作者在文章中对人物、事件、事物、环境所作的交代、介绍和说明。按其不同的性质和功能，可分为顺叙、倒叙、插叙、补叙、追叙、逆叙、总叙、分叙、详叙、略叙、预叙、复叙、意识流叙述、环状叙述等。但在中小学只要求学会顺叙、倒叙、插叙、补叙写法即可。

描写是对人物、事件、事物、环境的具体形象的刻画、描绘。按其性质可分为景物描写、人物描写（肖像、语言、动作、心理描写）、场面描写和细节描写。但在文章的分析和学习写作过程中我们还常常碰到环境描写、侧面描写、动态描写、对比描写、白描、工笔等手法，也要分清。

（六）学习组织结构

结构是指文章的内部组合和外部框架。记叙文的结构看起来很复杂，其实归纳起来，也只有三种。一是横式结构（块状结构），是指由几个材料串联而成的文章；二是纵式结构（线状结构），是指由一个材料叙述描写而成的文章；三是纵横式结构，是前两者结合的产物。我们学习记叙性文体写作时，不但要学会安排结构，而且要懂得运用结构的模式，如滚雪球式结构（如《猎户》）、串珠式结构（如《土地》）、屏风式结构（如《风景谈》）、三叠式结构（如《孙悟空三打白骨精》）等。甚至还要学会应用结构艺术，如悬念、伏笔、照应、铺垫、误会、巧合、蓄势、急转、拖延、抑扬、开合等。

（七）学习表达题旨

记叙文写作学习在人物、事件等内容安排的基础上，还要学会表达中心思想，这就是题旨的表达。题旨表达可从下面四种常见的方法入手。一、蕴含于事件人物叙述中；二、蕴含于议论和抒情句段中；三、蕴含于文章的题目上；四、蕴含于文章的开头和结尾。记叙文题旨的表达还要学会“点题”的基本方式：明点（开宗明义、片言居要、卒章言志）、暗点（旁敲侧击、象征暗寓）、一次性点题、多次性点题（反复点题、逐层点题）等。

（八）学习运用语言

记叙文的语言清楚明白、生动有趣，是中小学生写作学习的主要对象。记叙文的语言又是其他文体写作的基础，因此学习时要特别重视。语言的学习主要靠朗读、背诵、运用。还应特别指出的是，记叙文写作要学会使用成语、典故、警句、谚语、俗语、格言等，以增加文章的精练性和文采。

## 二、议论文写作学习

议论文是以议论为主要表达方式，以说理为主要目的，运用判断、推理的方法来阐明自己的观点，表明赞成什么或反对什么的文章式样。议论文有狭义、广义之分。广义的议论文包括社论、编者按、演讲稿、声明、宣言、序跋、读后感、杂文、思想漫谈、政论文、文艺评论、学术论文等。

记叙文以情感人，使人有所“动”；说明文以知教人，使人有所“得”；议论文则以理服人，使人有所“信”。

中小学语文教材选用了大量的议论文。这些议论文不但对于我们形成正确的思想观点，抵制错误思想，坚持真理，纠正谬误有直接的教育作用；对于我们逻辑思想能力、辩证思维能力的形成，以及提出问题、分析问题、解决问题能力的提高也有重要的作用；而且，对我们学习写作议论文更有很好的参考价值。

（一）学会确立论点

议论文有三要素，论点、论据和论证。论点是议论文的核心要素，是作者在文章中表达的主要思想和观点，从逻辑上说，论点应是作者要证明的未知判断。

比较复杂的议论文论点往往可分中心论点和小论点。中心论点是作者的核心观点，小论点即中心论点的分论点、分观点，是作者围绕中心论点、为证明中心论点而分述的看法。议论文写作学习首先要知道如何确立论点。

如何确立论点？①确立的论点要正确，即观点符合客观实际，概念准确无误。②确立的论点要鲜明，论述观点要明确，不含糊；语句表达要确切，不模棱两可，赞成什么反对什么，旗帜鲜明。③确立的论点要集中，要围绕中心论点展开论述，不可有若干个并行观点，或者说中心论点只有一个，并且安排典型的“论点句段”。④确立的论点要深刻，即能抓住事物的本质，能揭示事物、社会发展的规律，有哲理。⑤确立的论点要新颖，观点要有创见，有作者独到的见解。

（二）学会使用论据

论据是议论文的基础要素，是用以证明论点的材料。从逻辑角度讲，论据是真实的事件和确切的事理，或已证明了的判断。

论据可分为事实论据和理论论据。事实论据是具体、形象的材料，包括史实、现实、数据三方面内容；理论论据是抽象、概括的材料，包括真理原理、公理俗理和名人名言等三大类。在议论文写作中，事实和理论论据往往并用，一方面摆事实讲道理，一方面引经据典、“子曰诗云”，从而论证得天衣无缝、无懈可击。

运用论据要求：①确凿，即材料要真实，不可道听途说，凭空捏造。②典型，事实事理要有代表性，不以偏赅全，要排除偶然的、个别的情形，要从事物发展的普遍性上寻求有力的论据。③充分，即足以证明自己的观点，十个论据不嫌其多，一两个材料也不嫌其少，做到科学、全面、有力。④权威，论据要有权威性，特别是引用的材料要经典，有震慑力。⑤生动，议论文本来就枯燥，如果论据再不生动，那么议论文就更没有可读性。生动的论据不但能使文章有魅力，而且能增加论证力量。

（三）学会如何论证

论证是议论文的联集要素，是作者用论据证明或反驳论点的过程。从逻辑角度讲，论证即逻辑证明或推理的思维形式、过程，是用已知判断证明未知判断的方式。

论证可分为驳论和立论两大类。驳论可驳论点，驳论据，驳论证；立论就是作者确立自己的观点，阐明自己的看法。论证的方法很多，从论据上看，有例证法、理证法；从论点上看，有直接论证、间接论证；从论证上看，有正面论证、反面论证（如反证法、排除法、引申法等）；从修辞上看，有喻证法、引证法、对比法等。

如何进行论证？①要充分，即论证足以使读者信服，无可辩驳；②要有逻辑性，即论证过程概念清楚，判断正确，推理合乎逻辑；③要通俗，论证是为了说理，要说服读者，故要通俗易懂，让读者接受，不以理压人，强词夺理或自欺欺人。

（四）学会安排结构

议论文的结构概念有三层含义：一是篇章结构，有绪论、本论、结论三部分；二是逻辑结构，包括论点、论据和论证方式三个要素；三是思路结构，分为提出问题、分析问题和解决问题三个阶段。议论文的结构学习，不可将不同系统的概念交叉使用。

另外，议论文结构形式也要认识清楚，以便写作。一般来说，简单议论文结构形式单一，即论点、论据（论证）、结论。但比较复杂的议论文则采用“复合式”，即有中心论点，然后分论点阐述，分论点之间的关系可安排为并列式、层进式、对照式、总分式（总分、分总、总分总）等。

（五）学会抽象思维

思维是一种心理现象，是心理这种能动反映的高级形式。具体来说，思维是人脑反映事物的一般特性和事物之间有规律的联系，以及通过已有知识为中介进行判断、推理、联想、想象、解决问题或进行创造的过程。思维一般可分为具体思维（动作思维、形象思维）和抽象思维（形式思维、辩证思维）。议论文写作主要运用抽象思维。

中小学议论文运用抽象思维论证的方式主要有：①归纳论证，即由个别到一般的推理；②演绎论证，即由一般到个别的推理；③类比论证，即由个别到个别的推理；④因果论证，即由原因到结果或由结果到原因的推理。

另外，议论文写作学习还要重视训练自己的比较、概括、分析、综合等思维能力。

（六）学会评议语言

议论文的语言是评议性语言，其基本特点是：①准确，即用词准确，恰当使用关联词，言语能反映作者思想意图。②概括，即有高度的抽象性和涵盖力。③鲜明，作者态度明朗，爱憎分明，反对什么赞成什么清楚明白，绝不含糊。④逻辑，即严密性，概念清楚，判断正确、推理合乎思维规律。

语言是思维的工具，我们学习语言，就是学习作者的思维，因此通过对议论文“评议性”语言的学习就可以深入文章的深层、作者的心灵，以此更好地学好议论文写作。

## 第二节　文学文体写作学习

文学文体又称休闲文章，主要是指小说、散文、诗歌和戏剧。它们服务于人的精神、情感和心灵，具有欣赏、娱乐价值。这类文体写作时要主题含蓄、内容丰富、语言优美。

### 一、诗歌写作学习

诗歌是通过形象思维，用凝练、形象和富有韵律节奏的语言，抒发主观情感，反映社会生活的文学样式。我国是世界上诗歌创作最发达的国家之一，被誉为“诗的国度”，我国有一部完整而辉煌的“诗史”。

诗歌写作学习不仅能提高学生的鉴赏能力、想象能力、审美能力，而且还能陶冶情操、培养个性、增强民族自豪感。

（一）要有诗体意识

诗体即诗歌体裁。诗歌体裁复杂，种类繁多。按时代可分为旧诗、新诗，旧诗包括四言诗、骚体诗、乐府诗、格律诗、词、曲等；按内容可分抒情诗、叙事诗、说理诗等；按形式可分为自由诗、格律诗、民歌、诗剧、散文诗等。了解了诗歌文体，写作时就要有文体意识。

（二）要能抒发情感

诗歌最基本的特征是“强烈的抒情”。陆机说：“诗缘情。”严羽说：“诗者吟咏性情也。”朱熹说：“诗本性情。”现代诗人臧克家说得更明白：“诗歌在文艺领域里独树一帜，旗帜上高标着两个大字：抒情。”由此可见，诗歌写作学习要从帮助学生学会抒发情感开始。

（三）要会艺术想象

高尔基曾说：“没有想象，便没有艺术。”诗歌是语言的艺术，没有想象便没有诗歌。什么是想象呢？所谓想象即人对头脑中已有的表象进行加工改造而创造出新形象的思维过程，是我们人类思维活动的特殊形式。想象包括没有特殊目的、不自觉的无意想象和有一定目的性、自觉性的有意想象。诗歌创作属“有意想象”。

想象是诗歌抒情的翅膀。我们在重视诗歌情感的同时，也要重视作者是如何通过“想象”进行抒情的。一般而言，作者抒情往往凭借“联想”和“创造性想象”。所谓“联想”即由当前感知的事物想到相关的另一事物的思维，一般可分为“对比联想”“接近联想”和“相似联想”；所谓“创造性想象”是指以记忆、联想为基础进行“艺术加工”而创造出新形象的思维，这是诗歌创作的主要形式。

（四）要造意象意境

诗歌的意境是由意象构成的。所谓“意象”，具体地说，即“意之象”，包括“意”和“象”两个方面及由两者结合而产生具有新含义的情境，如初中课文《乡愁》中的“邮票”“坟墓”“海峡”。所谓“意境”是指作者把自己的思想情感，通过生动的画面表现出来的达到“内情”与“外物”相统一而具有艺术感染力的境界。意境是由意象构成的，意象是意境构成的“艺术细胞”，两者是全部与局部、整体与部分的关系。

以柳宗元的《江雪》为例。“千山鸟飞绝，万径人踪灭。孤舟蓑笠翁，独钓寒江雪。”作者把天寒地冻（意象）、人鸟绝迹（意象）的雪景垂钓（合称“境”）与自己遭到贬斥以后孤独无援的心情（意）融为一体，创造了一种凄凉孤寂的境界，这便是意境。在学习诗歌写作时要特别重视意象的选择、意境的创造。

（五）要讲节奏韵律

节奏是指能够准确地表达思想感情的有规律的停顿。诗歌讲究节奏，如郭沫若说的“没有节奏便不是诗”。品味诗歌的节奏，欣赏诗歌的韵律，才能感受诗歌所表现出来的音乐美。例如“白日——依山——尽，黄河——入海——流”是三顿式节奏，我们只有准确朗读品味语言节奏，才能真正享受诗歌带来的“韵律美”。

另外，还要学习通过“平仄”“对仗”“押韵”等形式表现诗歌节奏。

（六）要用诗性语言

诗歌的语言凝练含蓄，形象生动。诗歌用字讲究准、少、妙，如李渔说诗歌“字唯其少，意唯其高”。诗歌的语言还讲究各种表现手法，如赋比兴，如夸张、象征、重复等。诗歌写作学习中，指导学生学习诗歌优美的语言，有助于提高学生语言运用能力和形象思维能力。

## 二、散文写作学习

散文在古代是指与“韵文”相对的文体。在古代除了诗、词、曲、歌、谣、赋、骈文等文体外，其他所有文种都可称“散文”。

中小学语文学习中的散文，是与小说、诗歌、剧本并列的文学样式，它是一种篇幅短小、取材广泛、结构灵活、表达自由、语言优美的文章。这种文章，不论记人、叙事、写景、状物，都包含作者浓郁的感情色彩。

散文作品大致可分三类。一是叙事性散文，如游记、传记、文艺通讯、报告文学等；二是抒情散文，包括借景抒情、托物言志、直抒胸臆等三方面的文章；三是议论性散文，如小品、杂感、漫谈、随笔等。

散文在中小学语文教材中占有重要的地位。散文题材广泛，上下几千年，纵横几万里，无所不包，大至国内外风云变幻，小至涓涓细流、绵绵丝雨，都可信笔挥洒，点染成篇。散文写作学习是作文教学的重头戏。通过散文写作学习，可以训练并发展学生的思维品质，可以陶冶他们的性情，培养他们的审美感受，丰富他们的词汇，锻炼并提高他们对文章作品的鉴赏能力和表达能力，一句话，散文写作学习可以全面提高学生的语文能力。

（一）写作时要把握文体特征

“形散神聚”是散文最重要的特征。所谓“形散神聚”就是指散文形式（取材、结构、手法等）的灵活性、自由性与散文主旨的鲜明性、集中性。散文学习应首先引导学生揣摩作者精巧的构思、明晰的思路、“形散而神不散”的基本特点。

以秦牧散文《土地》为例，作者紧紧围绕“土地”，从八个方面进行了浓墨抒写：王子得土，帝王争土，土人爱土，华侨藏土，义士保土，战士守土，农民惜土，人民改土。这篇散文，作者联想自由，旁征博引，通贯古今，纵横驰骋，开合自如，鲜明典型地体现了散文“形散神聚”的基本文体特征。又以高士其的《笑》为例，作者以“笑”为线、为中心，围绕笑抒写了笑的比喻、笑的艺术、笑的辩证法、笑的哲学、笑的医学、笑的心理学、笑的政治学、笑的教育学。真可谓典型的“红线串珍珠”。

（二）写作时要安排线索脉络

所谓“线索”，就是指贯穿文章全部材料、推进内容发展的“筋节”。散文线索是多种多样的，如人物线索、事件线索、实物线索、感情线索、认识线索等。

所谓“脉络”，是指文章内部勾连全篇的“情意”。脉络是文章内在的“线索”，线索是文章外在的“脉络”，两者一内一外，有密切的关系。以朱自清《春》为例，文章抒发“我”对春的热爱和追求，寄寓了“我”向往光明、热爱生活的美丽感情，这是全文的“脉络”，是贯穿于全文的“情意”线索；而“春”则是文章外在的“线索”：春暖大地，春草柔绿，春花吐艳，春风迷人，春雨喜人，春景动人。

又以朱自清《荷塘月色》为例，作者以“漫步观赏”为线索，先后写了夜深离家、观看荷塘环境、欣赏荷塘荷花、享受荷塘月色、想起江南采莲、记起《西洲曲》、回到家中。这样的线索结构是以作者思想感情的发展脉络来组织、关联的。由于“这几天心里颇不宁静”，所以要去荷塘，寻求精神超脱；由于觉得今晚“很好”，于是就尽情“受用这无边的荷香月色”，获得精神解脱，在原来丝丝的哀愁中得到了淡淡的喜悦；由于这种宁静自由的生活如同梦一般短暂，终了“我什么也没有”，所以就惦念起江南采莲的乐事——这些都表现出作者对美好生活的热烈向往和对人生价值的执著追求。

（三）写作时要追求情景交融

“强烈的抒情”是散文的又一特征。纵观古今中外优秀散文可以发现，凡是能打动读者的美文，都饱含着强烈感情。吴周义在《画出抒情的“波澜”》中说：“感情是散文内在线索之一，支配着人、事、景、物的抒写，漾出各种风景画、风俗画、人物画。”因此散文写作重视抒情。

散文写作篇篇有“我”，所以散文抒情往往抒发“我”之情，学习散文写作应始终意识到“我”，引导学生注意“我”之所见、所闻、所历、所作、所思、所感，让学生敞开自己的心灵，把自己的思想感情流露在文中。

要学会散文抒情的两种方法：一是直接抒情，直抒胸臆；二是间接抒情，即借景抒情，托物言志，寓理抒情，即事抒情。

散文写作还讲意境。意境不是空洞的东西，它是指“意”（作者的思想或情感）与“境”（作者描绘的生活画面）融为一体的艺术境界，是主观情与客观景的有机结合，是形神兼备，诗情与画意的完美的统一。散文写作，要讲情景交融，文章才有艺术感染力。

（四）写作时要使用形象语言

散文的语言要求优美、精练、生动、形象、含蓄，富有音乐美。因此写散文要善于使用比喻、拟人、排比、对偶、叠词、通感等修辞手法和多变的句式，使散文语言形象化，生动化。

散文的语言要求风格多样，有时质朴淡雅，有时绚丽多姿，有时优美，有时隽永，有时简洁明快，有时含蓄凝重。它能体现我们的艺术情趣和艺术追求。

散文并没有小说那样动人的情节，缺乏剧本那样的尖锐冲突，又不像诗歌那样韵律鲜明，但散文有富于表现力的语言而动人心弦。散文写作要引导学生锤炼字、词、句，活用表达方式，培养学生运用散文语言的能力。

## 三、小说写作学习

小说是用散文化的语言，以塑造人物形象为中心，通过完整的故事情节和环境描写来反映社会生活，刻画人物性格，表现中心思想的一种文学式样。

小说最能发挥语言文字的优势，最能综合相邻艺术的表现力，是文学中最大众化的体裁。小说也是一般中小学生接触最多的文学作品，当代语文学习重视文学鉴赏，因此，小说学习和写作是中小学语文学习的又一个重点。

通过小说学习，可以培养阅读、分析和欣赏小说的能力，提高文学修养；学习写人、叙事、绘景、状物的方法和生动形象的文学语言，借以提高写作记叙文的能力，认识社会生活，提高处理人际关系的能力；提高观察力、记忆力、想象力、联想力、思考力，发展思维品质；在思想感情上受到熏陶、感染和教育，养成正当的兴趣和爱好，培养高尚的道德、健康的个性、高雅的审美观。另外，中小学生形象思维占优势，逻辑思维在发展，喜欢听故事、读小说、谈感想，加强小说写作，引导学生阅读课外书，符合学生心理需求。

（一）学会安排情节结构

情节是小说中有因果关系的故事（事件），具体地说，它是作者为了表现主题、刻画人物，对生活进行选择、提炼、构思而成的，集中地供人物活动的一种典型的生活领域。从反映生活的角度讲，它是能够表现某种深刻意义的生活片段的“过程”；从反映性格上讲，它是人物间的行为、语言形式的一种“历史”。

结构是小说对于故事情节的安排。它是作者构思的形迹化，思维思路的“外化”。从两者关系上看，结构为情节服务，情节靠结构组织，结构大于情节。

总起来说，情节和结构都是表现人物性格和中心思想的重要手段，因此熟悉故事情节，了解结构特点是阅读和写作小说、理解小说的基础。小说学习和写作首先要学会梳理故事情节，安排结构形式。如《荷花淀》安排的情节结构是：①开端——送夫参军；②发展——寻夫遇险；③高潮——助夫歼敌；④结局——学夫战斗。

另外，阅读、鉴赏和写作小说还要懂得分析与使用小说的结构技巧。小说常见的结构技巧有铺垫、伏笔、反复、张弛、拖延、错综、穿插、急转、巧合、虚实等。

（二）学会创设典型环境

环境是小说的三要素之一。所谓“环境”其实就是人物得以生存的场所，故事情节得以发展的背景。一般地说，环境包括：①社会环境（时代背景、政治气氛、社会风貌），具有时代特色和地方色彩；②自然环境（风景、风物、风俗），具有点染性、审美性，起衬托作用。

塑造人物形象离不开典型环境创设。没有典型环境便没有典型人物，所以恩格斯十分强调文学创作要在“典型环境中表现典型人物”。例如《阿Q正传》中的阿Q是典型形象，可是让它离开清末封建社会这个特定环境（辛亥革命前后），阿Q形象便不真实了，阿Q也成了“无源之水”“无本之木”。

通过典型环境的创设能使小说的主题和人物形象更加真实可信。例如《孔乙己》正因为有咸亨酒店的生活环境与当时的社会环境（清末科举没落），孔乙己的悲剧命运才可信。

（三）学会塑造人物形象

没有形象便没有小说，塑造人物形象是小说创作的中心任务。如何塑造典型的人物形象呢？①要重视典型环境创造；②要使用广泛描写人物的方法、手段；③要重视故事情节的跌宕；④要运用形象化的语言。以《祝福》为例，一方面小说为我们描绘了一个清末农村“过年”（祝福）的环境，另一方面通过形象化的语言，通过对祥林嫂肖像、语言、动作的描写，表现了这样一个勤恳、善良、受迫害、倔犟、有一定反抗精神的旧中国劳动妇女形象。她在忍受不了婆婆虐待的时候，就逃出来做工；在去淘米时被拖进船里她不停地挣扎；在被抢到贺家去时一路上尽是嚎、骂；两个男人加上一个小叔按住她还是拜不了天地，一松手就一头撞在香案上，以后被反关在新房里还是不住口地骂；甚至在临死前，她仍然热衷于生之留恋，探问灵魂地狱之有无。她受尽了压迫和侮辱，却不甘于屈服，是一个典型环境中的有个性的典型人物。

（四）学会使用描写手法

人物形象是借助描写来完成的。小说中的描写从粗细上看，有白描、工笔；从不同角度上看，有正面描写、侧面描写；从性质上分，有景物描写、人物描写、细节描写、场面描写；从动静上分，有静态描写、动态描写；从修辞上分，有夸张描写、对比描写等。

学会使用描写手法，重点是学会使用人物描写手法，即人物的肖像描写、动作描写、语言描写和心理描写。小说的肖像描写要求做到形似、神似；动作描写要求做到形象化、个性化；语言描写要求做到动作化、口语化；心理描写要求做到直陈性、深刻性。

（五）学会确立含蓄主题

文学作品一般较含蓄，主题不显露。所以写小说不要把主题思想直白地显现出来。我们可以通过情节结构、典型环境、人物形象、描写手法等隐隐地透露态度、情感和创作动机，使主题若隐若现。这样的小说才精彩无比，可读性强。

（六）学会运用生动语言

小说语言的特点在于：①人物语言的个性化，②描写语言的形象化，③叙述语言的概括化，④作者语言的风格化。指导学生努力学习和运用丰富多彩、生动形象的小说语言，有利于学生培养语感，培养文学鉴赏能力和小说创作能力。

## 四、剧本写作学习

戏剧是通过冲突，运用文字、音乐、表演、美术等艺术手段，塑造形象，反映社会生活的一门综合性的舞台艺术。

戏剧是古老的艺术，在长期的发展过程中形成了不同的戏剧类别。根据形式分，有话剧、歌剧、舞剧、歌舞剧等；根据容量分，有多幕剧、独幕剧；根据题材分，有历史剧、现代剧、神话剧、童话剧等；根据性质分，有悲剧、喜剧、正剧。

戏剧有三要素，那就是演员、舞台和剧本。演员是戏剧的决定因素，故“戏剧是动作的艺术”。舞台是戏剧的环境，是戏剧得以表演的场所。剧本是戏剧的脚本、底本，是戏剧的基础要素。戏剧的学习，在中学就是剧本的学习。

剧本写作学习可以使学生初步了解戏剧文学的特点，学会戏剧欣赏；可以培养学生阅读、评判、鉴赏剧本的能力，特别是审美能力和空间想象能力；可以让学生理解剧本的语言特点，提高学生语言表达能力，当然也可以扩大知识领域，陶冶情操，提高思想、认识水平。

（一）要掌握戏剧文体特点

戏剧的基本特点是：①综合性。戏剧是文学、音乐、美术、舞蹈、布景、灯光等手段的综合艺术。②集体性。戏剧不同于小说、散文、诗歌可以个人完成，戏剧是集体的艺术，它需要导演、演员、音响师、灯光师以及其他剧组人员的密切配合才能完成。③表演性。戏剧有虚拟性，象征性的特点，有道是：唱做念打手段巧，人物上场定环境。三五步走遍天下，六七人百万雄兵。风雨雷电，由我呼唤，山川屋宇由我设定。扬鞭可代骏马奔驰，摇桨可作船行水中。一年半载瞬间即过，对面讲话互不闻声。

剧本的基本特点是：①集中性。剧本要求人物集中，情节场面集中，时间地点集中。②尖锐性。剧本虽与小说相通，都要求有故事情节、人物形象，但剧本比小说更讲“矛盾冲突”。③舞台性。剧本要考虑是为舞台演出服务的，故要分列登场人物，说明动作表情、化妆布置、分幕分场等情形。

（二）要学会安排情节结构

高尔基指出，情节即“人物之间的联系、矛盾、同情、反感和一般的相互关系——各种不同性格、典型成长和构成的历史”。一般地说，人物性格决定故事情节，故事情节揭示人物性格。只有理清情节，才有了把握冲突、分析形象的基础。戏剧情节力求做到奇（新奇独特）、巧（出乎意料，合乎情理）、曲（曲折跌宕，波澜起伏）。

戏剧的情节一般分开端、发展、高潮、结局四个部分。有的多幕剧在剧情开端前有个“序幕”，以介绍时代背景、人物来历、冲突原因等；结局之后有个“尾声”，与序幕相呼应，以深入说明剧本的思想内容，给人以联想与启迪。当然剧情并不都是顺叙到底的，许多故事采用倒叙、插叙、补叙、追叙等手法。

情节的发展表现在剧本的组织结构中。所谓“结构”，其实就是“布局”，即对剧情的先后安排。戏剧情节安排，一般有三种形式：①开放式。按事件和矛盾冲突的发生、发展至结局的顺序来安排情节，把剧情从头到尾原原本本地表现在舞台上，如《窦娥冤》。②封闭式。这种结构的戏集中表现戏剧性危机，只写高潮至结局，而对于过去事件和人物关系则用回忆和内省的方式随着剧情发展逐步交代出来，如《雷雨》。③人像展览式。这种结构的戏人物众多、情节较弱，就像一张群像画，画上出现形形色色的人物，展示他们各种各样的生活风貌和性格特征，如《茶馆》。

戏剧的结构布局运用许多手法以增强其艺术感染力。常用的技巧有悬念、误会、巧合、对照、激变等等。

（三）要组织戏剧矛盾冲突

戏剧冲突是戏剧的生命，“没有冲突就没有戏剧”（布吕地语）。所谓“戏剧冲突”就是反映在剧本里的具体形象的生活矛盾，有具体、特殊的形象、对立人物，有矛盾冲突所产生出来的具体事件和情节。如《雷雨》的矛盾冲突，一是家庭矛盾：①夫妻矛盾（周朴园——鲁侍萍、繁漪）；②父子矛盾（周朴园——鲁大海）；③母子矛盾（鲁侍萍——周萍）；④兄弟矛盾（周萍——鲁大海）。二是阶级矛盾：①劳资矛盾；②下层劳动人民与上层剥削阶级的矛盾。

戏剧冲突，从本质上说就是人物性格的冲突。性格冲突包含外部冲突（人物之间的性格冲突）和内部冲突（人物内心世界的矛盾冲突）两个方面，具体地说，戏剧冲突包含四种情况：①随情节变化而转换冲突对象，在转换中加深正反冲突，推动冲突的发展。②冲突一方步步进逼，另一方一再忍让，到让无可让时突然反扑，结束冲突。③冲突的对立面、冲突的内容始终基本上不变，但通过一次交锋，冲突越来越激化和深化，到最后的爆发点，就如雷电交加，一泄而尽。④以人物内心冲突为主要内容，表现为内心斗争从肯定到否定，或从否定到肯定的反复。

戏剧因为有冲突，才能刻画典型的戏剧形象，才能使情节起伏跌宕，扣人心弦，产生吸引观众的艺术魅力，因此剧本创作重点是组织戏剧冲突。

（四）要注重塑造舞台形象

塑造戏剧形象，是剧本创作的重点。塑造戏剧形象一般从组织矛盾冲突入手。只有心中明确人物的个性，才能塑造戏剧形象。此外，还要注意利用其他方法刻画舞台形象，如运用性格对比刻画法，运用铺垫、重复刻画法，通过动作（细节）刻画，通过语言（对话）刻画等。

（五）要学会使用戏剧性语言

戏剧语言可分为两个部分。一是说明性语言，如舞台说明、动作神情说明等；二是剧本中的人物语言，它包括唱（独唱、对唱、旁唱）和白（独白、对白、旁白）。如有人把《清明》改成“小剧本”，很能说明戏剧语言：

［时间］清明时节。

［布景］雨纷纷。

［地点］路上。

行人：（欲断魂）借用酒家何处有？

牧童：（遥指）杏花村。

这里的时间、地点、布置是舞台说明，“欲断魂”“遥指”为动作神情说明；“借用酒家何处有”“杏花村”是对白。

戏剧性语言的基本特点是：①个性化。老舍说：“剧中人物的对话应该是人物自己应该说的语言，这就是个性化。”又说：“剧作者则需要在人物头一次开口，便显出他的性格，闻其声知其人。”②动作化。焦菊隐说：“对话必须有动作性，就是说，语言本身要表现出具体的、细致的思想活动和人物性格，并能强调人物已经表现过的动作和引起未来的动作。”③口语化。戏剧是在舞台上演出的，戏剧语言一闪而过，故要求通俗易懂，过耳能熟，即口语化。

# 第十章　写作学习的评价

## 第一节　写作学习评价的意义

学生写作学习评价重视对写作学习过程的监控、检查、反思，在实践中可以彰显学生的主体性，是一种以学生为中心，以人的发展为本的教育理论的体现。写作学习评价通过培养学生判断、反思、积极参与写作学习的能力有益于学生的终身发展。

我们从写作学习评价对学生的影响这个微观的角度来看学生写作学习评价的意义。

### 一、激励写作学习

当前，很多学生把写作看成一种苦差事，这一现象较为普遍，这也是世界各国母语教育的难题。汉语作为我们的母语，我们每时每刻都在用它，按照常理，学生理应把运用母语当作乐趣。原因固然很多，但是当前写作教学及学习的评价方式的落后就是其中的一个重要原因，很多学生对于作文评改毫无兴趣可言。

我们要改变以老师为主体的作文评价教学模式，让学生成为作文评价舞台上欢快的主角，把写作活动和评价活动相结合，两者相互渗透，写作学习活动中亦有写作评价活动。学生通过对日常写作学习的反思和评价，发现写作中存在的不足，及时改进并且取得进步。当学生看到通过写作学习评价可以管理写作学习，能对写作学习负责，他们就会产生成就感，“使他们了解对活动的管理控制如何带来收获的喜悦感受。”当学生在写作学习中感受到他人的重视，都会积极地进行写作学习。当学生知道赞赏不是唯一的获得自我满足、获得成就感的途径和鼓励的方式时，写作学习评价同样能带来满足和成就感，这样就能增强信心，激发学生的写作兴趣，增强自我效能感，消除学生对写作的抵触情绪，更积极地投入到写作活动中去。

按照马斯洛的五大层次需求论，人的需求可以分成生理需求、安全需求、社交需求、尊重需求和自我实现需求五类，依次由较低层次到较高层次排列。最高层次的自我实现需求的目标是自我实现。达到自我实现境界的人，接受自己也接受他人，解决问题能力增强，自觉性提高。而且通过写作学习评价，实现价值肯定，对写作学习的行为负责也能获得别人对自己的肯定，也能激发学习的热情。

## 二、监控写作学习

写作学习评价的另一个重要内容是对写作学习活动的监控。其实，在现实生活中，我们每个人都在参与评价，参与评价活动的过程，在监控过程中实现了评价。在很多的领域，评价是一项有意识的活动。但是在我们的课堂，学生写作学习评价是很少发生的，大多数学生的作文是一气呵成，他们既不和同学讨论，也不和老师交流，也不对自己的写作过程进行反思，写作学习评价效果不太理想。我们应该实行写作学习监控活动，从而使写作评价活动丰富多彩。

学习行为监控是指对学习活动所进行的调节与控制行为。它包括学习过程中选择学习目标，安排学习步骤，调节学习努力程度，选择学习方法，利用学习时间，检查与分析学习效果，采取补救措施等。研究表明，监控学习行为是学生学习能力的具体体现，与学生的学习成绩有着密切的关系。① 在写作学习过程中，监控的作用也可以理解为根据写作要求和自己的写作能力来制定写作目标，运用写作策略监控自己的写作学习行为，调节写作学习过程，最后进行反思总结，为第二次作文做好准备。写作活动中的监控主要表现为作者能自觉地计划、调节和控制自己的写作学习过程，深思熟虑地、自由地使用有效的写作策略。具体表现为，明确解决什么问题（知道写什么），能根据目标制订计划（会为完成写作安排写作学习策略），能激活已有知识（运用自己头脑中有关写作和读者的知识来

① 参见周勇、董奇《学习动机、归因、自我效能感与学生自我监控学习行为的关系研究》，载《心理发展与教育》，1994 年第 3 期。

设想材料呈现的最佳方式)，能评价文章（对文章的清晰性、完整性、一致性等有所觉察，能进行修改)。正如董奇谈到的学习监控在学习过程中的作用①：

（一）制定目标，制订计划

主体根据自己的认知能力特点及认知活动的任务和环境特点来确定自己的认知目标，然后根据这一特定目标计划认知活动的过程，构想出实现认知目标的各种方法，选择认知策略，并预估其有效性和结果。

（二）监控活动，调节过程

主体在认知活动的实际进行过程中，及时体验、评价、反馈活动的各种情况。分析活动中存在的问题及原因，控制和调节认知的目标、顺序、速度、难度、策略、心理状态及环境条件等。

（三）反思总结

我们可以总结出写作学习评价是贯穿写作过程始终的。写作学习活动前的自我监控要有计划性和准备性。写作学习活动中的自我监控要有意识性、方法性、执行性。写作学习活动后的监控要有反馈性、补救性、总结性。

当前，国外对该阶段的监控研究主要集中在对写作思想生成的丰富度的研究上。这里所说的“思想生成的丰富度”，主要是指由作者思维的流畅性所带来的写作内容的丰富程度。它是衡量作文质量高低的一个重要指标。研究表明，许多不善于写作的人（尤其是有学习障碍的学生)，他们的思想观念非常贫乏。这些学生想到什么就写什么，缺乏计划性和监控。② 学生依据具体的写作评价标准、在写作学习中设立的目标期望，对写作中出现的自身的各种行为进行分析、比较、综合，对于学习问题的潜在来源进行诊断，及时改进写作的策略，重新制定写作目标，确定写作计划的重点，提高学生写作的能力，让学生学会管理自己的学习，并为其他学科的学习和研究做好准备，为培养中学生终身学习的能力打下良好的基础。

## 三、自我修改内化

萧伯纳谈到师生关系时说：我不是你的教师，只是你的一个旅伴而已，你向

---

① 参见董奇、周勇《关于学生学习自我监控的实验研究》，载《北京师范大学学报》，1995 年第 1 期。

② 参见司继伟、张庆林《写作过程的自我监控实证研究》，载《自理科学》，2000 年第 23 期。

我问路，我指向我们俩的前方。教育的目的在于促进每个人能充分发展自己的潜能。在写作教学的修改环节，我们只有放手让学生去修改，才能取得最佳的写作训练效果。正如苏霍姆林斯基说："没有自我教育就没有真正的教育。""促进自我教育的教育才是真正的教育。"① 他认为"自我教育"是实施全面发展培养目标的重要一环。如果忽视学生的自我教育，那么对学生所实施的教育就不是全面发展的素质教育，也就不可能培养全面发展的创新性人才。

写作教学的目的在于促进每个学生充分地认识、反思、评价自己的写作学习过程（包括自己在写作过程中的各种表现），实事求是地看待自己的优点和不足，从真正意义上进行评价，从而提高写作的效率和质量，全面提高中学生的书面表达能力。

写作学习的评价能力，是写作学习能力的有机组成部分。作文教学的其中一个目标是"批判性地评价自己的文章"。写作评价是写作的一个重要因素，写作的自我评价亦是写作活动中必不可少的因素，"作文评价本身应是作文。"学生写作自我评价应当得到足够的重视。

世人著书，不能无病。有病就要诊，"诊"当然可以由老师来"诊"，同学来"诊"，自己来"诊"。可是归根结底要"自己"知道了文章的病因，能进行评价，才能进行修改。文章修改对于造就美文的必要性，许多学生认识不足。有的同学认为修改文章是写作水平低下的表现，这是一种错误的认识，作为教师一定要让学生转变这种观念，并培养他们修改作文的习惯。

课标指出，重视对作文修改的评价，这不仅要考查学生修改作文内容的情况，而且要关注学生修改作文的态度、过程和方法，要引导学生自改和互改。能对作文进行自我评价是作文修改的前提，写作自我评价的最终目的是对文章进行修改，自我评价长久以来被看作修改文章必备的要素。作文专家认为，"自我评价"在写作过程中是重要的一部分，有效的写作评价与修改是优秀的写作者的突出的特征之一。学习困难者比正常者较少地发现自己作文中的错误之处。好的文章正是改出来的，修改是写作的一个重要部分。古今中外，凡是文章写得好的人，大概都在修改上用过工夫。一个成功的诗人必能成功地修改他自己的诗，在这个意义上来说，写作的自我评价是写出好文章的基础，写作自我评价即是为了

---

① 苏霍姆林斯基著，赵玮等译：《帕夫雷什中学》，教育科学出版社，1983 年版。

更好地修改文章，或者说是为第二次作文做准备。斯塔尔拉德和布里威尔的研究发现，熟练的写作者在不熟悉的文章题目下或文章要求较高时能做出较多的修改，而不熟练的写作者修改较少。马克思写《资本论》从计划到草稿都经过了多年、多次的修改，《资本论》第一卷写完后，他还作了一些文体的修饰。他给恩格斯写信说："这自然是像生小宝宝一样，在一阵剧痛以后用舌头去遍舔那活宝宝多愉快呀。"

普通所说的修改，是在文章写成之后。其实在写作以前，对于立意布局的反复推敲，对于写作提纲的再三斟酌，都带有修改的性质。这种下笔以前的修改是最要紧不过的，正如盖房子首先要打好图样，作战首先要订好计划一样。这里所说的成文前的修改其实就是写作动笔之前的自我反思，自我评价。写作过程中对文章进行揣摩，按照不同文体的写作要求进行写作、按照作文评价标准进行写作，这也带有修改的性质。文章写成之后，因文章的不同修改的内容也会有所不同，可以对文章的各种构成因素进行修改，如可试图改变意图、材料，锤炼语言，划分段落等。

强化学生写作学习的评价是重要的。而评价的前提是提高学生对写作学习评价意义的认识。这样做有利于点燃学生心灵的火把，因为学生的主人翁意识是要靠对事情本身的目的意义的正确认识来支撑的。

## 第二节　写作学习评价的特点

《普通高中语文课程标准（实验）》中明确提出，语文学习评价，根本目的是促进学生语文素养的全面提高，进一步提高学生的语文应用能力、审美能力和探究能力。要突出整体性和综合性，从知识和能力、过程和方法、情感态度和价值观方面进行考查。写作学习评价应发挥其激励与发展功能，使学生从评价获得成功的体验，激发学习兴趣，积极参与学习活动，提高写作学习水平。

与以往不同，义务教育和普通高中的语文课程标准都提倡知识、技能、情感与态度的全面评价，关注学生在学习过程中的变化与发展，关注学生情感态度与价值观和行为的变化，提倡多种评价手段、评价方式和多元评价目标，注重鼓励性评价与指导性评价结合，培养学生的自信心和自尊心。

写作学习评价有如下特点：

## 一、评价内容的综合化

要注重学生写作学习综合素质的考查，尊重个体写作能力的差异，注重对个体发展独特性的认可，给予积极评价，发掘学生多方面潜能，帮助学生接纳自己、拥有自信。具体地讲，强调写作学习评价不能只局限于对学生的写作认知发展水平进行评价，更应关注综合评价学生在情感态度与价值观、创新意识和实践能力等方面的进步与变化。同时，倡导写作学习结果与过程的有机结合，既要注重对写作基础知识和技能的理解和掌握的现实状况进行评价，更要注重在写作学习过程中的参与状态、写作方式、思维方式以及学生在写作学习过程中表现出来的主动性、创造性和积极性等进行评价。评价时要注意综合考查以下几项内容：

①感情真挚，力求表达自己的独特感受和真切体验。

②多角度地观察生活，发现生活的丰富多彩，捕捉事物的特征，力求有创意地表达。

③根据表达的中心，选择恰当的表达方式。合理安排内容的先后和详略，条理清楚地表达自己的意思。运用联想和想象，丰富表达的内容。

总之，写作学习的评价内容是一个庞杂的系统工程，缺乏其中任何一方面的内容，都不是整体的写作学习评价。

## 二、评价方法的多样化

评价方法有多种，每一种方法都有其优势和局限，都有适应的条件和范围。学生写作学习发展的不同的侧面有不同的特点和表现形式，对评价方法也有不同的要求。把评价渗透到写作学习的所有环节，不同的目标领域（认知领域、技能领域、情感领域）要选用不同方法对学生进行考查、评价。

过去的评价往往是以量化评价为主的。量化评价有其优势，比较客观，好操作，便于写作评定。但是量化评价往往把具有人文性的写作模式化、简单化和表面化，从而使学生生动活泼的写作个性被抽象成一组组僵硬的数字。20 世纪中期以后，质性评价的方法以其全面、深入、真实再现教育现象的复杂性，更逼真地反映学生写作水平而受到普遍欢迎，成为世界各国学生评价改革所倡导的评价方法。质性评价方法的运用，并不是对量化评价的简单抛弃。它并不否定和排斥量化评价，而是把它们统于一身，根据不同的情况使用不同的评价方法，发挥各自的功能。

## 三、评价主体的多元化

评价的本质是价值判断。价值是由客体满足主体需要的程度来决定的。因此，任何评价都是主体根据自身的需要和利益，对主客体价值关系的判断。一般认为，评价主体是评价者，可以是个人或某个组织；评价客体指评价对象，可以是个人、组织，也可以是事物或事件。

课标“评价建议”强调了“评价主体多元化”，重视学生写作自评、互评的作用，重视从多种渠道采集写作学习评价信息，使评价结果更加全面真实，这是当前评价改革的重要理念和方向。课标强调要尊重学生写作学习的个体差异，“加强学生的自我评价和相互评价”，突出的是“注意教师的评价、学生的自我评价与学生间互相评价相结合”。《普通高中语文课程标准（实验）》强调“使评价成为学校、教师、学生、同伴、家长等多个主体共同积极参与的交互活动”，重点则落实在“要尊重学生作为评价主体的地位”，“指导学生开展自我评价和促进反思”。

## 四、评价效果的实效性

写作学习评价具有检查、诊断、反馈、甄别、选拔、激励和发展等多种功能，正确的评价能真实地了解学生写作学习的过程和学习状况，准确地判断写作学习的水平和发展需求。

写作学习评价涉及复杂的心理作用，必须认真考虑评价给学生带来的心理反应。教师要去掉“有色眼镜”，还学生“真实的自我”。学习评价要“发现写作中的闪光点”，“培养自信心”，让学生保持健康向上的心态，为写作学习成功创造良好的心理环境。把评价活动和过程当作评价者自我展示的平台和机会，鼓励被评价者展示自己的努力和成绩。同时使学生准确了解自己的写作学习结果，使学生从评价中得到成功的体验，从而激发学生的写作学习动力，使他们积极参与写作学习活动，以达到促进学生发展，提高教育质量的目的。

## 五、评价标准的差异性

写作学习在保证达到基本目标的基础上，尊重学生的个体差异，关注学生的不同兴趣、不同表现和不同写作需要。写作学习评价要有利于鼓励学生对写作的自主选择，促进学生的健康发展。评价标准应从注重简单划一过渡到体现个性差异，从注重绝对标准转移到注重绝对标准与相对标准的相互结合。绝对标准是一种达标标准，是达到度评价，而非横向对比、非选拔性的评价。绝对标准与学生个体发展进度进行考查的个体标准相结合，有利于实现基础教育“保障基础要求统一，鼓励追求卓越”，既能面向大多数人，又不扼杀少数天才儿童的成长。

写作学习评价具有很大的弹性，这是由语文学科的人文性决定的，具有人文性的学科必然具有一定的人为性。即使给出了严格的评价标准，对同一篇作文，不同的评价者也会有不同的评价结果，甚至是同一评价者在不同的情况下也有不同的结果。同一篇作文 55 分和 60 分之间很难有明确的界限。目前，有一种较为科学的评价法就是若干个评价者对若干个作品进行评价，然后利用教育统计学中的相关知识算出其肯德尔和谐系数。利用这种方法进行评价，避免了由于评价者的主观原因而造成的评价误差，是比较客观公正的，但它的缺点是实施起来比较麻烦。

## 第三节　写作学习评价的理念

语文课程评价要突出整体性和综合性，核心理念是“以人为本”。评价改革的根本目的是更好地促进学生的发展，改变评价过分强调甄别与选拔功能、忽视改进与激励功能的状况，集中体现“一切为了学生发展”的教育理念。

### 一、关注人的全面发展，充分发挥写作学习的育人功能

注重人的发展，注重教育的内在价值，是当今世界教育的共同趋势。发展性教育评价既要注重人的发展，即人的个性发展、人格发展、全面发展，又要注重社会发展的需要。发展学生的主体性是社会发展的需要，是时代精神的召唤，也是教育教学改革的必然。对写作学习评价的理念，既包含了对学生个人发展的关注，又包含了对社会发展需要的重视。

课标指出：“语文课程评价的根本目的是促进学生学习，改善教师的教学。”这里的“学习”既包括“写作学习”知识方面的发展，即如王荣生先生所指出的，它指的是一个人的写作变得比以前“更好些”，又包括情感、态度方面的发

展，“使全体学生获得应该具备的写作素养，并为学生的不同发展倾向提供更大的学习空间；要为造就时代所需要的多方面人才，弘扬和培育民族精神，增强民族创造力和凝聚力发挥应有的作用。”当然也包括学生在大规模竞争激烈的考试中能够胜出方面的发展。

语文课程是一门综合性很强的课程，学生的写作学习素养也是包含多种构成要素的有机整体。课标“评价建议”指出，评价要“致力于进一步提高学生的语文应用能力、审美能力和探究能力，全面提高学生的语文素养”。全面评价学生的写作学习素养，必然包括从“知识和能力、过程和方法、情感态度和价值观”对学生进行多方面的综合考查，学生写作应用能力、审美能力和写作学习探究能力无疑是评价中的重点。

## 二、注重学生均衡而有个性的发展

时代发展需要各方面的人才，学生身心发展渐趋成熟，在具有一定的写作能力和文化积累的基础上，除了应该具备的写作学习素养外，不同的人还会有不同的发展倾向，语文写作学习课程应为学生的终身学习和有个性的发展奠定基础。写作学习评价围绕学生的发展，为学生的发展服务，引导学生提高自身写作学习能力，增强学生主动发展的内部动力，形成奋发向上的精神力量。

学生是富有个性的、有着鲜活生命的个体，他们在写作学习中从各自不同的角度看问题，使写作学习过程带有很强的个性特点和个体体验。新的语文课程强调写作学习评价的个性化和创造性，要求学生能逐步做到独立写作学习，要求尊重学生的个性化的写作学习方式，关注学生的个性化的写作学习要求，注重培养学生的创新精神。因此，写作学习评价应该更多地突出开放性，能启发学生多角度、多路径地进行写作学习的思考，而不是用唯一的答案去束缚学生的思路；应鼓励学生探究与发现，鼓励学生独到的写作学习思路和见解。

智能是多元的，人的特长也是各不相同的，要通过写作学习的评价让学生的个性特长得以充分自由地发挥，强调因材施“评”。在评价上，既可以为学生设计各种“表现”行为层面的评价形式，也可以为特长学生设立单项的测评。

## 三、注重学生本人在写作学习评价中的作用

写作学习评价提倡发挥学生在评价中的主体作用，改变过去学生被动接受评

判的状况。要让学生更多地参与写作评价内容和评价标准的制定，在评价资料的收集中发挥更积极的作用，通过“协商”达成评价结论，使得评价的过程成为促进学生反思、加强评价与教学相结合的过程。

新的评价应为学生确定个体化的写作学习发展性目标，不断收集学生写作学习发展过程中的信息，根据学生的具体情况，判断学生存在的优势与不足，在此基础上提出具体的、有针对性的改进建议。这种评价考虑学生的过去，重视学生的现在，更着眼于学生的未来，所追求的不是给学生下一个精确的结论，更不是给学生一个写作等级、分数并与他人比较，而要更多地体现对学生的关注。不但要通过评价促进学生在原有水平上提高，达到教育培养目标的要求，更要发现学生的潜能，发挥学生的特长，了解学生写作学习发展中的需求，帮助学生认识自我，建立自信。

## 第四节　写作学习评价的内容

《义务教育语文课程标准（2011 年版）》明确指出，写作教学“应引导学生关注现实，热爱生活，表达真情实感”。写作学习评价内容应当积极引导学生为做人而作文，在内容上求真；以作文促做人，在章法上求善；以作文述做人，在语言上求美。好的作文不仅仅在于文辞溢美，更重要的是在于内容、情感的真实，即写出人本真的思想和情感，从美的角度审视文章所体现的人的知识和情感的内蕴。写作学习评价的内容包含内容与形式两方面。

### 一、作文内容方面

作文内容包括作文主旨和作文材料等方面。

（一）作文主旨

不管是命题作文，还是材料作文、话题作文，都要逐字逐句地读材料和要求，搞清题目要你写什么，怎么写。文章的主旨在古人看来其地位无可撼动：“意犹帅也!”主旨其实就是作者想说什么，说了一些话要表达什么意思给他人听。没有主旨的文章好比一个不会讲话的人，拉拉杂杂讲了很多，讲过去，讲过来，让人听得一头雾水。这种倾向就是主题不鲜明的表现，也是传统写作中学生最容易犯的一大通病。

符合题意的作文应该是观点鲜明的作文。也就是说作文应该明确表示自己的看法和态度，肯定什么，否定什么，热爱什么，憎恶什么，提倡什么，反对什么。对观点的要求是正确与鲜明。可是有的学生作文主旨不明确，从头到尾讲的东西模糊不清。2003 年江苏某考生高考作文《人情与季节》就是这样，通篇讲的是什么不太清楚，尽管结尾有一句"人们因为感情的淡漠而忽视了节日"，也没有把道理说清楚。文章是将"人情的淡漠"与"忽视了节日"两者混在一起写的。这篇作文不符合"感情与认知"的主旨，所以得了 25 分。

写作确立主旨叫"立意"，立意在记叙文中指的是确立主题思想，在议论文中指的是确立中心论点，在说明文中是指确立事物的主要特征、成因与原理等。立意应该深刻、新颖。可是，目前一些作文立意肤浅、陈旧。比如，2002 年上海高考作文《面对大海》，许多考生由于对大海的本质特征缺乏理性认识，又不善于联想和感悟，再加上知识储备匮乏，因此只能就海的"大"和"深"说些肤浅的道理，而不能就大海的比喻义、象征义，从政治、经济、文化、自然等方面作深层次的阐述，也很少有人从历史和现实两方面阐述大海的思想内涵和哲学意蕴。

立意陈旧指观点与其他文章雷同。深刻的立意才是优质作文主旨的实质。主旨鲜明是容易做到的，可是深刻就不简单了。深刻的主旨表现在作者对材料深入发掘，言他人未曾言，传达出个人与众不同的观点，不满足于讲一些"明摆着"的道理，要努力换一个角度看问题，然后发现一点其他人没有发现的新东西。第一个把美女比作鲜花的是天才，第二个算是人才，第三个就是蠢材了。写作就应当独辟蹊径，拒绝平庸。

（二）作文材料

1. 关注生活，关注现实

近几年，学生回避现实生活题材的倾向严重，多借名著名章来做文章。中学生学习的目的就是要适应和立足于现实社会，作文从现实生活中取材，通过观察、体验、提炼加工、构思立意，不仅能培养提高学生的素质和综合能力，同时也是适应社会、立足于社会、为社会服务的有效途径。《普通高中语文课程标准（实验）》明确规定中学语文教学必须"联系现实生活"，"联系当代社会"，"关注社会热点"。要求学生"善于观察生活，对自然、社会和人生有自己的感受和思考"。

2. 避同求异，创新为先

有些材料人人皆知，当同学们就同一题目写作文时许多人会不约而同地想到这些材料。用雷同的材料写出来的文章往往是人云亦云，千人一面，缺乏新意。因此，选材料时尽量避开人们容易想到的材料，尽量选取别人不容易或者不能够想到的例子。“材料新鲜”是高考作文对材料的要求，它考查考生的阅读是否广泛、对生活是否关注。

3. 选材精当，典型取胜

围绕文章的主题选材，这是必须坚持的原则。要根据立意精心选取精当的材料。应该对名著名篇、历史人物有深刻的理解，有厚实的积累、较高的修养，既能钻进去，又能跳出来。能借用历史人物，使其性格行为在新时期得到合理的延伸和发展；能通过加工、改造、生发、创新，使人物源于历史又不似历史人物，较好地体现古为今用的原则和思想内涵。典型的材料才更有代表性，更有说服力，更有表现力，更有感染力。选材要慧眼识珠，不能以“捡到篮里就是菜”的态度敷衍。

## 二、作文形式方面

作文形式包括作文标题、结构、语言、文面等方面。

（一）作文标题

题目即“题材”的眼睛。常言道：“目以传神。”有了好的题目，文章的神采就出来了。自拟标题的基本原则有三：首先是准确、贴切，即标题与作文体裁、内容相符合，宽窄适度，恰如其分；其次是精练、简明，即言简意赅，高度概括；还要力求新颖、含蓄、优美，这样才能不同凡响。拟题的方法很多，比如并列法——以相关或不相关的并列词语做标题，引用法——直接引用或间接改动现成的诗文、歌词、影视广告语等，以引起共鸣，修辞法——用比喻、拟人、双关、借代、设问、对偶、夸张等修辞方法做标题，观点法——直接以文章的观点做标题，公式法——借用数字等公式。

（二）作文结构

匀称是就文章的结构而言的。中国古式建筑主张对称之美，园林设计强调参差变化，这些都体现了布局的重要性。其实写文章如同建筑，布局匀称周密方能彰显文章之美。匀称的结构要求：

1. 思路要有条理

记叙文根据其叙事的特点，可按一般事物发展顺序，也可运用倒叙、插叙，设置悬念，先扬后抑，使行文跌宕起伏，富于变化，增强文章的可读性；较复杂的记叙文还可以用双线甚至多线并进等传统手法技巧，使文章更有风采。

议论文的结构通常分为并列式、层进式、对照式和总分式。这些结构特点不难把握，但是在构思时，选择论据进行论证决定着结构形式，它是行文思路的重要体现。注意与中心论点挂钩，否则，你论证得再好，也有损文章的说服力，文章的结构不可能严谨。

2. 行文要有章法

可巧设一个题记。设题记可以开宗明旨，可以创设情境，也可以展露才情。也可拟设几个小标题，把一个大的话题切分成三个或者四个既有内在联系又各具独立性的部分，配以精当的小标题。这样既可以收到化整为零的写作实效，也可以给人结构清晰、脉络分明的良好印象。

应讲究合理分段。就视觉美感而言，文章宜四至五段为宜。注意各段意思要相对完整，各段字数要相对匀称。

可以引用名言，巧用书信格式，借用章回小说笔法，巧用修辞手法等，以此精心写好开头。

结尾要华美有力。文章的结尾同开头一样，要看文章的体裁、内容的表达和中心的需要而定。好的结尾方法也是千变万化的，或者照应开头，结构圆合；或者篇末点题，画龙点睛；或者抒发情怀，余味无穷。

3. 掌握基本的行款格式

主要包括：①每段开头空两格，人物对话可分行书写；②写书信类记叙文，要注意书信的行文格式；③要有统一的有层次的序号。一般来说，最高层序号用一、二、三，第二层次序号用（一）（二）（三），第三层次用1、2、3，第四层次用（1）（2）（3）；④标题写在第一行居中位置，副标题前要加破折号。

（三）作文语言

1. 笔端常带感情

文气如人气，如果作者没有创作的冲动，那么他的文字必然是苍白的，使人读来味如嚼蜡。没有感情的文字，无论怎么雕琢，只能是“味之必厌”。要达到“有文采”的语言，根本途径是“情为文前，意在笔先”。

2. 雅俗交相辉映

典雅的语言，固然言简意赅，但是全篇如此，便少了活泼灵动之气；平俗的语言，固然自然鲜活，明白如话，但是全篇如此，便少了华美和灿烂。

3. 精心遣词造句

“言之无文，行而不远。”语言要精心打磨。可以运用一系列比喻，使文字充满画面感，引发读者美好的想象和情思。运用暗喻可以增强语言形象性，运用引用、对比、排比等句式，可以增强语言的气势。要写出优秀的作文，没有精心遣词造句的基本功是不行的。

（四）作文文面

“书写规范，标点正确”属于文面问题，是文章内容的视觉化。

1. 达到基本的书写要求

有些考生认为反正自己的字不美，因而放弃了书写要求。其实只要稍加注意，就能使文面提高一个档次。不求书法之美，但求字字端正；不求遒劲有力，只求笔笔清楚。忌写连笔字，忌写细长不稳定的字，忌忽大忽小，忌挤扭成团；字形大致统一，笔画少的字也不要挤在一起。

2. 不用修改液，不用浅色笔书写

纸白色浅，对比度不强，即使是好字，也显不出良好的文面效果。

3. 正确使用修改符号

文章尽量少修改，非改不可时，要使用规范的修改符号，并讲究修改的位置。即使是加在上下左右边框处的修改文字，也应整整齐齐，给人眉目清楚之感。修改时画出的线条能直勿斜，能少勿多，切忌横竖交叉呈蛛网状，更忌随意涂画。

4. 熟练使用标点符号

具体应注意：第一，熟悉各种标点的用法，注意标点的位置，比如不在一行之首出现句号、逗号、问号、顿号、分号，可以将这些标点放在上一行的末尾；省略号、破折号占两格，不要简化成占一格，也不能断开。第二，不能随意加标点，比如一逗到底，或者句号只是一个黑点。第三，注意停顿的层级，比如由短到长的停顿，依次用顿号、逗号、分号和句号。

5. 准确控制字数

高考评卷中，我们经常见到两种情况。一是字数不够 800 字，按评分标准，每少 50 个字就要扣 1 分。实际上，字数不够往往会被认为是内容单薄，分数很难上档次。二是字数太多，洋洋洒洒千字以上，给人以臃肿的感觉，对此阅卷者也会反感。

## 第五节　写作学习评价的标准

新一轮课程改革把课程评价观的转变作为重要枢纽，既体现了我国素质教育对课程评价的新要求，也暗合国际课程评价发展的动向与趋势。为了尊重和体现“以人为本”的理念，写作学习评价不用一把尺子衡量学生，而是因生制宜，重视采用个体标准来评价学生。唯有这样，才能体现共同基础与多样选择的统一。

学生要写好作文，应该明确写作学习评价的标准，有的放矢地进行训练，有效掌握写作技巧与方法。了解掌握写作学习的评价标准对学生有着至关重要的意义。下面结合高考作文评价，谈谈写作学习评价的标准。高考作文评价分为两个等级，一个是基础等级，一个是发展等级。

### 一、基础等级的标准

（一）符合题意

“符合题意”是《考试大纲》中写作部分的第一项要求。所谓“符合题意”，应有两个维度的理解：

1. 题意指向维度

其中包含两层意思。作文要符合命题的意旨，即命题者赋予这个命题的基本内涵；文章要符合文体的意旨。近几年高考作文一般都是考生自拟题目，但是有的考生写的文章，内容与自己出的题目“油水分离”，人为地造成“文不对题”的现象；所以，符合题意应该包含考生作文的内容与其标题的彼此吻合。

2. 题意范围维度

也包含两层意思。首先，符合命题的主旨。无论是话题作文、命题作文与材料作文，都要使文章的内容符合文章的中心或主旨。其次，符合命题的意图。命题意图的范围比命题主旨的范围要大一些。考生应该全面、准确地理解与把握试题各个方面的要求，包括内容、中心、文体、字数等。

（二）符合文体要求

《考试说明》指出：“作文要符合文体要求。”面对不拘文体的作文，要想到哪些是自己擅长的文体；一旦确定好文体后，必须做到“规范”，即具有明显的文体色彩，绝不能搞成“四不像”。记叙文要求运用记叙与描写的表达方式，记叙要素完整；议论文主要运用议论与说明的表达方式，论点、论据、论证三要素完整；说明文要运用说明的表达方式。不同的文体，语言特色也不一样。记叙文的语言一般要求生动形象，议论文的语言一般要求准确严密，说明文的语言一般要求准确通俗，应用文也有特定的语言。

话题作文规定“文体自选”，是为了便于考生发挥特长。但是考生选定了哪种文体，行文就要符合所选定的文体特点，符合人们公认的体裁。高考作文评分标准中的“好”和“较好”两个等级必须符合文体要求，“中”级基本符合文体的要求，不符合文体要求的，一般归入“差”级。

（三）感情真挚，思想健康

从2003年《考试说明》把原来“基础等级”中的“思想健康，感情真挚”调整为“感情真挚，思想健康”开始，这几年的《考试大纲》都沿用这个调整，《高考作文分等评分标准》也将“感情真挚”列为基础等级中的最高等级。这都表明高考组织者和命题者倡导考生写真情实感的作文。

感情真挚是指感情真诚恳切。“真”即真诚、真切；“挚”即诚恳、恳挚。感情真挚是指文章中所表达的对社会、人生、生活的感情是发自内心的、真实自然的。当然感情真挚是在感情真实基础上的升华。

真实是一篇好作文的基本要求。这里的真实是指文章中所写故事情节、人物及诸多描写宛如生活实际的再现，让读者有身临其境之感。“真实”并不意味着“不能虚构”，其实，作文不反对虚构，有些时候虚构是写好作文必不可少的手段。关键是看这种虚构能否打动人心，是否是建立在真实生活的基础上。

（四）内容充实，中心明确

“内容充实”就是要求考生在写作时要言之有物。具体地说，就是若写记叙文，不宜堆砌材料而重在生动形象的描写；若写议论文，不宜堆砌事实论据而重在说理的深刻和透彻；若写抒情类文章，更不宜罗列事件，而应当在精当叙事的基础上抒发能够感动自己、打动读者心灵的感情。

在真实可信的基础上，材料要力争新颖独到，尽量避免大众化、雷同。好文章需要读者来评定。读者是不喜欢古旧套路的，他们希望能从文章中找到所需的鲜活的东西。反映在作文上，就是文中所写内容是他人所未言的，是新颖独到的。

“中心明确”就是一篇文章要有一个明确的中心，并让这个中心贯穿始终，统率所有的材料。中心的表现形式可以是明示的，也可以是含蓄的，可以是理性的概括，也可以具有浓厚的感情色彩，但是它必须是鲜明的。

（五）语言通顺，结构完整

语言通顺，指的是语言规范，准确，连贯，得体。要做到语言通顺，就要尽可能使语言准确、简洁、生动，就要恰当地反映客观事物的形貌，用词造句要合乎事理逻辑，要仔细地区分近义词的细微差别，要区别词语的感情色彩。简洁，就是简练、干净，就是以最少的文字表达最丰富的内容，要尽可能做到言简意赅、文约事丰。生动，就是活泼优美、感染力强，要使语言生动，就要注意遣词造句要有形象性和新鲜感。

结构完整，是指文章有头有尾，有交代有照应，布局周密，上下连贯，主次分明。结构是文章内容的组合构造，是文章思路的外现。文章的内容要通过组织安排才能表达出来，文章的主题也只有通过结构来加以凸显，所以轻视结构的作用，忽视结构的训练，是错误的认识和做法，势必会影响作文的质量，影响作文的成绩。

## 二、发展等级的标准

（一）深刻

深刻，就是透过现象深入本质，揭示问题产生的原因，观点具有启发性。这三项要求实际上是对认识问题和分析问题、表现主旨的要求。为什么高考作文要做到“深刻”呢？因为高考作文是对考生思想素质、认识素质、思维素质和表达素质的综合考查。高考作文命题趋势越来越重视考查“理性认识和分析能力”，正体现了这一要求。

这需要平时注意积累一些哲学理论，如主观与客观、理论与实践、量变与质变、一般与特殊、必然与偶然、现象与本质、外因与内因、运动与静止、动机与效果、局部与整体、内容与形式、主要矛盾与次要矛盾、矛盾的主要方面与次要方面……也就是要求平时用联系的观点、发展的观点、矛盾的观点、一分为二的观点去看待和分析问题，只有这样才能从本质上透彻分析现象根源。拒绝停留在现象表面和对现象浅尝辄止的分析。

（二）丰富

丰富是指材料丰富、形象丰满、意境深远。

①材料丰富是指文章使用的材料种类多、数量大，内容丰富，血肉丰满。写记叙文，要情节生动，人物性格鲜明；写议论文，要论据丰富典型；写说明文，

要知识丰富，给人教益较多。

②形象丰满主要指文章的人物形象，包括社会环境和自然环境的形象，有血有肉，具体充实，生动而富有魅力。

③意境深远是考场作文的高境界，要求考生能用精彩的语言描绘出既有诗情画意又有丰富思想的艺术画面。

（三）有文采

“有文采”主要表现在如下四个方面。

1. 词语生动

词语生动必须具备两个条件：形象、新鲜。形象是指语言具有画面感。作者心中的形象靠语言传达给读者，读者的眼睛接触到文字，文字描绘的形象立刻呈现出来。新鲜是指“唯陈言之务去”，用自己的语言，用最富创造力的语言来表情达意。

2. 句式灵活

灵活地运用种种句式，包括整句和散句、长句和短句、常式句和倒装句等等，使语言变化多姿，产生美感。人的思想博大丰富，人的思维灵活变通，人的情感富于变化，难以用一种固定不变的句式来表达。所以，句式的灵活表现了思维的灵活，表现了驾驭语言的能力。

3. 善于运用修辞手法

这是指选用恰当的修辞手法和善于综合运用多种修辞手法。写人状物多选比喻、比拟、借代、对偶和夸张，析事论理则多用排比、设问和反问。当然修辞手法的运用是灵活的，根据表达目的来选用。恰当地运用修辞手法，会增强文章的审美含量和文化内涵。

4. 文句有意蕴

文句有意蕴是指意深旨远，耐人寻味。文句有意蕴是富于哲理和文化底蕴的表现。

（四）有创造

发展等级虽然分为“深刻透彻”“生动形象”“有文采”“有创新”四项，但其核心是创新。从立意构思到结构文章，从选用文体和手法到语言表述方式，都要求超过或突破常规写法，在内容上或形式上进行创新。而且这四项作为评分标准，是从不同的角度来审视一篇文章，而真正写得好的创新作文，往往具有多方面的特点，比如见解新颖、材料新鲜、构思精巧、推理想象有独到之处、有个性特征等。

## 第六节　写作学习评价的方式与方法

### 一、写作学习评价的方式

写作学习评价的方式是进行写作学习活动评价的途径和程序。和进行任何活动一样，进行评价也必须选择一条途径，并按照前后次序一步一步地进行，否则就无法进行写作学习评价。写作学习评价方式有很多，比如老师评价，本节介绍两种方法：自我评价和同伴评价。

（一）自我评价

学生写作学习的自我评价过程是一个极其复杂的过程，经常性的自我提问有助于认识自身写作中的不足，给人以有益的启迪。

自我提问能够促进学生对自己写作学习行为的思考，对写作学习过程中出现的问题进行诊断和分析。自我提问是和一定的写作目标紧密联系在一起的，提问的内容应该包括本次写作的要求、作文的评价标准、写作中运用的策略等。

教师可以指导学生提出一些让他们深入思考的问题：我想写的内容都表达出来了吗？我这篇文章将要写给谁看？（也就是问一下自己有没有读者意识。）语言是否清楚地表达了所要表达的内容？或者说言语形式是不是恰当地表达了言语的内容？文章的观点集中吗？所有的事实和材料的引用确切、可靠吗？

（二）同伴评价

20 世纪初，社会心理学家库利认为与他人交往和互动对儿童自我概念发展起着重要的作用，儿童的自我概念是通过“镜映过程”形成的“镜像自我”(looking-glass self)，把别人对自己的反映当作“镜子”，儿童通过它来认识和评价自己。可见，别人对待儿童的态度和方式，影响其自我评价的发展。

其实，“我”对于他人的评价活动和他人对“我”的评价活动交织在一起。“我”借助对他人的评价活动而实现的自我评价活动，与“我”借助他人对“我”的评价活动为参照系而实现的自我评价活动是不同的。个体自我评价活动和他人对“我”的评价活动联结在一起，两者相互映照、彼此补充。为此，主体要以他人对“我”的评价活动为参考系，辩证地对待二者之间的关系。因此，写作的自我评价要吸取来源于多种渠道的意见，采取批判的思维方式，实行开放性的评价，才能有客观的自我评价。自我评价过程中应摒弃写作个体评价的主观随意性，这样评价才更有客观性、科学性和针对性。越来越多的教师现在已经发现，学生能够对自己的作文有大量的反馈信息，学生能从同伴评价中得到诸多的益处。

交互式作文评改方式从性质上来讲也是同伴评价。交互式作文评改方式的具体做法是同桌互评。同桌互评的方法要在学生已学会自改作文的基础上进行。评改中可以随时切磋研究。教师要鼓励学生通过小声交谈、询问、征求意见等提高批改质量。批改完成后还可以再次交换，由作者审阅，提出异议，讨论再改，充分发挥信息双向交流的效应，使批改过程始终充满一种平等、友好、融洽的气氛。

学生间相互评价作文有其年龄、心理特点上的优势，学生之间的感情很真挚，年龄相仿，沟通也很容易。同学之间的真情互评，既会激发学生写作的兴趣，也会坚定他们写好作文的信心。约翰·梅赫在《对学生的作文尽量少作评价》一文中说：当写作者向同学讲述或者朗读自己的文章时，他获得了一批最真实的读者。他会很注意同学的反应：他们是否对自己的文章不耐烦，明白还是不明白，是否有兴致。来自同学的最真实的反馈，将是促使写作者修改文章最好的指导。当学生在听别人的文章时，作为听众，他在评价别人的文章的过程中开始渐渐懂得一篇好文章应该写成什么样子。他这么要求别人也会这样要求自己。这样基于自己经验的标准，日后在指导自己写作时，绝对不会觉得困难和强求，而是自然而然的了。

## 二、写作学习评价的方法

写作学习评价根据不同的评价目的、评价内容以及学生的个体差异，采用不同的评价内容评价学生的学习态度、学习习惯、学习方法、学习动机等。另外，依据不同的评价目的，写作学习评价的表达方式可以是定性的，也可以是定量的，或定性定量相结合的。定性评价的主要形式是评语，包括书面评语和口头评语。定量评价可采用百分制、等第制，也可分为合格、不合格或待合格等。

在本节中就成长记录袋等方法进行介绍。

### （一）成长记录袋评价

写作学习档案袋的基本特征是：作品的收集是有目的的，不是随意的，是与一定的写作学习目标相适应的；其基本成分是学生写作学习领域的作品；档案袋内容的选择和提交是由师生共同决定的，但学生是主要的决策者；教师要对成长记录的内容进行合理的分析和解释，但学生是所提交作品质量和价值的最终仲裁者，允许学生的反省和自我评定是最为重要的。

学生写作学习档案袋评价的类型主要有过程型档案袋、目标型档案袋、展示型档案袋、评估型档案袋。

过程型档案袋的目标：诊断学生在写作学习过程中所取得的成绩和存在的问题，记叙学生在写作学习领域上的进步过程或轨迹，培养学生写作学习兴趣与积极性，发展学生对自己的写作学习过程或经历进行思考评估的能力。

目标型档案袋的目标：除了过程型成长记录袋中所涉及的目标之外，还关注学生学会制订写作学习评价计划与选择目标，有一个属于自己的创造空间；培养学生自我监控学习的技能、自我反思的能力。目标型档案袋中要有学生的反省记录。

展示型档案袋，简而言之是为了让学生展示习作学习的成果。

评估型档案袋则是向家长、教育部门等提供的学生成绩的标准化报告。

一个学生的写作能力比较难以测量，不仅是因为写作标准的不确定，而且是因为不能通过一次测验定论。同时，学生对自身写作学习能力的认识并不能一蹴而就，需要一个长期积累的过程。而且，自我评价很奇特，往往是不正确的；如果是正确的，也不一定指向有效的行动。从这个意义上说，建立档案袋评价显得更加重要，这有助于学生对自己的写作学习能力有一个客观、综合的认识，也有利于写作学习评价的其他力量如教师、同学等，对学生的作文实行有效的评价。

学生成长档案袋在使用的过程中应该注意以下几点：

书面评价与口头、实物评价相结合。书面评价的形式有各种文字资料、写作学习量化考核汇总表、学生作品等，让学生了解多方的评价意见，也提供学生表达心声的机会。对得到的口头表扬、实物奖励等，也记录在成长袋中。

即时评价与延缓评价相结合，发挥延缓评价的功能。每个学生存在个体差异，对写作目标要求达到的时间不一。对暂时没有达到要求的学生，允许进行延缓评价，允许学生经过努力或在他人帮助下达到目标后再记录在成长袋中。

确定要收集的写作学习材料类型以及收集的时间和次数。例如，如果成长记录袋的目的是反映学生写作学习的进步，那么，就应收集那些能表明学生写作学习进步的性质与程度的材料。

在确定成长记录袋的具体内容时，要避免“为了收集而收集”的形式主义做法——片面追求学生成长记录袋的大、全、美。成长记录袋内容的收集服务于评价，服务于激励和促进学生的发展，因此，收集的写作学习内容是什么形式和类型并不重要，哪怕是一张皱皱巴巴的写作纸，只要它能描述学生写作学习的发展，也具有收集的价值。

学生成长记录袋评价作为一种学习评价方式，其优势在于使教学、学习与评价成为一体。成长记录袋是以学生写作学习现状为基点，通过收集并评价学生的相关作品，既促进学生的学习也帮助教师设计与改进教学。重视学生发展的全过程，能记录学生的成长历程，提供学生学习和发展的证据。能开放地、多层面全方位地评价学生，提供丰富多样的评价材料，尤其是学生参与表现性活动的信息，反映学生真实、完整的面貌。能够个性化地关注学生的成长，促进学生的差异发展。

（二）其他的评价方法

1. 通过量表量化学生写作学习

一切真正的学习，归根到底是自我教育，而要进行自我教育就必须认识自我和进行自我评价。

使用量表可以帮助学生养成自我评价的习惯。当自我评价内化为学生写作学习的一部分，成为一种学习习惯时，就会潜移默化地引导学生写作学习，使其受益匪浅。然而一种习惯的养成不是一蹴而就的事，当学生尚未养成这种习惯时，教师可以创设情境。

使用量表测量法应该注意两个问题，一是要选择优秀的量表，量表是一种参照物，如果参照物选得正确，其评价结果的信度和效度可想而知。一是要正确对待量表评价。量表只是评价的一种辅助手段，是用来帮助学生认识自己写作学习的工具。不能将量表测量功利化，形式化，否则就会成为另一种束缚学生手脚的方式。

2. 通过苏格拉底式问题讨论法将课内评价和课外评价结合起来

课内写作学习和课外写作学习相辅相成，互相促进。学生课内写作学习的时间是有限的，大量的写作学习实际上发生在课外。写作学习评价也应该将课内和课外结合起来，把对课外写作活动的评价纳入评价体系，在课内给学生提供展示课外写作学习效果的平台，用课堂评价引导课外写作学习。

苏格拉底式问题讨论法是一种有效地将课内写作学习评价和课外写作学习评价结合起来的评价方法。这种方法以一个起始题作为讨论的开始，要求学生事先有一定的写作准备。学生在讨论中互相学习，互相倾听，共享见解，力求达成共识。起始的问题可以和课内写作有一定的联系，进而引到课外。比如在学了朱自清的散文《背影》之后，可以让学生介绍他在课外读的表现父爱的作品，然后就父爱展开讨论，给学生展示的机会并且给予指导评价。或者在放寒暑假之前给学生推荐一些书，让他们在假期阅读，开学后利用一些时间进行讨论。这种讨论的价值是多方面的。在讨论中学生展示了自己的学习效果，监控了学习过程，发展了阅读理解技能，而且还有很多其他方面的无形收获。

# 主要参考文献

[1]陈家生．写作[M]．北京:高等教育出版社,1999.
[2]何明．中学作文教育实践问题研究[M]．长春:东北师范大学出版社,2001.
[3]胡裕树．大学写作[M]．北京:高等教育出版社,1993.
[4]李景隆．基础写作[M]．北京:中央广播电视大学出版社,1993.
[5]路德庆．普通写作学教程[M]．北京:高等教育出版社,1994.
[6]马正平．高等写作学引论[M]．北京:中国人民大学出版社,2002.
[7]马正平．中学写作教学新思路[M]．北京:中国人民大学出版社,2003.
[8]彭小明．语文教学专题研究[M]．北京:当代中国出版社,2002.
[9]史明周．写作概论[M]．西安:陕西师范大学出版社,1991.
[10]谈彦廷．写作[M]．北京:高等教育出版社,1999.
[11]王鹏伟．中学语文作文教学研究[M]．长春:东北师范大学出版社,2000.
[12]吴伯威．基础写作教程[M]．太原:山西教育出版社,1997.
[13]余承滨．写作概论[M]．武汉:华中师范大学出版社,1989.
[14]张文泰,等．中学作文教学研究[M]．长春:东北师范大学出版社,1999.
[15]周姬昌．写作学高级教程[M]．武汉:武汉大学出版社,1989.
[16]周进芳．中学作文教学研究[M]．武汉:华中科技大学出版社,2002.

# 后　记

承蒙王光龙教授信任，把“21 世纪语文课程学习指导”丛书之《写作学习论》交给我写作。当时我刚从丽水学院调到温州大学，为了培养新人，我把主要任务交给了同事林陈微。由于工作繁忙及其他各种原因，书稿一直拖着没有拿出。王先生几次催稿，让我实在不好意思。为了不影响出书，除了我与林陈微不懈努力外，还邀请了我校的研究生封力华加盟撰写。到今天终于完成了任务，但已大大超过了交稿时间。在此向王先生表示歉意。

由于写稿时间拖得长，又有多人参与，再加上水平有限，故拙作肯定有许多不尽如人意之处。还望读者不吝赐教。

书稿总体提纲由我确定、编就，然后分章节由各人写作。各章分工如下：

引言（彭小明）

第一章　写作的本质与写作学习的意义（林陈微）

第二章　写作学习的特点与类型（林陈微）

第三章　写作学习的历史与发展（林陈微）

第四章　写作学习的目标与内容（林陈微）

第五章　写作学习的理念与原则（彭小明）

第六章　写作学习的规律与要求（彭小明）

第七章　写作训练的内容与模式（彭小明）

第八章　写作学习的一般过程（林陈微）

第九章　常用文体写作学习（彭小明）

第十章　写作学习的评价（封力华）

彭小明

2012 年 3 月